기계학습과 인공신경망

Wikipedia로 배우는 기초이론

저자소개

윤석현

단국대학교 전자전기공학부 교수

김동재

단국대학교 인공지능융합학과 교수

기계학습과 인공신경망

Wikipedia로 배우는 기초이론

인　쇄 : 2025년 2월 3일 초판 1쇄
발　행 : 2025년 2월 10일 초판 1쇄

저　자 : 윤석현 · 김동재
발행인 : 송 준
발행처 : 도서출판 홍릉
주　소 : 01093 서울시 강북구 인수봉로 50길 10
등　록 : 1976년 10월 21일 제5-66호

전　화 : 02-999-2274~5, 903-7037
팩　스 : 02-905-6729
e-mail : hongpub@hongpub.co.kr
http://www.hongpub.co.kr
ISBN : 979-11-5600-261-1(93000)

정　가 : 17,000원

본 서의 저작은 과학기술정보통신부 및 정보통신기획평가원의 대학ICT연구센터사업의 지원으로 수행되었음 (IITP-2024-RS-2024- 00437102)

기계학습과 인공신경망

Wikipedia로 배우는 기초이론

윤석현, 김동재 저

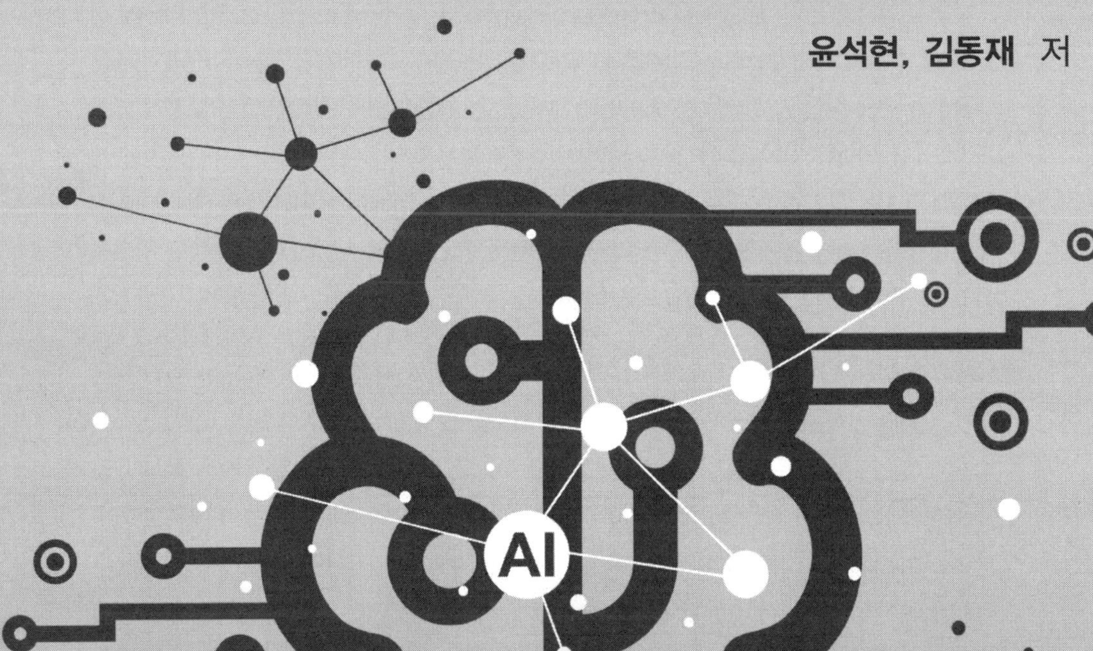

Machine learning and
artificial neural networks

도서출판 홍릉

서문

본 서는 기계학습을 처음 접하는 대학교 3-4학년생 혹은 대학원 1년차를 대상으로 기계학습과 관련된 다양한 주제에 대한 이해를 돕기 위한 강의 교재로 구성하였으며 기본적으로 선형대수 및 벡터 미(적)분 기초 (공학수학2), 확률통계학 기초 내용을 배웠다는 가정하에 1학기 분량으로 구성하였다. 특히 본 서는 기계학습을 응용하고자 하는 일반 공학도와 과학도들을 대상으로 한다. 단순히 Open source software를 사용하기만 한다면 기계학습에 대한 개념 수준의 이해만으로도 가능할 수 있겠으나 본인이 해결하고자 하는 나만의 문제를 해결하기 위해 직접 알고리즘 개발과 이의 SW구현을 원한다면 구체적인 연산 모형과 연산 과정에 대한 이해가 없이 피상적인 개념의 이해만으로는 어려울 뿐 아니라 설계 및 활용 과정에서 생기는 다양한 trouble shooting도 불가능하다. 본 서에서는 이러한 목적에 맞게 기계학습 응용 SW의 구현에 요구되는 다양한 수치해석적 최적화 기법에 대한 설명을 추가하여 이를 구현하는데 활용할 수 있도록 하였다.

요새의 학생들은 책보다는 주로 인터넷에서 많은 정보를 획득한다. 특히, Wikipedia와 같은 집단 지식의 산물은 돈을 들이지 않고도 많은 지식을 습득할 수 있게 해준다. 다만, 인터넷에 널려 있는 지식들은 불특정 다수를 대상으로 하고 있어 대부분의 경우 특정한 목적에 맞는 체계가 없어 많은 시행착오를 거쳐야 그 지식들을 소화할 수 있다. 본 서의 내용은 대부분 Wikipedia를 참고하여 작성하였으며 많은 부분을 Wikipedia 영문 사이트에서 찾아볼 수 있으나 여기저기에 나뉘어 산재해 있는 부분들을 기계학습이라는 주제어를 중심으로 단계적 이해를 위해 체계화하려고 노력하였으며 인터넷에서 설명이 부족한 부분들에 대해 다음의 서적을 참고하여 부연 설명을 추가하였다.

C. M. Bishop, Pattern Recognition and Machine Learning, Springer 2006

특히 나와 같이 성질 급한 사람들을 위해 부담스럽지 않은 분량으로 요약하려고 노력하였고 (각 장은 5~9페이지) 더 자세한 내용에 대해서는 독자들이 스스로 Wikipedia를 참고할 수 있도록 키워드 중심으로 Wikipedia 링크와 Open source 링크를 추가해 놓았다.

2025년 1월 30일

단국대학교 전자전기공학부 윤석현

기계학습 및 인공신경망을 부르는 과목의 이름은 다양한 편이다. 데이터를 분석하는 분야에서는 데이터 마이닝, 분석이나 시각화라는 이름에서 유사한 아이디어를 부분적으로 활용하기도 하고, 패턴인식 분야에서 또한 그러하다. 인공지능이라 하면 어째서인지 인공신경망을 더 많이 다루는 경향이 있는데, 실제로 그를 이해하고 활용하기 위해서는 기계학습의 아이디어를 포함하여 배울 필요가 있다. 그런 면에서 이 책은 다양한 주제를 하나도 놓치지 않고 담고 있으며, 그 기초에 대한 정보를 더 자세히 담는 것에 목적을 두었다. 그러면서도, 최신의 인공지능에서 쓰이는 아이디어들을 담기 위해서 인공신경망과 생성모형 등의 이론까지 포함하였다.

이 책은 학부생 전공자를 주대상으로 쓰여졌다. 때문에 인공신경망에 대한 자세한 이론이나 활용 분야 (컴퓨터 비전, 자연어 처리 등)는 다양하게 다루기 보다는 모든 이론을 정확히 설명하는 것에 목표를 두었다. 더 자세한 활용을 공부하기 위해서는 실전적으로 데이터를 활용해 직접 인공신경망 모형을 만들어보는 것을 추천한다. 이론은 중요하지만, 기계학습이나 인공신경망은 실제로 쓰기 위해서 배우는 학문이다. 세상의 작동 원리, 혹은 진리를 배우는 과학은 신비롭고 그것을 알아내는 것 자체로 보람이 있지만, 공학은 적용하여 그 결과물을 얻어 냈을 때 비로소 의미가 있다.

2025년 1월 31일

단국대학교 인공지능융합학과 김동재

시작하기 전 체크리스트

서문에서도 밝혔듯이 본 서는 선형대수 및 벡터 미(적)분 기초 (공학수학2), 확률통계학 기초 내용을 배웠다는 가정하에 작성하였으며 다음의 문제들을 책이나 쪽지를 보고 풀 수 있다면 다음 장으로 넘어 갈 준비가 되어 있다고 생각하면 될 것이다.

1. (선형대수) 다음 행렬에 대해 물음에 답하라. (Gauss 소거법을 이용하라.)

$$\boldsymbol{A} = \begin{bmatrix} 1 & 1 \\ 0 & 1 \\ 1 & 0 \end{bmatrix}$$

   (a) $\boldsymbol{B} = \boldsymbol{A}\boldsymbol{A}^T$ 라 하자. 행렬 $\boldsymbol{B}$의 rank와 행렬식(determinant)를 구하고 역행렬이 존재하는지 설명해 보아라.

   (b) $\boldsymbol{C} = \boldsymbol{A}^T\boldsymbol{A}$라 하자. 행렬 $\boldsymbol{C}$의 역행렬이 존재하는지 설명해보고 역행렬이 존재한다면 이를 구하라.

   (c) $f(\boldsymbol{r}) = \boldsymbol{r}^T\boldsymbol{B}\boldsymbol{r}$로 주어지는 스칼라 함수를 고려해보자. 여기서 $\boldsymbol{r}$은 2차원 공간상의 한 점을 나타내는 위치 벡터로 $\boldsymbol{r}^T = [x, y]$이다. $f(\boldsymbol{r})$의 등위곡선은 어떤 형태인지 확인해 보아라.

2. (선형대수) 위 문제의 행렬 $\boldsymbol{B}$와 $\boldsymbol{C}$를 다음과 같이 고유 분해하려고 한다.

$$\boldsymbol{B} = \boldsymbol{U}\boldsymbol{D}\boldsymbol{U}^{-1}, \quad \boldsymbol{C} = \boldsymbol{V}\boldsymbol{E}\boldsymbol{V}^{-1}$$

   (a) $\boldsymbol{B}$와 $\boldsymbol{C}$의 고유치(행렬 $\boldsymbol{D}$, $\boldsymbol{E}$)와 이들의 고유 기저 $\boldsymbol{U}$, $\boldsymbol{V}$를 구하라.

   (b) $\boldsymbol{U}$와 $\boldsymbol{V}$는 직교정규계를 형성하는지 확인하고 간략히 설명해 보아라.

3. (벡터 미분) 3개의 변수를 갖는 다음의 스칼라 함수에 대해 물음에 답하라.

$$f(x, y, z) = x^2 + xy + y^2 + y(z-1) + z^2$$

   (a) 기울기 연산자 ∇는 $\nabla = \left[\frac{\partial}{\partial x}, \frac{\partial}{\partial y}, \frac{\partial}{\partial z}\right]^T$로 정의된다. $\nabla f(x, y, z)$를 구하라.

   (b) $\nabla f(x, y, z) = 0$이 되는 점 (x^*, y^*, z^*)를 구해 보아라.

(c) $f(x, y, z)$를 $f(\boldsymbol{r}) = \boldsymbol{r}^T\boldsymbol{Q}\boldsymbol{r} + \boldsymbol{p}^T\boldsymbol{r}$의 형태로 나타내고자 한다. 여기서 $\boldsymbol{r}$은 3차원 공간상의 한점을 나타내는 위치 벡터로 $\boldsymbol{r}^T = [x, y, z]$이다. $\boldsymbol{p}$와 $\boldsymbol{Q}$를 구하되 $\boldsymbol{Q}$는 대칭행렬의 형태로 나타내 보아라.

4. (확률 및 통계학) 평균이 10이고 표준편차가 1인 정규분포의 확률밀도 식을 쓰고 개략적으로 그려보아라. 또한 표준편차가 0.5, 2인 경우는 각각 확률밀도가 각각 어떻게 바뀌는지 개략적으로 그려보아라.

5. (확률 및 통계학) 랜덤 벡터 (U, V)의확률밀도함수(PDF)가 다음과 같다.

$$(U, V) \sim f_{U,V}(u, v) = A \cdot \exp(-(u^2 - 2uv + 2v^2)/2)$$

(a) A 를 구하라. 필요 시, $\int_{-\infty}^{\infty}(1/\sqrt{2\pi}) \cdot \exp(-x^2/2)dx = 1$을 이용하라.

(b) U와 V는 각각 통계적으로 독립인가?

(c) 한계확률밀도 $f_U(u)$와 $f_V(v)$, 조건부 확률밀도함수 $f_{U|V}(u|v)$를 구하라.

(d) $E[U], E[V], E[U|V = v]$를 구하라.

(e) $W = U + V$라 하자. W의 확률밀도 함수 $f_W(w)$를 구하는 절차를 설명해보고 구할 수 있으면 구해보아라. (이 부분은 몰라도 상관은 없음)

6. 어떤 랜덤변수 X를 N번 관측한 결과가 $(x_1, x_2, \ldots, x_N)$라 하자. 랜던변수 X의 확률밀도함수(혹은 확률질량함수)를 $p_X(x;\theta)$라 할 때(여기서 θ는 확률모형의 파라미터) 모형의 파라미터 θ를 구하기 위한 우도함수(likelihood function)을 정의해보아라.

차례

PART 1 기계학습

차례

PART 2 인공신경망

차례

A

확률기초

B

C

D

E

PART 1

기계학습

CHAPTER 01

기계학습 소개

1.1 기계학습 개요

기계학습의 응용 분야: 기계학습은 컴퓨터를 활용하여 음성 인식, 문자 인식, 그리고 더 넓은 범위의 영상 및 비전 인식과 같은 패턴 인식 문제에 폭넓게 적용되어 왔다. 또한, 경제 지표나 기후 변화 등 시계열 데이터의 예측과 같은 회귀 분석에도 활용되었다. 최근에는 심층 학습을 기반으로 한 강화 학습 및 생성 모형의 등장으로 기계학습의 응용 범위가 대폭 확장되었다. 이는 전통적인 회귀 분석 및 패턴 인식을 넘어서 패턴 생성, 나레이션, 계획 수립 등 새로운 영역으로의 발전을 의미한다.

기계학습이 해결하고자 하는 문제: 이상의 다양한 응용에서 기계학습이 적용되는 방식은 구체적인 데이터의 구성과 문제의 형태에서는 다르겠지만 문제를 추상화해서 본다면 다음과 같은 문제의 해결방안으로 적용되어 왔다.

❶ 회귀 혹은 예측(regression or prediction)

❷ 패턴 인식 혹은 분류(pattern recognition or classification)

❸ 군집화(clustering)

❹ 패턴 생성(pattern generation)

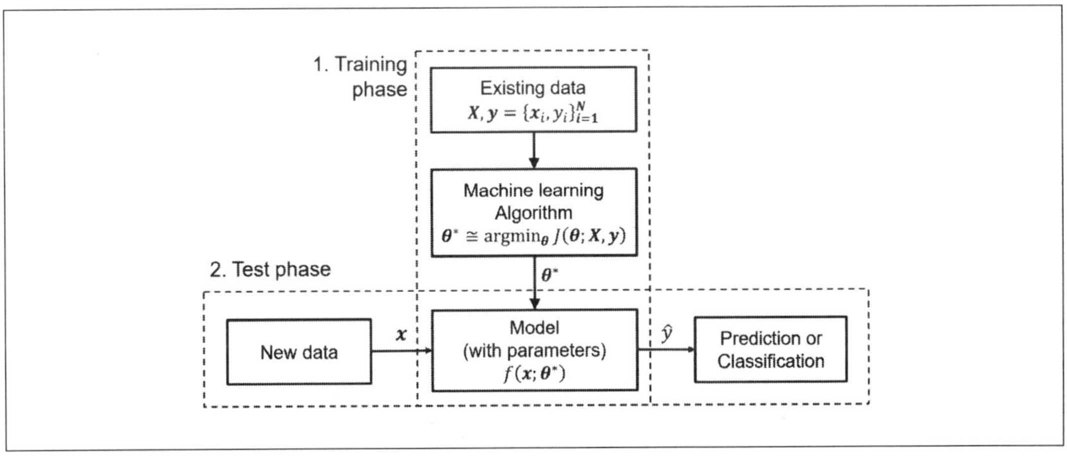

▲**그림 1.1** 기계학습의 절차와 구성 요소

기계학습의 절차와 구성 요소: 기계학습은 크게 감독학습과 비감독학습으로 구분하는데 특히 전자의 경우 그림 1.1에 나타낸 바와 같이 학습과 테스트, 두 과정으로 나뉜다. 먼저 **학습**을 통해 최선의 **모형**(분류 모형 혹은 예측 모형)을 얻고 이 모형을 사용하여 실제 분류나 예측(테스트)을 수행하는 형태인데 이러한 과정을 구성하는 핵심 요소는 (1) **모형**, (2) **데이터**, (3) **비용함수**(혹은 손실함수), (4) **학습과정**(최적화 알고리즘)으로 나누어 볼 수 있다. 이제 이러한 기계학습의 구성 요소와 절차가 왜 필요하게 되었는지 그 이유와 좀 더 구체적인 내용을 살펴보자.

1.2 패턴 인식과 회귀 문제에서의 모형

패턴 인식(pattern recognition)이란 관측된 데이터[1]가 어느 범주에 속하는지를 확인하는 과정이며 패턴 분류의 다른 용어이다. **회귀 분석(regression analysis)**은 관측된 데이터로부터 관측되지 않은 데이터의 값을 추정하는 과정이다. 분류와 회귀는 둘 다 입력 데이터(특징 벡터) $\boldsymbol{x}$를 하나의 값 (혹은 벡터일 수도 있는) y로 맵핑 하는 수식 혹은 함수로 표현되는데 기계학습에서 소위 모형이라고 하는 것은 이러한 입출력 관계식을 얘기한다. 이러한 모형은 **모형 파라미터**라고 하는 값들을 포함하는데 다음과 같이 표현할 수 있다.

$$y = f(\boldsymbol{x}; \boldsymbol{\theta})^{2)} \tag{1.1}$$

1) 통계학에서는 표본이라 하며 기계학습에서는 특성 혹은 특성 벡터라 함

2) 표현의 편의상 분류기/추정기를 수학적 함수로 표현하였으나 분류기나 추정기는 대개 보다 복잡한 연산 절차로 표현되는 경우가 많으므로 C언어 혹은 파이썬에서의 (인수와 리턴값을 갖는) 함수로 생각하는 것이 좋을 듯 ^_^

여기서, $\boldsymbol{x}$는 입력 데이터이며 (대개 벡터로 표현된다) y는 출력, $\boldsymbol{\theta}$는 모형 파라미터이다. 예를 들면 1차 함수 $y = ax + b$에서 x와 y는 각각 입력과 출력이며 a와 b가 모형의 파라미터가 된다. 물론 모형 파라미터에 따라 동일한 입력에 대해 생성되는 출력 값이 달라지는데 이는 뒤에서 다시 언급할 "**학습**"이라는 과정을 통해 획득된다.

함수 $f(\cdot)$는 분류의 문제일 경우 **분류기(classifier)**라 하며 회귀 혹은 예측의 문제에서는 **추정기(estimator)**라고도 할 수 있는데 주어진 문제가 분류냐 회귀 분석이냐에 따라 함수의 출력 값 y가 다르다. 분류 문제의 경우 입력 벡터 $\boldsymbol{x}$가 어느 부류에 속하는지를 판단하는 것이므로 함수의 출력 값 y는 범주형으로 특정한 범주를 나타내는 심볼이며 y가 가질 수 있는 값들의 집합은 유한한 이산 집합(discrete finite set)이 된다. 한편, 회귀의 문제는 입력 벡터 $\boldsymbol{x}$로부터 (관측되지 못한) 어떤 값을 추정하는 것이므로 y는 계량이 가능한 수치형으로 표현되며 y가 가질 수 있는 값들의 집합은 무한 크기의 연속 집합(continuous infinite set) (대개 실수 집합)이 된다.

한편, 식 1.1에서 모형 $f(\cdot)$와 모형 파라미터 $\boldsymbol{\theta}$를 적절히 잘 선택하여야 분류기나 회귀모형이 잘 동작되는데, 결국, 분류기 혹은 추정기의 설계는 사용할 모형 $f(\cdot)$의 선택과 이에 포함되는 파라미터 $\boldsymbol{\theta}$를 최적화하는 것이다.

그럼 분류기 혹은 추정기의 모형 $f(\cdot)$와 모형의 파라미터 $\boldsymbol{\theta}$는 어떻게 설정해야 할까? 우선 어떤 분류기/추정기 모형을 사용해야 할지는 해결해야 하는 문제 혹은 응용이 무엇인가에 따라 달라질 수 있는데 주어진 문제에 대해 어떤 모형을 적용해야 하는지에 대해서는 정답이 없으며 이의 선택은 전적으로 설계자의 직관에 의존하는 수밖에 없다. 다만, 몇 가지 많이 사용되는 모형에 대해서는 다양한 최적화 방식들이 제안되어 왔으며 본 과정에서는 여러 가지 응용을 위해 제안된 모형들과 이의 파라미터 최적화 방법에 대해 소개할 것이다.

1.3 감독학습에서의 데이터와 비용함수

어떤 형태로든 일단 모형이 결정되었다면 모형에 포함되는 파라미터 $\boldsymbol{\theta}$가 정해져야 하는데 이를 위해 데이터와 비용함수가 필요하다. 한편, 데이터와 비용함수가 모형 파라미터의 설정에 사용되는 방식에 따라 **감독학습(supervised learning)**과 **비감독학습(unsupervised learning)**으로 나누는데 전자의 경우 각 입력에 대해 기대되는 목표 값이 주어지며 후자의 경우 목표 값이 따로 주어지지 않는다.

먼저 감독 학습을 기준으로 데이터의 구성과 비용함수의 형식, 모형 파라미터의 획득에 대해 알아보자. 감독학습의 경우 데이터는 입력-출력 쌍(입력 벡터와 목표 값의 쌍)들의 집합으로 다음과 같이 나타낼 수 있다:

$$D = \{(\boldsymbol{x}_i, y_i), i = 1,2, \dots, N\} \tag{1.2}$$

여기서, $\boldsymbol{x}_i$와 y_i는 각각 i번째 특징 벡터와 이 벡터가 속한 범주 혹은 $\boldsymbol{x}_i$가 입력으로 들어 갔을 때 모형의 출력으로 나와야 하는 목표 값이며 N은 데이터의 개수이다. 결국 모형 파라미터 $\boldsymbol{\theta}$를 잘 설정해서 $\boldsymbol{x}_i$가 입력으로 들어가면 y_i라는 출력이 나오도록 $\boldsymbol{\theta}$값을 결정해야 하는데 이러한 결정은 비용함수의 최소화 문제로 표현할 수 있다.

비용함수는 일반적으로 모형의 파라미터 $\boldsymbol{\theta}$에 대한 함수로 주어지는데 예를 들어 회귀 문제의 경우 실제 출력 y_i와 예측 값 $\hat{y}_i = f(\boldsymbol{x}_i; \boldsymbol{\theta})$간의 차이의 제곱의 합으로 다음과 같이 설정할 수 있다.

$$J(\boldsymbol{\theta}; D) = \sum_{i=1}^{N} | y_i - f(\boldsymbol{x}_i; \boldsymbol{\theta})|^2 \tag{1.3}$$

여기서, 데이터 $D = \{\boldsymbol{x}_i, \boldsymbol{y}_i\}_{i=1}^{N}$는 이미 주어진 값(알고 있는 값)이며 따라서 비용함수 $J(\theta; D)$는 $\boldsymbol{\theta}$에 대한 함수로, 우리가 찾는 $\boldsymbol{\theta}$는 이 비용이 최소가 되는 값이 된다. 한편, 식 (1.3)에서 비용함수의 정의는 선택된 모형 $f(\boldsymbol{x};\boldsymbol{\theta})$을 내포하고 있으며 데이터와 모형의 선택에 따라 최적의 모형 파라미터 $\boldsymbol{\theta}$가 달라질 수 있다. 일반적으로 주어진 데이터에 "가장 잘 맞는(best fit)" 모형 파라미터의 획득 과정 (혹은 최적화 과정)을 **학습(learning)** 혹은 **훈련(training)** 혹은 **모형 맞춤(model fitting)**이라 하는데 모형 $f(x;\theta)$이 매우 복잡한 형태로 주어지는 경우 비용이 최소가 되는 $\boldsymbol{\theta}$의 획득은 매우 어려운 최적화 문제가 될 수 있다.

1.4 일반화 성능과 성능 평가 절차

앞에서 학습을 모형 파라미터를 획득하기 위한 비용함수의 최적화 문제로 설명하였는데 좀 더 현실적인 문제를 생각해 보자. 모형의 파라미터가 확정되면 최적화된 모형을 이용하여 실제 분류나 예측을 수행하게 되는데 이 때 입력으로 들어가는 데이터는 학습 시 사용한 데이터에는 없던 새로운 패턴을 가질 수 있으며 그럼에도 불구하고 정해진 데이터로 학습된 기계학습 모형이 이제까지 관측되지 않았던 새로운 데이터에 대해서도 잘 동작하려면 기계학습 모형이 학습 데이터로부터 입력과 출력의 관계를 **일반화**하여 분류하고 예측할 수 있어야 한다. 예를 들면 동물의 사진을 보고 어떤 종의 동물인지를 분류하는 분류문제를 생각해 보자. 동일한 종의 동물이라 해도 매우 다양한 무늬를 가질 수 있으며 그 사직을 찍은 각도에 따라 다양한 형태로 나타날 수 있는데 유한 개의 데이터만으로 학습을 하고 기존에 보지 못한 형태를 분류할 수 있어야 하므로 분류 모형이나 예측 모형은 입출력 관계를 적당히 일반화할 수 있어야 한다.

만약 입력 데이터로 나올 수 있는 모든 패턴을 이미 다 알고 있다면 완벽한 분류가 가능한 분류기 설계가 가능할 수 있겠지만 패턴 인식이나 다양한 예측의 문제에서 입력 데이터의 패턴은 무한하므로 이들을 모두 고려한 분류기 혹은 예측기의 설계는 불가능하며 필연적으로 유한한 개수의 입력 데이터 집합을 수집하여 이에 최적화된 분류기 파라미터를 찾는 것이 필요하다.

요약하면, 모형 파라미터는 정해진 데이터에 대해 정의된 비용함수를 최소화하도록 설정되었지만 현실적으로는 이 모형이 분류하거나 예측해야 하는 데이터는 학습에 포함되지 않았던 데이터 일 수 있으며 결국 학습된 모형이 현실적으로 얼마나 잘 동작하는지, 새로운 데이터에 대해 얼마나 잘 일반화가 되는지를 평가하기 위해서는 모형의 파라미터 최적화에 사용된 데이터의 집합인 **학습 데이터** (혹은 **훈련 데이터**) 외에 이의 일반화 성능을 평가하기 위한 **테스트 데이터**가 따로 요구된다. 물론 학습데이터가 많으면 많을수록 분류 혹은 예측 성능은 좋아질 수 있으며 학습에 사용된 데이터로 성능 평가를 수행한다면 (항상 그렇지는 않지만) 완벽한 분류가 가능할 수 있다. 그러나 현실적인 제약을 고려할 때 학습 데이터와 테스트 데이터는 다른 것을 사용하여야 의미 있는 성능 평가가 될 것이다. 이러한 이유로 분류기/추정기의 학습과 성능 평가를 위해 데이터 집합 D를 각각 N_{Train}개와 N_{Test}개의 데이터 집합 D_{Train}과 D_{Test}로 나누고 $(N_{Train}+N_{Test}=N)$ 이들을 각각 학습과 일반화 성능 평가를 수행하는데 사용한다.

분류기/추정기의 학습과 수행 과정은 그림 1.2와 같다. 분류기/추정기의 학습은 주어진 학습 데이터 (집합) D_{Train}로부터 분류기/추정기 파라미터 $\boldsymbol{\theta}$를 획득하는 과정이며 분류기/추정기의 성능 평가는 각각의 테스트 데이터 $\boldsymbol{x}_i \in D_{Test}$를 획득된 분류기/추정기에 입력하여 얻은 결과 $\hat{y_i}=f(\boldsymbol{x}_i;\boldsymbol{\theta})$을 $\boldsymbol{x}_i$의 실제 범주 혹은 목표 값 y_i와 비교하여 수행된다.

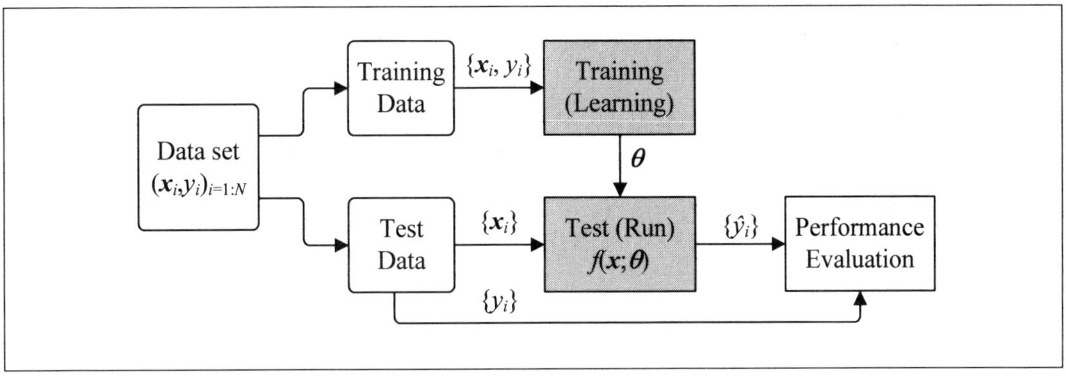

▲**그림 1.2** 분류기/추정기의 학습과 테스트(성능 평가)

다양한 성능 지표가 사용될 수 있으나 분류기의 경우 $\hat{y}_i \neq y_i$가 되는 확률인 분류 오류 혹은 인식 오류 확률이 1차적인 성능 지표이며 추정기의 경우 목표 값 y_i와 추정치 $\hat{y}_i = f(\boldsymbol{x}_i; \boldsymbol{\theta})$간의 차로 주어지는 추정 오차

$$e_i = y_i - \hat{y}_i \tag{1.4}$$

의 제곱 평균 (mean square error, MSE)를 1차 성능 지표로 사용한다.

$$MSE = \frac{1}{N_{Test}} \sum_{i=1}^{N_{Test}} e_i^2 \tag{1.5}$$

물론 성능 지표와 비용함수의 정의는 다를 수 있으며 특히 분류 문제의 경우 분류 오류 확률은 비용함수로 적당하지 않아 조금 다른 형태로 정의된다.

1.5 비감독 학습과 군집화

상술한 분류기/추정기의 학습은 감독 학습이며 학습에 사용되는 각각의 특징벡터 $\boldsymbol{x}_i$에 대한 실제 범주 혹은 목표 값 y_i가 주어지는 상황을 가정하였으나 비감독 학습(unsupervised learning)의 경우 학습 시 따로 목표 값이 주어지지 않는다. 대표적인 비감독 학습으로는 차원축소와 군집화(clustering)가 있는데 군집화의 경우 어떤 데이터 집합의 각 특징벡터에 대한 범주가 주어지지 않았을 때 이들을 적당한 "유사도" 지표에 따라 범주화 하는 것을 의미하며 정의된 유사도 지표에 따라 각 특징 벡터들의 범주를 설정하는 방법이 제시되어야 한다.

가장 간단한 유사도 지표는 유클리드 거리(Euclidian distance)로 다음과 같이 정의한다.

$$d_E(\boldsymbol{x}', \boldsymbol{x}) = \|\boldsymbol{x}' - \boldsymbol{x}\| = \sqrt{\sum_{k=1}^{M}(x'_k - x_k)^2} \tag{1.6}$$

군집화의 결과는 클러스터(군집)의 개수와 각 클러스터의 대표 값(혹은 클러스터 파라미터)들로 구성되며 유사도 지표에 따른 분류기가 설계되어야 한다. 일반적으로 군집화에 의해 획득된 범주는 우리가 현실에서 사용하는 범주들과는 다를 수 있으며 대개 분류기 설계 혹은 복잡한 데이터 분석의 일부로 적용되는 경우가 많다.

1.6 가장 간단한 분류기: k nearest neighbor (kNN) 분류기

k nearest neighbor (kNN) 분류기는 가장 간단한 분류기로 훈련이라 할 것도 없이 그냥 훈련 데이터 $D = \{(\boldsymbol{x}_i, y_i), i = 1,2, \ldots, N\}$를 메모리에 저장해 놓고 (이를 템플릿(template)이라고 함) 새로운 데이터 $\boldsymbol{z}$의 범주를 결정할 때 다음의 과정으로 수행한다.

❶ 먼저, 새로운 데이터 $\boldsymbol{z}$와 가지고 있는 모든 템플릿 $\boldsymbol{x}_i$들과 쌍별 유사도 $d_E(\boldsymbol{x}_i, \boldsymbol{z}) \forall i$를 계산한다.

❷ 계산된 유사도로부터 가장 "가까운" k개의 후보 템플릿을 찾는다.

❸ 각 템플릿 $\boldsymbol{x}_i$에는 사전에 정해 놓은 범주(목표값 y_i)가 정해져 있으므로 k개의 후보 중 다수를 차지하는 범주를 선택하여 $\boldsymbol{z}$의 범주로 결정한다.

kNN 분류기는 단순하지만 데이터의 확률분포를 모를 때 매우 간편하게 적용할 수 있으며 성능도 그리 나쁘지 않아 광범위하게 사용되어 왔다. 다만, 데이터가 많아질수록 메모리와 연산량의 부담이 커서 대규모의 데이터가 필요한 경우 이를 직접 적용하기는 어렵다.

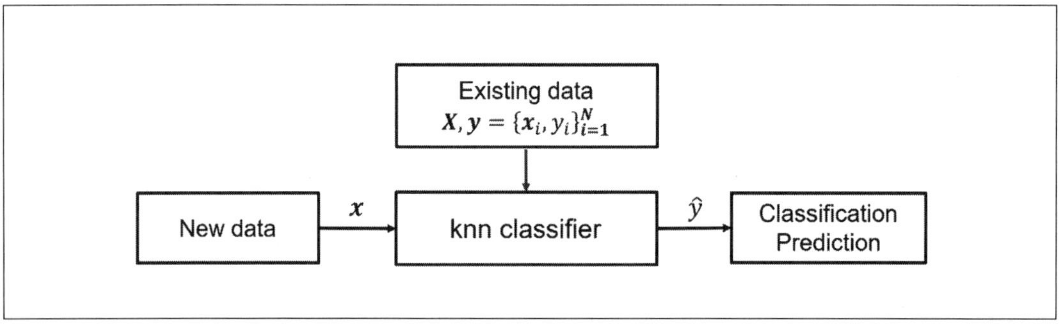

▲ **그림 1.3** k nearest neighbor (kNN) 분류기

이러한 구조는 수치형 값의 예측(회귀) 문제에도 적용 가능한데 위에서 ❸ 단계를 수정하여 다음과 같이 처리할 수 있다.

❸ 각 템플릿 $\boldsymbol{x}_i$에는 사전에 정해 놓은 수치형 목표 값 y_i가 정해져 있으므로 k개의 후보에 대한 목표 값들의 평균 혹은 중간 값을 취하여 예측 값 $\hat{y}$을 얻는다.

참고링크

[1] 기계학습: https://en.wikipedia.org/wiki/Machine_learning

CHAPTER 02

데이터와 기술통계학

본 장에서는 기계학습에서 다루는 일반적인 데이터의 구성과 이를 시각화하기 위한 방법에 대해 설명하며 이를 위해 몇 가지 통계학적 용어들을 동시에 사용할 것이다.

데이터의 형(type): 일반적으로 데이터의 값은 다음의 2가지 형으로 구분한다.

- ❐ **범주형 (Categorical data)**: 범주 형의 데이터는 그 데이터가 가질 수 있는 값들이 유한 집합으로 구성되며 대개 그 값에 순서(크고 작음)가 없다. 예를 들면 혈액형에 대한 4개의 범주 {A, B, O, AB} 혹은 동전의 앞면과 뒷면을 나타내는 두 개의 범주 {H, T}은 모두 유한 집합이며 값들의 순서가 없다. 범주 형 데이터는 꼭 숫자일 필요는 없으나 대개 이들을 숫자로 맵핑하여 사용하기도 하는데 예를 들면 H → 1, T → -1 또는 O → 0, A → 1, B → 2, AB → 3과 같이 숫자로 맵핑하여 사용할 수 있으나 범주가 3개 이상일 경우는 하나의 숫자 보다는 소위 one-hot 벡터로 맵핑하여 사용하는데 이에 대해서는 뒤에서 다시 다루기로 한다.
- ❐ **수치형 (numeric data)**: 수치형은 그 데이터가 가질 수 있는 값들이 유한 집합으로 구성될 수도 있고 무한집합으로 구성될 수도 있으나 그 값에 순서(크고 작음)가 있으며 "표본 공간"이 자연수의 집합, 정수집합, 실수 집합 등으로 표현될 수 있다. 수치형 데이터는 또한 이산형 혹은 연속형으로 구분할 수 있다.

2.1 데이터의 구성과 표현

기계학습이나 빅데이터 분석에서는 기본적으로 **다변량(multivariate)** 데이터를 다루는데 이 때문에 하나의 표본은 대개 벡터로 표현되며 벡터의 각 원소는 수치형이거나 범주형일 수 있다. 표 2.1은 기계학습에서 사용하는 데이터의 일례를 나타낸다.

표 2.1 데이터의 예: 2개 그룹에서 10명씩을 선택하여 이들의 영어, 수학, 과학과목의 중간시험 점수를 나타낸 도표

sid	1	2	3	4	5	6	7	8	9	10	11	12	13	14	15	16	17	18	19	20	평균	표준편차
Group	A	A	A	A	A	A	A	A	A	A	B	B	B	B	B	B	B	B	B	B		
English	77	81	74	89	78	77	75	84	79	82	69	76	74	67	74	71	67	67	70	69	75	6.09
Math	72	67	74	64	71	67	72	68	75	70	83	78	76	82	80	77	83	84	80	80	75	6.09
Science	75	68	72	68	74	68	75	73	79	72	78	75	72	74	77	70	75	79	77	76	74	3.47

표 2.1의 데이터는 어느 고등학교의 학생을 2개 그룹(예를 들면 문과와 이과 그룹)으로 나누어 각 그룹에서 10명의 학생을 표본으로 취하여 이들의 영어, 수학, 과학 과목의 기말 시험 점수를 나열한 것이다. 표의 첫째~다섯 번째 행은 각각 각 표본의 순번(sid), 그룹(group), 영어 점수(English), 수학 점수(Math), 과학점수(Science)를 나타낸다. 이중 그룹은 범주 형 데이터이며 영어/수학/과학 점수는 수치형이다. 표본의 순번은 분석할 데이터가 아니므로 고려할 필요는 없다.

이제 1장에서 논의한 학습데이터의 구성과 비교하여 다음과 같이 맵핑 해보자.

$y_i \rightarrow i$ 번째 표본의 그룹(범주)

$\boldsymbol{x}_i \rightarrow i$ 번째 표본의 (영어점수, 수학점수, 과학점수)

본 서에서는 벡터를 열 벡터로 표현할 것이며 따라서 5번째 표본의 데이터를 다음과 같이 나타낼 수 있다. (앞으로 특별한 경우가 아니면 열 벡터는 "벡터"로 표기할 것이며 행 벡터의 경우 앞에 "행"을 명기하여 사용한다.)

$y_5 = A$

$\boldsymbol{x}_5 = \begin{bmatrix} 78 \\ 71 \\ 74 \end{bmatrix}$ (특징 벡터)

$\boldsymbol{x}_i$는 i 번째 표본의 "**특징 벡터**"라고 하는데 표 2.1의 데이터의 경우 각 표본은 3가지의 특징 값(영어점수, 수학점수, 과학점수)으로 표현된다.

한편, 모든 표본을 묶어서 하나의 묶음으로 표현하면 보다 편리한데 모든 표본의 범주(목표값)를 묶어 하나의 벡터

$$\boldsymbol{y} = [y_1, y_2, \dots, y_N]^T \tag{2.1}$$

로 나타낼 수 있으며 (여기서 N은 표본의 개수 혹은 데이터의 개수이다.) 모든 표본의 특징 벡터를 묶어 하나의 **데이터 행렬**로 다음과 같이 표현할 수 있다.

$$\boldsymbol{X} = [\boldsymbol{x}_1, \boldsymbol{x}_2, \dots, \boldsymbol{x}_N] = \begin{bmatrix} x_{11} & x_{12} & \cdots & x_{1N} \\ x_{21} & x_{22} & \cdots & x_{2N} \\ \vdots & & \ddots & \vdots \\ x_{M1} & x_{M2} & \cdots & x_{MN} \end{bmatrix} \tag{2.2}$$

여기서 x_{ji}는 i번째 표본의 j번째 특징 값으로 하나의 행은 하나의 특징을 하나의 열은 하나의 표본(에 대한 특징 벡터)을 나타낸다고 생각하면 된다.

영상인식 혹은 비전 등과 같은 특정 응용에서는 하나의 표본에 대한 특징이 벡터가 아닌 행렬로 표현되는 경우도 있으나 행렬을 1차원 벡터로 나열하여 사용하는 것이 가능하며 본 서에서는 기본적으로 각 특징이 1차원 구조로 표현되는 경우만을 다룰 것이며 기본 적인 데이터의 구성은 식 (2.1)과 (2.2)의 형태로 주어진다고 가정한다.

2.2 데이터 분포의 시각화: 도수분포(히스토그램)와 산점도(Scatter plot)

기계학습의 목적은 주어진 데이터들의 분석을 통해 이들의 속성을 파악하고 이로부터 판별 혹은 결정을 내리고 나아가 뭔가의 액션을 취하기 위한 자료로 사용하는 것이다. 따라서, 데이터를 분석하기 전에 이들을 시각화하여 관찰하는 것은 이후의 분석 및 처리 과정의 설계를 위한 전략을 세우는데 많은 도움이 될 수 있다. 특히, 기술 통계학(descriptive statistics)에서 흔히 사용되는 **산점도**(scatter plot)와 **도수분포**(histogram)는 데이터의 통계적 특징에 대한 많은 정보를 한눈에 볼 수 있게 해준다.

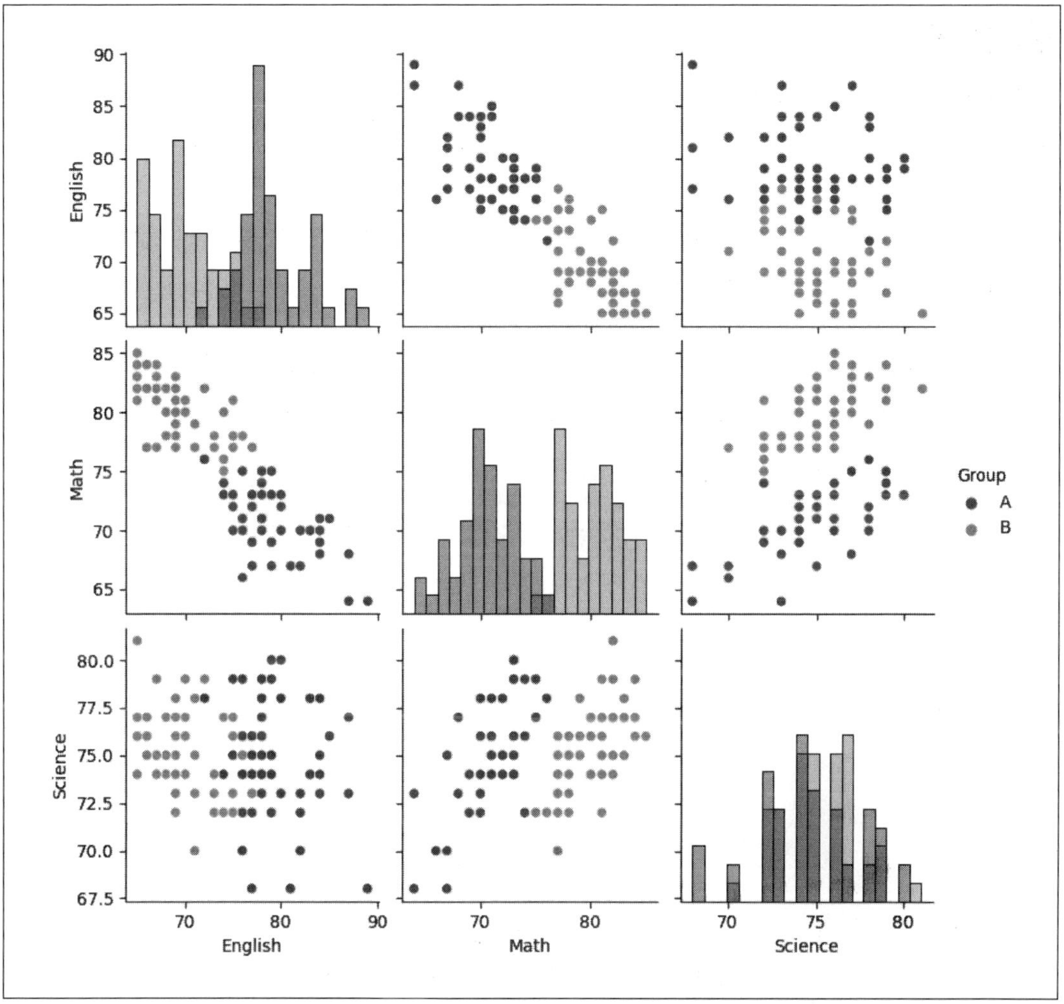

▲ **그림 2.1** 표2.1의 데이터에 대한 특징 별 도수분포(대각선 상의 패널)와 특징 쌍간 산점도를 나타내는 pairplot. (표2.1에는 제공되어 있지 않으나 추가적인 표본을 취하여 얻은 총 100명의 표본에 대한 도수분포와 산점도임)

그림 2.1은 소위 pairplot이라고 하는 모든 특징 쌍에 대한 산점도와 각 특징의 히스토그램을 일목요연하게 보여주는 그림이다. 대각선 상의 패널은 3가지 특징(영어, 수학, 과학 점수)의 도수분포를 그룹별로 도시하였으며 나머지 패널들은 두 개 특징쌍에 대한 산점도를 보여준다. 산점도의 경우 다변량 데이터에서 특징들 간의 상관관계 혹은 범주들 간의 차이점을 이해하는데 많은 정보를 제공해주는데 물론 3가지 특징을 모두 하나의 산점도로 3차원 공간에 나타낼 수 있으나 한눈에 관측하기는 쉽지 않으며 특히 특징의 개수가 많을 경우 이들을 하나의 산점도로 시각화해서 확인하는 것은 어렵다. 특징의 개수가 많을 경우 (고차원 데이터에 대해) 이를 효과적으로 시각화하기 위한 방법도 이후의 장에서 배울 것이다.

문제 2.1

그림 2.1의 첫 번째 행, 두 번째 열의 산점도를 보고 얻을 수 있는 몇 가지 가설들을 제시해 보아라.

특징의 개수가 많을 경우 적당한 선형(혹은 비선형) 변환을 통해 차원을 축소하여 관측하는 것이 가능하며 실제로 데이터의 차원 축소(dimensionality reduction) 역시 기계학습의 한 부분이기도 하다.

시각화 된 데이터를 보면 기계학습에서 해결하고자 하는 문제는 보다 더 명확해진다. 그림 2.2에 기계학습의 세가지 문제(패턴분류, 회귀 및 추정, 군집화)에 대한 개념을 개략적으로 도시하였다. 여기서 고려해야 할 것은 1장에서도 기술하였듯이 분류의 문제의 경우 "이전에는 관측된 적이 없는" 데이터 패턴을 어느 범주로 분류해야 하는가를 결정하는 것이며 설계된 분류기가 학습에 사용된 데이터 이외에 학습에 참여하지 않은 혹은 아직 관측되지 않은 데이터들에 대해서도 일반화될 수 있어야 한다는 것이다.

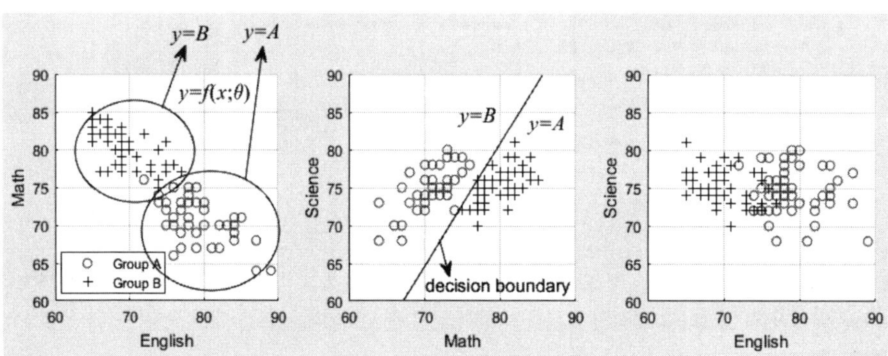

(a) 패턴 분류

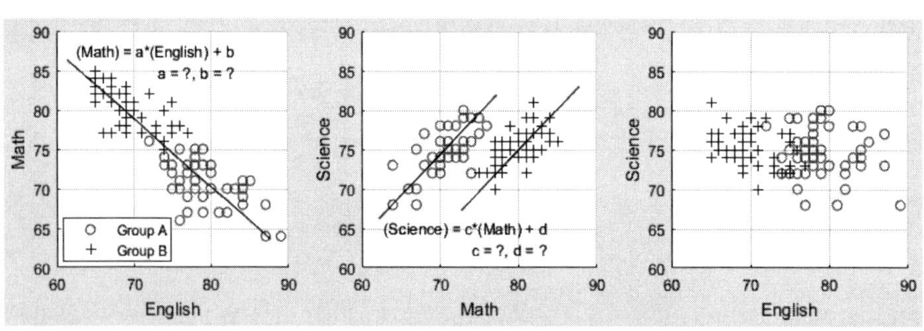

(b) 회귀 혹은 추정

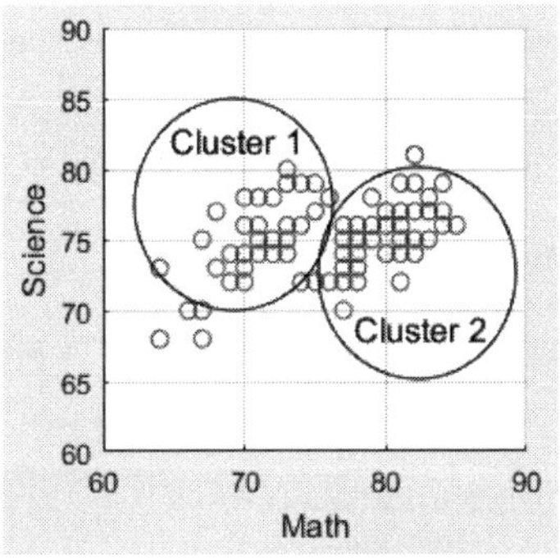

(c) 군집화

▲ **그림 2.1** 기계학습에서의 문제: (a) 패턴분류, (b) 추정 및 회귀, (c) 군집화.

2.3 기초 통계 분석: 다변량 데이터의 평균과 공분산

기술 통계학은 데이터를 시각화하는 방법 외에 데이터를 수치적으로 요약하는 방법도 다룬다. 특징이 한 개인 단변량 데이터의 경우, 데이터의 속성에 따라(엄밀히 얘기하면 데이터의 확률분포에 따라) 다르겠지만 흔히 사용되는 수치는 소위 1차 및 2차 모멘트에 해당하는 평균과 분산(표준편차의 제곱)이다. N개의 표본으로 구성되는 단변량 데이터 $\boldsymbol{X}=[x_1, x_2, \ldots, x_N]$를 고려해 보자. 여기서, x_i는 스칼라 값이다. 이에 대한 평균 μ_X와 분산 σ_X^2는 다음과 같이 주어진다.

$$\mu_X = \frac{1}{N}\sum_{i=1}^{N} x_i \tag{2.3}$$

$$\sigma_X^2 = \frac{1}{N}\sum_{i=1}^{N}(x_i - \mu)^2 \tag{2.4}$$

엄밀한 의미에서 식 (2.3)과 (2.4)는 각각 평균과 분산의 추정치이며 정식의 용어는 "표본 평균"과 "표본 분산"이지만 편의 상 표본이라는 접두어는 빼고 평균과 분산으로 부르기로 한다. 한편, 식 (2.4)의 분산은 바이어스가 있어 N으로 나누는 대신 $N-1$로 나누는 것이 일반적이나 N이 충분히 큰 경우 이를 무시할 수 있으므로 편의 상 N으로 나누어 사용하기로 한다. 식 (2.4)는 또한 데이터 행렬 $\boldsymbol{X}$를 이용하여 다음과 같이 표현할 수 있다.

$$\sigma_X^2 = \frac{1}{N}\boldsymbol{X}\boldsymbol{X}^T - \mu_X^2 \tag{2.5}$$

식 (2.3)과 (2.4)의 평균과 분산은 단변량 데이터에 대해 정의되므로 기계학습에서 주로 다루는 다변량 데이터의 정보를 요약하는 데는 부족하다. 특히, 특징들 간의 상관관계 (예를 들면 영어점수와 수학점수 간의 상관관계)에 대한 정보는 포함하지 않기 때문에 효용 가치가 제한된다.

다변량 데이터를 다룰 때는 각 특징에 대한 각각의 평균과 분산보다는 평균벡터와 공분산 행렬을 이용한다. 크기가 $M\times N$인 다변량 데이터 행렬 $\boldsymbol{X} = [\boldsymbol{x}_1, \boldsymbol{x}_2, \dots \boldsymbol{x}_N]$를 고려해 보자. 여기서 $\boldsymbol{x}_i$는 M개의 특징 값으로 구성되는 $M\times 1$ 벡터이다. $\boldsymbol{X}$의 **평균**과 **공분산 행렬**은 다음과 같이 정의된다.

$$\boldsymbol{\mu_X} = \frac{1}{N}\sum_{i=1}^{N}\boldsymbol{x}_i \tag{2.6}$$

$$\boldsymbol{C_{XX}} = \frac{1}{N}\boldsymbol{X}\boldsymbol{X}^T - \boldsymbol{\mu_X}\boldsymbol{\mu_X}^T = \frac{1}{N}\sum_{i=1}^{N}\boldsymbol{x}_i\boldsymbol{x}_i^T - \boldsymbol{\mu_X}\boldsymbol{\mu_X}^T \tag{2.7}$$

여기서 $\boldsymbol{\mu_X}$는 $M\times 1$벡터이며 이의 j번째 요소 μ_j는 j번째 특징의 평균으로 다음과 같다.

$$\mu_j = \frac{1}{N}\sum_{i=1}^{N}x_{ji} \tag{2.8}$$

공분산 행렬 $\boldsymbol{C_{XX}}$는 $M\times M$ 대칭행렬로 이의 (j,k)번째 요소 (j번째 특징과 k번째 특징의 **공분산**) c_{jk}는 다음과 같다.

$$c_{jk} = \frac{1}{N}\sum_{i=1}^{N}(x_{ji}-\mu_j)(x_{ki}-\mu_k) = \frac{1}{N}\sum_{i=1}^{N}x_{ji}x_{ki} - \mu_j\mu_k \equiv \sigma_{jk} \tag{2.9}$$

식 (2.9)에 따라 공분산 행렬 $\boldsymbol{C_{XX}}$의 대각선 요소 c_{jj}는 j번째 특징 값의 분산 σ_j^2가 된다. 다변량 데이터의 평균과 공분산 행렬 외에 $\boldsymbol{C_{XX}}$와 동일한 크기의 대칭행렬인 **상관행렬** $\boldsymbol{R_{XX}}$을 정의하면 편한 경우가 많은데 이는

$$\boldsymbol{R_{XX}} = \frac{1}{N}\boldsymbol{X}\boldsymbol{X}^T = \frac{1}{N}\sum_{i=1}^{N}\boldsymbol{x}_i\boldsymbol{x}_i^T \tag{2.10}$$

로 정의되며 $\boldsymbol{R_{XX}}$의 (j,k)번째 요소 r_{jk}는 다음과 같이 정의된다.

$$r_{jk} = \frac{1}{N}\sum_{i=1}^{N}x_{ji}x_{ki} = \sigma_{jk} + \mu_j\mu_k \tag{2.11}$$

식 (2.10)의 상관행렬을 이용하면 공분산 행렬을 다음과 같이 쓸 수 있다.

$$\boldsymbol{C_{XX}} = \boldsymbol{R_{XX}} - \boldsymbol{\mu_X}\boldsymbol{\mu_X}^T \tag{2.12}$$

공분산과 공분산 행렬이 갖는 의미에 대해서는 다음에서 다룰 다변량 정규분포 함수 이후로 미루기로 한다.

상관행렬과 공분산 행렬의 특성을 이해하면 뒤에서 다룰 많은 문제들에 대한 이해를 높일 수 있는데 상관행렬은 다음과 같은 특징을 갖는다.

❶ 크기 $M\times M$인 상관행렬은 대칭 행렬이며 대각선 요소는 모두 양수이다. ($\boldsymbol{X}$가 모두 0이 아닌 한)

❷ 대칭이므로 고유 값은 모두 실수이며 고유벡터들은 직교정규 기저를 형성한다.

❸ 상관행렬은 일반적으로 준정부호 행렬이다. 즉, $\boldsymbol{R}_{XX}$의 고유값은 모두 0보다 크거나 같다.

❹ $N< M$이면 (표본의 개수가 특징의 개수보다 적으면) 상관행렬의 rank는 기껏해야 N이며 최소한 $M-N$개의 고유 값은 0이다. 따라서 이 경우 역행렬은 존재하지 않는다.

물론 이는 공분산 행렬에 대해서도 동일하게 적용된다.

마지막으로 언급할 것은 공분산 행렬과 상관행렬은 기본적으로 데이터를 구성하는 특징들 간의 (영어점수, 수학점수, 과학점수 간의) 대체적인 상관관계를 나타내며 기계학습에서 다루는 분류와 회귀 문제는 이들 정보를 어떻게 활용하여 의미 있는 정보를 얻을 것인가의 문제이다.

문제 2.2

표 2.1의 데이터에 대해 A그룹과 B그룹에 대한 μ_X, $\boldsymbol{R}_{XX}$, $\boldsymbol{C}_{XX}$를 각각 구하라. Python, R 혹은 Octave등 적당한 툴을 이용하여 계산하라.

■

CHAPTER 03

다변량 정규분포, 선형 변환, 주성분 분석

기계학습은 상대적으로 적은 수의 표본 데이터만을 사용하여 분류기 혹은 추정기를 설계해야 하며 이 때 학습에 사용되는 표본 데이터가 모집단 전체를 대표할 수 있어야 관측되지 않은(학습에 사용되지 않은) 데이터에 대해서도 일반화될 수 있다. 표본 데이터의 대표성은 이의 분포가 모집단의 확률분포를 따라야 함을 의미하며 또 한편으로는 모집단의 확률분포를 사전에 알고 있다면 분류기 혹은 추정기의 설계와 이의 성능 평가는 상당부분 수월해질 수 있다. 물론, 많은 문제에서 모집단의 확률분포를 알 수 없으며 이 경우 가능한 많은 데이터를 수집하여 학습을 지속적으로 수행하는 것이 보다 더 좋은 성능을 얻을 수 있는 유일한 길일 것이다.

한편, 확률분포를 사전에 안다고 해도 이로부터 분류기의 판별과정 혹은 추정기의 회귀분석 과정을 수학적으로 추적하기는 대부분의 경우 매우 어렵다. 다만, 모집단의 확률분포가 정규분포를 갖는 경우에 대해서는 방대한 량의 연구가 진행되었으며 특히 다변량 데이터에 대해서는 다른 확률분포 모형에 비해 상대적으로 쉽게 다룰 수 있다는 장점이 있어 다변량 정규분포 모형에 근거한 많은 분류기 및 추정기의 설계 방법들이 제안되어 왔다. 본 장에서는 다변량 정규분포 함수와 이의 파라미터 추정에 대해 논의하며 이로부터 파생된 몇 가지 유용한 개념들에 대해 논의한다.

본 장의 내용은 기초적인 확률론에 대한 사전 지식이 필요하며 부록 A에 용어의 정의를 포함하여 확률론에 대한 기본적인 내용 을 요약하였으니 필요시 이를 참고하라.

3.1 다변량 정규분포함수[1]

정규분포(normal distribution)는 종종 **가우시안 분포**(Gaussian distribution)라고도 한다. M개의 특징 값으로 구성된 M변량 랜덤 벡터 $\boldsymbol{z} = [z_1, z_2, \ldots, z_M]^T$를 고려하자. M변량 정규분포함수는 다

음과 같이 정의된다.

❐ 다변량 정규분포 함수와 마할라노비스 거리

M변량 가우시안 랜덤 벡터의 확률밀도함수(probability density function)는 평균과 공분산 행렬(μ와 C)을 파라미터로 갖는 다음의 함수로 정의된다.

$$N(\mathbf{z};\boldsymbol{\mu},\mathbf{C})=\frac{1}{(2\pi)^{M/2}|C|^{1/2}}\exp\left(-\frac{1}{2}(\mathbf{z}-\boldsymbol{\mu})^T\mathbf{C}^{-1}(\mathbf{z}-\boldsymbol{\mu})\right) \tag{3.1}$$

여기서 μ는 크기 $M\times 1$인 평균(벡터), C는 크기 $M\times M$인 공분산 행렬, $|C|$는 C의 행렬식(determinant)이다.

식 (3.1) 우변 지수부의 $(z-\mu)^T C^{-1}(z-\mu)$는 소위 Mahalanobis 거리라 하는 값의 제곱으로 z와 μ의 Mahalanobis 거리 $d_M(z,\mu;C)$는 다음과 같이 정의된다.

$$d_M(\mathbf{z},\boldsymbol{\mu};\mathbf{C})\triangleq\sqrt{(\mathbf{z}-\boldsymbol{\mu})^T\mathbf{C}^{-1}(\mathbf{z}-\boldsymbol{\mu})} \tag{3.2}$$

여기서, C가 단위 행렬이면 ($C=I$이면) Mahalanobis 거리는 식 (1.6)에 정의된 유클리드 거리와 동일하다. 즉, $d_M(z,\mu;I)=d_E(z,\mu)$.

식 (3.1)에 정의된 다변량 확률분포함수를 시각화하고 이의 의미를 이해하기 위해 2개의 변수 z_1, z_2를 갖는 2변량(bivariate) 정규분포함수를 고려해 보자. 그림 3.1은 다음의 파라미터를 갖는 2변량 정규분포 함수의 메쉬 그래프(상)와 등고선 그래프(하)를 보여준다.

경우 1: $\mu=\begin{bmatrix}0\\10\end{bmatrix}$, $C=\begin{bmatrix}9&0\\0&9\end{bmatrix}$

경우 2: $\mu=\begin{bmatrix}0\\10\end{bmatrix}$, $C=\begin{bmatrix}1&0\\0&16\end{bmatrix}$

경우 3: $\mu=\begin{bmatrix}0\\10\end{bmatrix}$, $C=\begin{bmatrix}9&-10\\-10&16\end{bmatrix}$

그림 3.1 (g)에는 경우3의 공분산 행렬을 갖는 데이터들의 산점도를 같이 도시하였다.

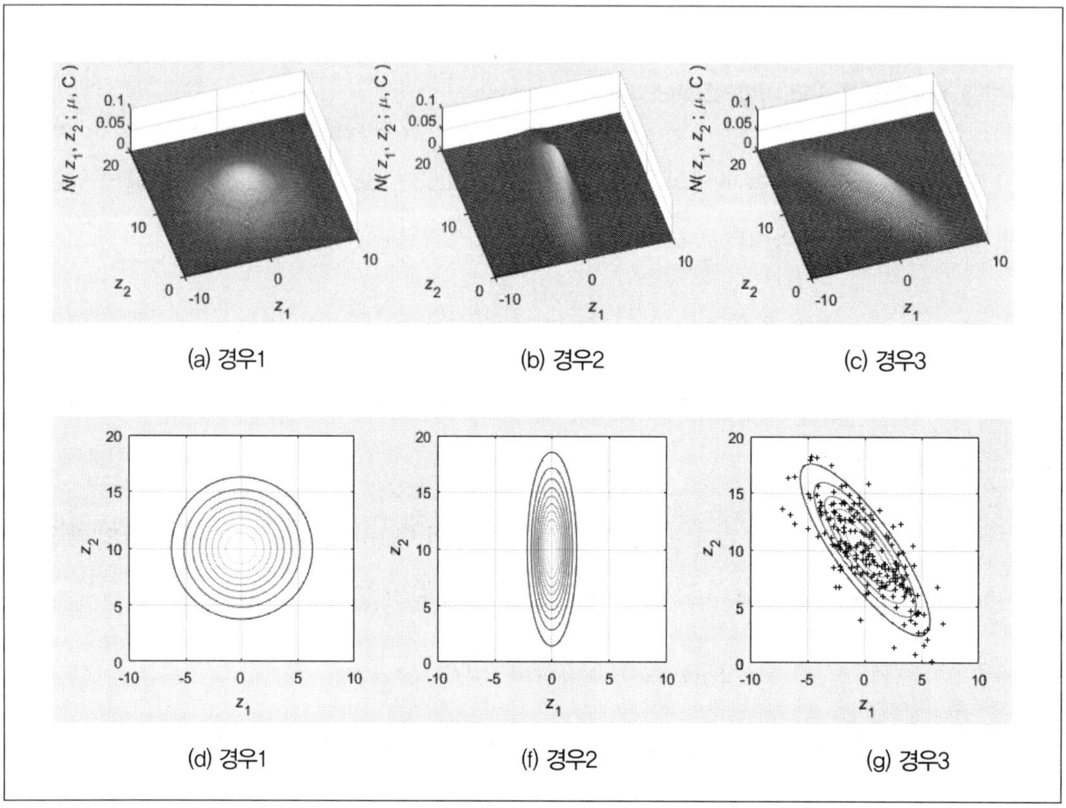

▲ **그림 3.1** 2변량 정규분포 함수의 3차원 메쉬 그래프(상)와 등고선 그래프(하). (g)는 경우3과 동일한 평균 및 공분산 행렬을 갖는 200개 표본 데이터의 산점도를 도시하였다.

3가지 경우 모두 평균(벡터)는 동일하므로 3개 분포함수의 중심점($N(\boldsymbol{z};\boldsymbol{\mu},\boldsymbol{C})$가 최대가 되는 $\boldsymbol{z}$의 좌표)는 동일하게 $\boldsymbol{z}^* = [0,10]^T$이다. 정규분포 함수의 형태를 비교해보면 경우1은 z_1, z_2 각각의 분산이 동일하고 z_1, z_2 간의 공분산이 0인 경우로 등고선은 일정 반경의 원으로 주어지며 경우2는 z_1, z_2 각각의 분산이 다르고 z_1, z_2 간의 공분산이 0인 경우로 등고선은 타원이 된다. 경우 3은 z_1, z_2 각각의 분산이 다르고 공분산이 0인 아닌 경우로 등고선은 타원이지만 경우 2와 달리 기울어져 있다. 타원이 기울어지는 방향과 정도는 공분산에 의해 결정되는데 이제 주어진 공분산 행렬에 대해 등고선의 방정식이 어떻게 나타나는지 확인해 보자.

식 (3.1)에서 $N(z;\boldsymbol{\mu},\boldsymbol{C}) = c$ (임의의 상수)로 놓고 방정식을 세우면 등고선을 얻을 수 있는데 $\boldsymbol{\mu}$는 등고선 그래프에서 타원의 형태와는 무관하며 타원의 위치만을 결정하므로 타원의 형태만을 확인하기 위해 편의상 $\boldsymbol{\mu} = 0$로 놓고 다음을 얻는다.

$$\boldsymbol{z}^T \boldsymbol{C}^{-1} \boldsymbol{z} = c' \tag{3.3}$$

여기서 좌변과 같은 형태(임의의 벡터 a와 행렬 B에 대해 $a^T Ba$ 의 형식으로 나타나는 형태)를 **2차 형식(quadratic form)**이라고 한다. 이제 z와 C를 다음과 같이 놓자.

$$\boldsymbol{z} = \begin{bmatrix} z_1 \\ z_2 \end{bmatrix}, \ \boldsymbol{C} = \begin{bmatrix} \sigma_1^2 & \sigma_{12} \\ \sigma_{12} & \sigma_2^2 \end{bmatrix} \ \rightarrow \ \boldsymbol{C}^{-1} = \frac{1}{\sigma_1^2\sigma_2^2 - \sigma_{12}^2} \begin{bmatrix} \sigma_2^2 & -\sigma_{12} \\ -\sigma_{12} & \sigma_1^2 \end{bmatrix} \tag{3.4}$$

이를 이용하여 식 (3.3)을 풀어 쓰면 다음을 얻는다.

$$\left(\left(\frac{z_1}{\sigma_1}\right)^2 - 2\rho_{12}\left(\frac{z_1}{\sigma_1}\right)\left(\frac{z_2}{\sigma_2}\right) + \left(\frac{z_2}{\sigma_2}\right)^2 \right) = c'(1 - \rho_{12}^2) \tag{3.5}$$

여기서 ρ_{12}는 소위 Pearson의 **상관계수(Pearson's correlation coefficient)**로 알려져 있으며 다음과 같이 정의된다.

$$\rho_{12} \triangleq \frac{\sigma_{12}}{\sigma_1 \sigma_2} \tag{3.6}$$

ρ_{12}는 다음을 만족한다.

$$1 \leq \rho_{12} \leq 1 \tag{3.7}$$

ρ_{12}가 $-1 < \rho_{12} < 1$인 경우 식 (3.5)는 타원 곡선인데 $\rho_{12} = 0$인 경우 (공분산 $\sigma_{12} = 0$인 경우) 타원은 기울어지지 않은 타원이 되며 이 경우 두개의 특징 z_1, z_2는 **무상관(uncorrelated)**하다고 한다. 한편, Pearson의 상관계수가 +1이거나 -1인 경우 두 개의 특징 z_1, z_2는 **완전한 상관(perfect correlation)**을 갖는다고 하는데 이 경우 식 (3.5)는 직선이 된다. 즉,

$$\left(\left(\frac{z_1}{\sigma_1}\right)^2 - 2\rho_{12}\left(\frac{z_1}{\sigma_1}\right)\left(\frac{z_2}{\sigma_2}\right) + \left(\frac{z_2}{\sigma_2}\right)^2 \right) = c'(1 - \rho_{12}^2) \xrightarrow{as\ \rho_{12} \to \pm 1} \frac{z_1}{\sigma_1} = \pm \frac{z_2}{\sigma_2} \tag{3.8}$$

그림 3.2는 ρ_{12}에 따른 등고선의 변화를 보여준다.

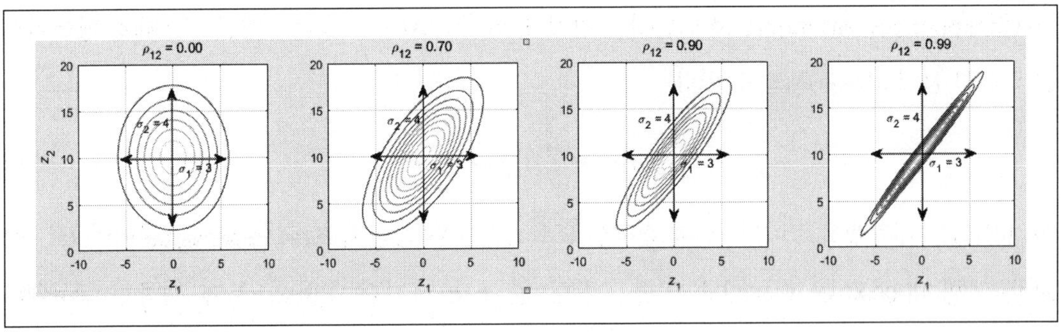

▲그림 3.2 ρ_{12}에 따른 분포함수의 변화

문제 3.1

그림 3.2로부터 Pearson의 상관계수가 ±1에 가깝다는 의미가 무엇인지 간략히 말로 설명해 보아라.

■

문제 3.2

문제 2.2에서 구한 A그룹과 B그룹에 대한 C_{XX}를 이용하여 영어–수학, 수학–과학, 영어–과학 점수에 대한 Pearson 상관계수를 구하라.

■

3.2 선형변환, 고유분해를 통한 주축형식으로의 변환

선형 변환은 특징벡터를 "다른 각도"에서 분석할 수 있도록 해주는데 어떤 범주의 특징 벡터들이 정규분포를 갖는 경우 이들의 선형 변환(linear transform) 역시 정규분포를 가진다. 선형 변환은 차원축소(dimensionality reduction)에도 적용할 수 있으며 공식적으로 다음과 같이 기술할 수 있다.

특징벡터 $\boldsymbol{z} = [z_1, z_2, \ldots, z_M]^T$의 확률분포가 평균 $\boldsymbol{\mu}$, 공분산 C인 정규분포 $N(\boldsymbol{z}; \boldsymbol{\mu}, \boldsymbol{C})$로 주어진다고 하자. $K \le M$인 임의의 $K \times M$ 행렬 $\boldsymbol{H}$를 이용한 $\boldsymbol{z}$의 선형변환 $\boldsymbol{z}' = \boldsymbol{Hz}$의 확률분포는 다변량 정규분포 $N(\boldsymbol{z}'; \boldsymbol{H}\mu, \boldsymbol{HCH}^T)$로 주어진다. 여기서, $\boldsymbol{z}'$은 크기 $K \times 1$인 변환된 특징 벡터이며 $\boldsymbol{H}\mu$는 $\boldsymbol{z}'$의 평균, $\boldsymbol{HCH}^T$는 $\boldsymbol{z}'$의 공분산 행렬이다. (이는 2장의 평균 및 공분산의 정의로부터 자명하며 다변량 정규분포를 갖는 랜덤벡터의 선형변환이 여전히 정규분포를 갖는 이유는 임의의 가우시안 랜덤변수들의 선형결합 역시 가우시안 분포를 갖기 때문이다.)

대표적인 선형변환은 공분산행렬을 **고유분해**(eigen decomposition)하여 식 (3.3)의 2차 형식을 **주축형식**(principal axis form)으로 변환하는 것이다. 임의의 $M \times M$ 공분산행렬 $\boldsymbol{C}$는 대칭 행렬이므로 다음과 같이 고유 분해할 수 있다.

$$\boldsymbol{C} = \boldsymbol{U\Lambda U}^T = \sum_{j=1}^{M} \lambda_j \boldsymbol{u}_j \boldsymbol{u}_j^T \tag{3.9}$$

여기서, Λ는 대각행렬로 이의 j번째 대각선 요소 λ_j는 $\boldsymbol{C}$의 j번째 **고유값**(eigenvalue)이며 $\boldsymbol{U}$는 **직교정규행렬**(orthonormal matrix)로 이의 j번째 열 $\boldsymbol{u}_j$는 j번째 고유값 λ_j에 상응한 **고유벡터**(eigenvector)이다. $\boldsymbol{U}$는 직교정규행렬이므로 $\boldsymbol{U}^T\boldsymbol{U} = \boldsymbol{I}$이며 식 (3.9)는 $\boldsymbol{U}^T\boldsymbol{CU} = \Lambda$로 쓸 수 있다.

이제 다시 확률밀도가 정규분포함수 $N(\boldsymbol{z}; \boldsymbol{\mu}, \boldsymbol{C})$로 주어지는 특징벡터 $\boldsymbol{z} = [z_1, z_2, \dots, z_M]^T$를 고려해 보자. $\boldsymbol{U}^T$를 이용한 $\boldsymbol{z}$의 선형변환 $\boldsymbol{w} = \boldsymbol{U}^T\boldsymbol{z}$의 확률분포는 다변량 정규분포 $N(\boldsymbol{w}; \boldsymbol{U}^T\boldsymbol{\mu}, \boldsymbol{\Lambda})$로 주어진다. 여기서, $\boldsymbol{\Lambda}$는 대각 행렬이므로 정규분포함수 $N(\boldsymbol{w}; \boldsymbol{U}^T\boldsymbol{\mu}, \boldsymbol{\Lambda})$의 등고선은 다음의 식으로 나타낼 수 있다.

$$\boldsymbol{w}^T\boldsymbol{\Lambda}^{-1}\boldsymbol{w} = c\ (\text{상수}) \tag{3.10}$$

선형 변환된 특징벡터를 $\boldsymbol{w} = [w_1, w_2, \dots, w_M]^T$라 놓으면 식 (3.10)은 다음과 같다.

$$\frac{w_1^2}{\lambda_1} + \frac{w_2^2}{\lambda_2} + \cdots + \frac{w_M^2}{\lambda_M} = c \tag{3.11}$$

따라서, $\boldsymbol{w}$의 확률분포함수 $N(\boldsymbol{w}; \boldsymbol{U}^T\boldsymbol{\mu}, \boldsymbol{\Lambda})$의 등고선은 기울어지지 않은 타원이 됨을 알 수 있다. 한편, 식 (3.9)은 $\boldsymbol{C} = \boldsymbol{U}\boldsymbol{\Lambda}^{1/2}\boldsymbol{\Lambda}^{1/2}\boldsymbol{U}^T$로 쓸 수 있는데 (여기서, $\boldsymbol{\Lambda}^{1/2}$는 $\boldsymbol{\Lambda}$와 마찬가지로 대각행렬로 이의 j번째 대각선 요소는 $\sqrt{\lambda_j}$ 이며 선형변환 $\boldsymbol{v} = \boldsymbol{\Lambda}^{-1/2}\boldsymbol{U}^T\boldsymbol{z}$의 확률분포는 $N(\boldsymbol{v}; \boldsymbol{\Lambda}^{-1/2}\boldsymbol{U}^T\boldsymbol{\mu}, \boldsymbol{I})$이다. $\boldsymbol{v}$의 공분산은 단위 행렬이므로 $N(\boldsymbol{v}; \boldsymbol{\Lambda}^{-1/2}\boldsymbol{U}^T\boldsymbol{\mu}, \boldsymbol{I})$의 등고선은 원으로 주어지며 이러한 선형변환을 **화이트닝(whitening)**이라고 한다.

문제 3.3

특징벡터 $\boldsymbol{z}$의 확률분포가 $N(\boldsymbol{z}; \boldsymbol{\mu}, \boldsymbol{C})$라 하자. 임의의 벡터 $\boldsymbol{a}$와 임의의 행렬 $\boldsymbol{B}$에 대해 $\boldsymbol{v} = \boldsymbol{B}^T\boldsymbol{z} + \boldsymbol{a}$라 하자. $\boldsymbol{v}$의 확률분포는 어떻게 주어지는가? ■

문제 3.4

두 개의 특징을 갖는 특징벡터 $\boldsymbol{z} = [z_1, z_2]^T$가 평균 $[1, 2]^T$이고 공분산이 $\begin{bmatrix} 2 & 2 \\ 2 & 4 \end{bmatrix}$라 하자. $\boldsymbol{z}$를 화이트닝하기 위한 변환행렬 $\boldsymbol{V}$를 구하라. 즉, $\boldsymbol{v} = \boldsymbol{V}^T\boldsymbol{z}$의 공분산이 단위행렬이 되도록 하는 행렬 $\boldsymbol{V}$를 구하라. ■

문제 3.5

문제 2.2의 결과를 이용하여 표2.1의 데이터를 화이트닝하기 위한 변환행렬 $\boldsymbol{V}$를 구하라. ■

3.3 주성분 분석과 차원 축소[2]

기계학습에서 다루는 데이터는 대개 고차원 벡터로 나타나며 데이터의 분포나 통계적 특징에 대한 사전지식 없이 이를 다루려면 많은 시행착오를 거치게 된다. 만약 데이터의 분포에 대한 대체적인 특징을 사전에 시각화 하여 볼 수 있다면 이에 대한 회귀 분석이나 분류를 어떤 방법으로 접근해야 할지 어느 정도 감을 잡을 수 있다. 물론 2장에서 살펴본 산점도를 이용할 수 있지만 M차원 데이터들을 2차원 산점도로 나타내려면 $M(M-1)/2$개의 산점도를 사용해야 하므로 매우 번거로울 수 있다. 본 절에서는 고차원 벡터로 주어지는 데이터를 선형 변환을 통해 저차원 공간으로 차원 축소하는 방법을 소개하고자 한다. 특히 2차원으로 축소하면 데이터의 분포를 하나의 산점도로 손쉽게 표현할 수 있다.

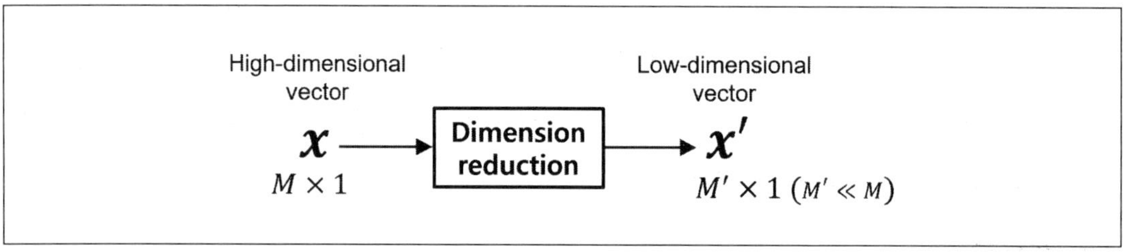

▲그림 3.3 차원 축소의 개념도

차원 축소는 그림 3.3에 개념을 나타냈듯이 고차원 공간에서 정의되는 벡터 $\boldsymbol{x}$를 저차원 공간에서 정의되는 벡터 $\boldsymbol{x}'$으로 맵핑하는 것인데 고차원 공간에서의 점들간 거리가 저차원공간에서도 가능한한 유지될 것이 요구된다. 그러나 거리의 보존이 엄밀한 의미에서 보존되는 차원 축소는 불가능할 뿐더러 좀 더 완화된 조건으로 원 특징 공간에서의 가까운 순서가 맵핑 된 저차원 공간상에서도 그 순서를 유지하도록 만드는 것도 점들의 개수가 많을 경우 매우 어렵다. 다만, 원공간 상에서 유사한 특징을 갖는 점들의 군집이 축소된 공간상에서도 어느 정도 동일한 군집을 형성한다면 이것만으로도 다양한 분석에 그 활용성이 있을 것이다. 본 절에서는 다양한 차원 축소 방법 중 활용도가 높은 주성분 분석을 이용한 선형 차원축소에 대해 살펴본다.

주성분 분석(principal component analysis)[3]은 고차원 데이터 $\boldsymbol{x}$를 선형 변환을 통해 저차원 공간상의 점 $\boldsymbol{x}'$으로 투영하는 방법으로 다음과 같이 수행한다.

$$\boldsymbol{x}' = \boldsymbol{\Theta}^T \boldsymbol{x} \ \in \mathbb{R}^L \tag{3.12}$$

여기서 $\boldsymbol{x}$는 $M\times 1$벡터, $\boldsymbol{z}$는 $L\times 1$벡터로 $L<M$이다. $\boldsymbol{\Theta}$는 기저 행렬(basis matrix)로 크기가 $M\times L$이며 $\boldsymbol{\Theta}$의 각 열은 L차원 부공간의 기저 벡터로 주성분 분석을 통해 얻어진다. 주성분 분석은 공분산 행렬을 고유 분해하여 수행하는 것인데 주어진 학습 데이터 $\boldsymbol{X}=[\boldsymbol{x}_1, \boldsymbol{x}_2, \ldots, \boldsymbol{x}_N]$에 대해 다음과 같이 처리하여 $\boldsymbol{\Theta}$를 얻는다.

❶ $\boldsymbol{X}$에 대한 공분산 행렬 계산: $\boldsymbol{C_{XX}}=\frac{1}{N}\boldsymbol{X}\boldsymbol{X}^T-\boldsymbol{\mu_X}\boldsymbol{\mu_X^T}$. 여기서 $\boldsymbol{\mu_X}=\frac{1}{N}\sum_{i=1}^{N}\boldsymbol{x}_i$

❷ $\boldsymbol{C_{XX}}$를 다음과 같이 고유 분해한다. $\boldsymbol{C_{XX}}=\boldsymbol{U\Lambda U^T}$. 여기서 $\boldsymbol{U}$는 직교 정규 행렬이며 ($\boldsymbol{U^TU}=\boldsymbol{I}$이며) $\boldsymbol{\Lambda}$는 대각 행렬로 각 대각선 요소는 $\boldsymbol{C_{XX}}$의 고유 값(0보다 크거나 같은 실수)이다.

❸ $\boldsymbol{\Lambda}$에서 가장 큰 고유 값 L개를 선택하고 이에 상응한 고유벡터(행렬 $\boldsymbol{U}$의 열)을 선택하여 $\boldsymbol{\Theta}$의 열을 구성한다. (대개 고유 값이 큰 순서로 첫 번째 열부터 채워 나감)

이렇게 얻어진 $\boldsymbol{\Theta}$에 대해 식 (3.12)을 이용하여 얻은 벡터 $\boldsymbol{x}'$의 각 요소를 주성분(principal component)이라 한다. $\boldsymbol{C_{XX}}$의 대각선 요소는 데이터 $\boldsymbol{x}$의 각 요소의 분산인데 다음과 같은 등식이 성립한다.

$$\sum_{j=1}^{M}\sigma_j^2=\mathrm{tr}(\boldsymbol{C_{XX}})=\sum_{k=1}^{M}\lambda_k \tag{3.13}$$

여기서 $\mathrm{tr}(\boldsymbol{A})$는 정방행렬 $\boldsymbol{A}$의 대각선 요소들의 합을 나타내는 trace연산자이며 σ_j^2는 j번째 특징 값의 분산, λ_k는 k번째 고유 값이다. 즉 모든 특징 값들의 분산의 합은 고유 값들의 합과 같으며 가장 큰 고유 값들을 선택하는 이유는 이를 통해 데이터 $\boldsymbol{X}$가 갖는 변동성(variability)을 가장 잘 드러낼 수 있기 때문이다.

문제 3.6

(컴퓨터 실습 문제) 표 2.1의 데이터에 대해 특징 벡터 (영어, 수학, 과학 점수)를 식 (3.12)를 이용하여 2차원 공간으로 차원 축소하고자 한다. 2개의 가장 큰 고유값에 해당하는 고유벡터를 기저로 이용할 때 Θ를 구하라. 또한, 이를 이용하여 각 특징 벡터 x_i를 2차원 벡터 z_i로 변환한 후 이의 산점도를 그려보아라.

참고링크

[1] 다변량 정규분포: https://en.wikipedia.org/wiki/Multivariate_normal_distribution

[2] 차원 축소: https://en.wikipedia.org/wiki/Dimensionality_reduction

[3] PCA: https://en.wikipedia.org/wiki/Principal_component_analysis

CHAPTER

04 회귀

회귀분석(regression analysis)이란 통계학에서 상호 의존적인 변수들(혹은 특징벡터에 포함된 특징들) 간의 상관관계를 추정하는 것을 말하며 1장에서 언급한 데로 주어진 모형(파라미터들을 갖는 함수 모형)을 주어진 데이터 집합(학습데이터)에 맞게 최적화하는 것이다. 한편, 최적화를 위해서는 최적화 지표가 필요한데 대개 비용함수(cost function) 혹은 목적 함수(objective function)을 정의하고 비용을 최소화하거나 목적 함수를 최대화하는 형태로 최적화가 이루어진다. 일반적으로 회귀분석의 3가지 구성요소는 다음과 같다.

❶ 목표 값을 포함하는 데이터 집합: $\boldsymbol{X}$ ($M\times N$ 행렬), $\boldsymbol{y}$ ($N\times 1$ 벡터), (여기서, M은 특징의 개수, N은 표본의 개수이다.)

❷ 회귀 모형(추정기): $y = f(\boldsymbol{x};\boldsymbol{\theta})$

❸ 비용함수 혹은 목적함수: $J(\boldsymbol{\theta};\boldsymbol{X},\boldsymbol{y})$

본 장의 내용은 기초적인 최적화 문제에 대한 정의와 이의 특수한 경우인 2차계획 문제에 대한 사전지식이 필요하며 부록 B에 이들에 대한 정의와 예제를 포함하는 기본적인 내용을 요약하였으니 필요시 이를 참고하라.

4.1 선형회귀

선형회귀(linear regression)는 회귀모형 $f(\boldsymbol{x};\theta)$이 인수 $\boldsymbol{x}$의 선형함수로 주어지는 경우를 말하며 간단한 예를 그림 4.1에 도시하였다. 그림 4.1의 가로축과 세로축은 두 개 랜덤변수(두 개의 특징 값)이 가질 수 있는 값들의 집합인 **표본공간**(sample space)을 나타내며 그림의 점들은 주어진 데이터 $\boldsymbol{X}$와 $\boldsymbol{y}$의 산점도를 나타낸다. (한 개의 특징과 한 개의 목표 값을 고려하므로 데이터 행렬 $\boldsymbol{X}$와 이의 목표 값 $\boldsymbol{y}$는 각각 $1\times N$ 및 $N\times 1$이며 N은 표본의 개수이다).

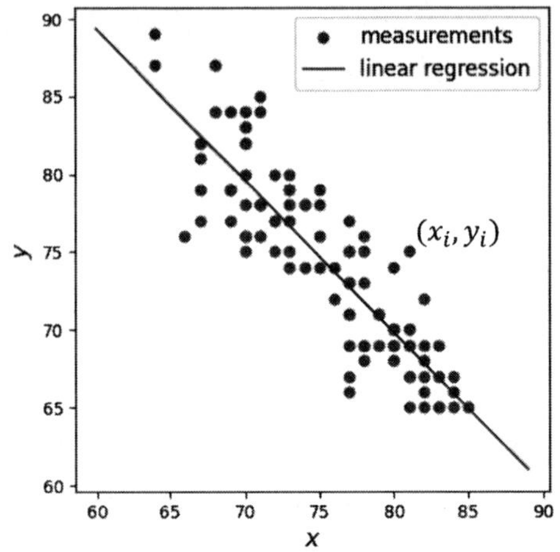

▲ **그림 4.1** 2개 랜덤 변수 간의 선형 회귀분석 예.

한편, $\boldsymbol{X}$와 y의 상관관계를 표현하기 위한 함수 모형(추정기)은 다음과 같이 2개의 파라미터를 갖는 선형 함수[3)]이다.

$$\hat{y}_i = f(x_i; \boldsymbol{\theta}) = ax_i + b \tag{4.1}$$

여기서, 추정기 파라미터는 $\theta = [a, b]^T$이다.

이를 M개 특징 값을 이용한 모형으로 일반화하면 다음과 같다.

$$\hat{y}_i = f(\boldsymbol{x}_i; \boldsymbol{\theta}) = \sum_{j=1}^{M} \theta_j x_{ji} + \theta_0 \tag{4.2}$$

여기서, 추정기 파라미터는 $\theta = [\theta_0, \theta_1, \ldots, \theta_M]^T$이다. 그림 4.2는 식 (4.4)의 선형 추정기의 구조도를 보여 준다.

이제 학습 알고리즘(최적화)을 위한 비용함수를 정의해보자. 다양한 비용함수가 정의될 수 있으나 일반적으로 많이 사용되는 비용함수는 제곱 잔차의 합(RSS, residual sum of square) 혹은 평균제곱오차(MSE, mean square error)이다. 추정오차는 추정기(estimator)를 이용한 추정값(estimate)과 목표값의 차이(오차 error 혹은 잔차 residual라고 함)로 다음과 같이 정의한다.

$$e_i = \hat{y}_i - y_i = f(x_i; \boldsymbol{\theta}) - y_i \tag{4.3}$$

3) 엄밀히 말하면 식 (4.1)과 같은 형태는 아핀 함수(affine function)라고 하며 선형함수의 경우 $b = 0$인 경우를 말하지만 여기서는 좀 더 익숙한 표현인 선형이라는 용어를 편의상 사용하였다.

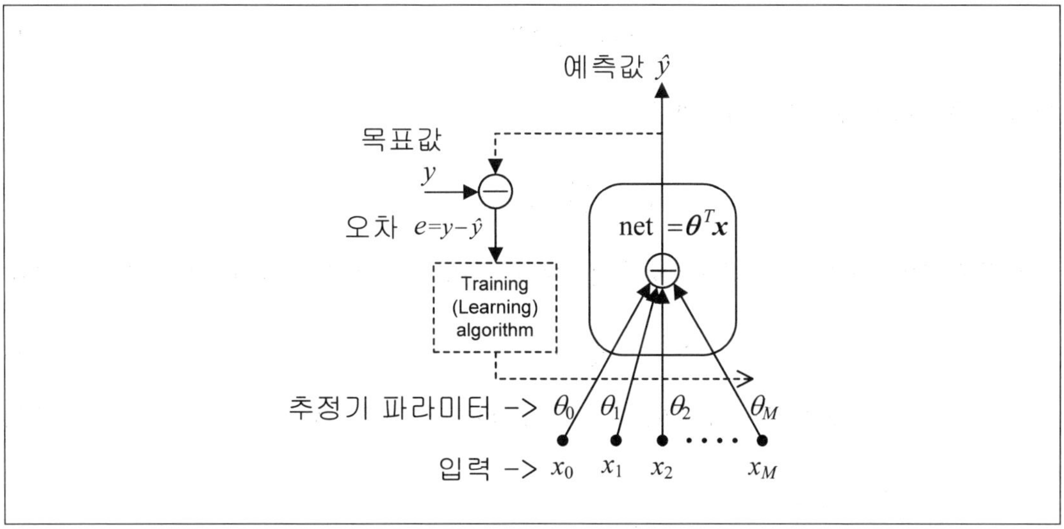

▲ **그림 4.2** 선형 추정기의 구조도

식 (4.4)의 선형 모형을 이용하면 평균제곱오차는 다음의 스칼라함수로 정의된다.

$$J(\boldsymbol{\theta};\boldsymbol{X},\boldsymbol{y}) = \frac{1}{N}\sum_{i=1}^{N} e_i^2 = \frac{1}{N}\sum_{i=1}^{N}\left(\sum_{j=1}^{M}\theta_j x_{ji} + \theta_0 - y_i\right) \tag{4.4}$$

식 (4.6)에서 x_{ji}와 y_i는 주어진 데이터이므로 알고 있는 값이며 문제는 위의 비용함수를 최소화하는 파라미터 $\boldsymbol{\theta}$를 찾는 것이다. 부록 B에 언급한 바와 같이 위의 비용함수는 파라미터 $\boldsymbol{\theta}$의 2차 형식(2차함수)으로 정의되는 2차계획 문제로 이의 최소값은 유일하며 부록 B의 식 (B.3)의 첫 번째 식으로 정의되는 최적 파라미터 $\boldsymbol{\theta}^*$ 는 다음의 $M+1$개 연립방정식을 풀어서 얻을 수 있다.

$$\frac{\partial}{\partial\theta_0}J(\boldsymbol{\theta};\boldsymbol{X},\boldsymbol{y}) = \frac{2}{N}\sum_{i=1}^{N}\left(\sum_{j=1}^{M}\theta_j x_{ji} + \theta_0 - y_i\right) = 0 \tag{4.5.a}$$

$$\frac{\partial}{\partial\theta_k}J(\boldsymbol{\theta};\boldsymbol{X},\boldsymbol{y}) = \frac{2}{N}\sum_{i=1}^{N}\left(\sum_{j=1}^{M}\theta_j x_{ji} + \theta_0 - y_i\right)x_{ki} = 0 \quad \text{for } k = 1,2,\ldots,M \tag{4.5.b}$$

위 방정식은 2장 식 (2.10)과 (2.6)에서 정의한 상관 행렬과 평균(벡터)

$$\boldsymbol{R}_{XX} = [r_{XX,jk}] \ \ (\text{여기서} \ \ r_{XX,jk} = \frac{1}{N}\sum_{i=1}^{N} x_{ji}x_{ki})$$

$$\boldsymbol{\mu}_X = [\mu_{X,j}] \ \ (\text{여기서} \ \ \mu_{X,j} = \frac{1}{N}\sum_{i=1}^{N} x_{ji})$$

을 이용하면 간략한 행렬방정식으로 표기 가능하다. 추가적으로 다음의 $M \times 1$ 상호 상관벡터 $\boldsymbol{r}_{Xy} = [r_{Xy,k}]$를 정의하자.

$$\boldsymbol{r}_{\boldsymbol{Xy}} = \frac{1}{N}\boldsymbol{Xy} \tag{4.6}$$

여기서, $\boldsymbol{r}_{\boldsymbol{Xy}}$의 k번째 요소는 다음과 같다.

$$r_{Xy,k} = \frac{1}{N}\sum_{i=1}^{N} x_{ki}y_i \tag{4.7}$$

이들을 이용하면 식 (4.5.a)와 (4.5.b)의 연립방정식은 양변을 2로 나누어 다음과 같이 쓸 수 있다.

$$\sum_{j=1}^{M} \theta_j \mu_{X,j} + \theta_0 = \mu_y \tag{4.8.a}$$

$$\sum_{j=1}^{M} \theta_j r_{XX,jk} + \theta_0 \mu_{X,k} = r_{Xy,k} \quad \text{for } k = 1,2, \dots, M \tag{4.8.b}$$

여기서, $\mu_y = \frac{1}{N}\sum_{i=1}^{N} y_i$이다.

좀 더 간략한 표현을 얻기 위해 다음과 같은 첨가 행렬을 정의하자.

$$\widetilde{\boldsymbol{X}} = \begin{bmatrix} \boldsymbol{1}^T \\ \boldsymbol{X} \end{bmatrix} \tag{4.9}$$

여기서, 1^T은 모든 원소가 1인 $1 \times M$ 행벡터이며 따라서 $\widetilde{\boldsymbol{X}}$는 첫 행이 모두 1인 $(M+1) \times N$이며 이의 상관행렬, 평균벡터, $\boldsymbol{y}$와의 상호상관은 각각 다음과 같다.

$$\boldsymbol{R}_{\widetilde{X}\widetilde{X}} = \frac{1}{N}\widetilde{\boldsymbol{X}}\widetilde{\boldsymbol{X}}^T = \begin{bmatrix} 1 & \boldsymbol{\mu}_X^T \\ \boldsymbol{\mu}_X & \boldsymbol{R}_{XX} \end{bmatrix} \tag{4.10}$$

$$\boldsymbol{r}_{\widetilde{X}\boldsymbol{y}} = \frac{1}{N}\widetilde{\boldsymbol{X}}\boldsymbol{y}^T = \begin{bmatrix} \mu_y \\ \boldsymbol{r}_{\boldsymbol{Xy}} \end{bmatrix} \tag{4.11}$$

위의 $\boldsymbol{R}_{\widetilde{X}\widetilde{X}}$와 $\boldsymbol{r}_{\widetilde{X}y}$를 이용하면 식 (4.8.a)와 (4.8.b)의 연립방정식은 다음과 같다.

$$\boldsymbol{R}_{\widetilde{X}\widetilde{X}}\boldsymbol{\theta} = \boldsymbol{r}_{\widetilde{X}\boldsymbol{y}} \tag{4.12}$$

따라서, θ_0을 포함하는 최적 파라미터 $\boldsymbol{\theta}^*$는 다음과 같다.

$$\boldsymbol{\theta}^* = \boldsymbol{R}_{\widetilde{X}\widetilde{X}}^{-1} \cdot \boldsymbol{r}_{\widetilde{X}\boldsymbol{y}} \tag{4.13}$$

요약하면 식 (4.4)로 주어지는 비용함수 $J(\boldsymbol{\theta}; \boldsymbol{X}, \boldsymbol{y})$는 각 파라미터 θ_j의 다항식으로 표현되는데 최고차 항이 2차이므로 **볼록 함수(convex function)**이며 따라서 식 (4.5.a)와 (4.5.b)로 주어지는 $M+1$개 연립방정식은 선형연립방정식으로 주어진다(이 부분에 대한 부가 설명은 부록 B를 참고하라). 비용함수의 정규화 상수 $1/N$은 식 (4.5.a)와 (4.5.b)의 방정식의 해에 영향을 주지 않는데 일반적으로 제곱 잔차합(RSS, residual sum of square)으로 정의되는 $\sum_{i=1}^{N} e_i^2$를 최소화하는 파라미터 추정 방법을 **최소 제곱법(least squares)**[2]이라 한다.

문제 4.1

표 2.1의 데이터에서 영어점수를 수학점수로 다음과 같이 추정하고자 한다.

$$\widehat{\text{영어점수}} = \theta_1 \cdot \text{수학점수} + \theta_0$$

선형 회귀 분석을 이용하여 θ_0, θ_1를 구하고 이에 대한 평균 제곱 오차 $\frac{1}{N}\sum_{i=1}^{N} e_i^2$를 구하라. 또한, 영어-수학 점수의 산점도와 함께 회귀 선을 도시해보아라. (Python, R 혹은 Octave 중 적당한 툴을 사용하여 각 그룹에 대해 따로 회귀 분석을 수행하라.)

문제 4.2

표 2.1의 데이터에서 영어점수를 수학점수와 과학점수로 다음과 같이 추정하고자 한다.

$$\widehat{\text{영어점수}} = \theta_0 + \theta_1 \cdot \text{수학점수} + \theta_2 \cdot \text{과학점수}$$

선형 회귀 분석을 이용하여 θ_0, θ_1, θ_2를 구하고 이에 대한 평균 제곱 오차 $\frac{1}{N}\sum_{i=1}^{N} e_i^2$를 구하라. 문제 4.1에서 구한 평균 제곱 오차와 비교하고 그 결과에 대해 간략히 설명해보아라.

4.2 최소 제곱법의 벡터-행렬 표현

식 (4.9)의 정의를 사용하면 식(4.2)부터 (4.8)까지의 선형 회귀분석 과정을 집합적으로 보다 간략히 쓸 수 있다.

추정기: $\hat{\boldsymbol{y}} = \widetilde{\boldsymbol{X}}^T\boldsymbol{\theta}$ (4.14)

추정 오차: $\boldsymbol{e} = \boldsymbol{y} - \widetilde{\boldsymbol{X}}^T\boldsymbol{\theta}$ (4.15)

비용함수:
$$\begin{aligned} J(\boldsymbol{\theta}; \boldsymbol{X}, \boldsymbol{y}) &= \frac{1}{N}\|\boldsymbol{e}\|^2 = \frac{1}{N}\left\|\boldsymbol{y} - \widetilde{\boldsymbol{X}}^T\boldsymbol{\theta}\right\|^2 - \frac{1}{N}\left(\boldsymbol{y} - \widetilde{\boldsymbol{X}}^T\boldsymbol{O}\right)^T\left(\boldsymbol{y} - \widetilde{\boldsymbol{X}}^T\boldsymbol{O}\right) \\ &= \boldsymbol{\theta}^T\boldsymbol{R}_{\widetilde{X}\widetilde{X}}\boldsymbol{\theta} - 2\boldsymbol{r}_{\widetilde{X}y}\boldsymbol{\theta} + \frac{1}{N}\boldsymbol{y}\boldsymbol{y}^T \end{aligned} \quad (4.16)$$

최적화 문제: $$\boldsymbol{\theta}^* = \underset{\boldsymbol{\theta}}{\operatorname{argmin}} J(\boldsymbol{\theta}; \boldsymbol{X}, \boldsymbol{y}) \tag{4.17}$$

해: $$\nabla_{\boldsymbol{\theta}} J(\boldsymbol{\theta}; \boldsymbol{X}, \boldsymbol{y}) = \mathbf{0} \ \rightarrow \ \boldsymbol{R}_{\tilde{X}\tilde{X}}\boldsymbol{\theta} = \boldsymbol{r}_{\tilde{X}y} \tag{4.18}$$

추정기 파라미터: $\boldsymbol{\theta}^* = \boldsymbol{R}_{\tilde{X}\tilde{X}}^{-1} \cdot \boldsymbol{r}_{\tilde{X}y}$ ($\boldsymbol{R}_{\tilde{X}\tilde{X}}$의 역행렬이 존재하는 경우) (4.19)

식 (4.14)부터 (4.19)까지의 최적화 과정에서 몇 가지 살펴볼 점은 다음과 같다.

❶ 비용함수 혹은 목적함수 $J(\theta; \boldsymbol{X}, y)$는 θ에 대해 미분 가능해야 하며 이로부터 기울기가 0이 되는 θ를 찾아 최적화를 수행한다. 최소 제곱법의 목적함수의 경우 식 (4.16)에 나타낸 바와 같이 2차 형식으로 주어지므로 항상 미분 가능하다.

❷ 식 (4.19)의 해는 상관행렬 $\boldsymbol{R}_{\tilde{X}\tilde{X}}$의 역행렬을 포함하는데 이는 $\boldsymbol{R}_{\tilde{X}\tilde{X}}$의 역행렬이 존재하는 경우에만 식 (4.17)의 최적화문제가 유일한 해를 가짐을 의미하며 이는 $\boldsymbol{R}_{\tilde{X}\tilde{X}}$가 **정부호(positive definite) 행렬**(고유 값들이 모두 양의 실수인 행렬)일 것을 요구한다.

❸ 한편, $\boldsymbol{R}_{\tilde{X}\tilde{X}}$는 정의에 의해 대칭 행렬이므로 $\boldsymbol{R}_{\tilde{X}\tilde{X}}$의 모든 고유값은 실수이다.

❹ 일반적으로 상관행렬 $\boldsymbol{R}_{\tilde{X}\tilde{X}}$의 모든 고유값은 0보다 크거나 같으며(non-negative definite) 모든 고유값이 0보다 크면 $\boldsymbol{R}_{\tilde{X}\tilde{X}}$은 정부호 행렬이고 앞서 언급했듯 식 (4.17)의 최적화 문제는 유일한 해를 갖는다.

❺ 그러나, $\boldsymbol{R}_{\tilde{X}\tilde{X}}$의 고유값 중 하나라도 0인 경우 역행렬은 존재하지 않으며 의미 있는 해를 얻기 위해서는 어떤 형태로든 부가적인 **구속조건(constraint)**이 필요하다.

4.3 선형 회귀 문제로서의 선형 예측

선형 예측(linear prediction)[3]은 시계열 데이터에서 과거 p개의 값 들로부터 다음의 값을 예측하는 것으로 선형 회귀 문제의 대표적인 예이며 4.1절과 2절에서 다룬 선형 회귀 분석을 그대로 사용할 수 있다.

예측하고자 하는 시계열 데이터를 x_t라 하자. 여기서 t는 시간 인덱스이다. 선형 예측의 문제는 x_t를 과거 p개의 값들의 선형 결합으로 다음과 같이 예측하는 것이다.

$$\hat{x}_t = \sum_{i=1}^{p} \theta_i x_{t-i} = \boldsymbol{\theta}^T \boldsymbol{x}^{(t-1)} \tag{4.20}$$

여기서 p는 예측 차수, $\boldsymbol{\theta} = [\theta_1, \theta_2, ..., \theta_p]^T$이며 과거값 벡터 $\boldsymbol{x}^{(t-1)}$는 다음과 같이 정의된다.

$$\boldsymbol{x}^{(t-1)} = [x_{t-1}, x_{t-2}, ..., x_{t-p}]^T \tag{4.21}$$

이제 예측 오차를 $e(t) = \hat{x}_t - x_t$라 정의하면 이의 제곱 평균을 최소화하기 위한 선형 예측기 파라미터 $\boldsymbol{\theta}$는 4.1절과 2절의 과정을 동일하게 적용하여 얻을 수 있는데 이를 위한 학습 데이터는 이제까지 관측된 $N+p$개의 시계열 데이터 $x_{t-i}, i = 0, 1, 2, ..., N+p-1$을 이용하여 다음과 같이 구성하면 된다.

$$\boldsymbol{y} = [x_t, x_{t-1}, ..., x_{t-N}]^T \tag{4.22}$$

$$\boldsymbol{X} = [\boldsymbol{x}^{(t-1)}, \boldsymbol{x}^{(t-2)}, ..., \boldsymbol{x}^{(t-N-1)}]^T = \begin{pmatrix} x_{t-1} & x_{t-2} & \cdots & x_{t-N-1} \\ x_{t-2} & x_{t-3} & \cdots & x_{t-N-2} \\ \vdots & \vdots & \ddots & \vdots \\ x_{t-p} & x_{t-p-1} & \cdots & x_{t-N-p} \end{pmatrix} \tag{4.23}$$

이상의 정의를 4.1절 및 4.2의 과정에 θ_0항 없이 적용하면 다음을 얻는다.

$$\boldsymbol{\theta}^* = \underset{\boldsymbol{\theta}}{\operatorname{argmin}} J(\boldsymbol{\theta}; \boldsymbol{X}, \boldsymbol{y}) = \boldsymbol{R}_{XX}^{-1} \cdot \boldsymbol{r}_{Xy} \tag{4.24}$$

여기서, $\boldsymbol{R}_{XX} = \frac{1}{N}\boldsymbol{X}\boldsymbol{X}^T$이며 $\boldsymbol{r}_{Xy} = \frac{1}{N}\boldsymbol{X}\boldsymbol{y}$이다.

문제 4.3

다음의 시계열 데이터에 대해 다음 문제를 풀어라.

t	0	1	2	3	4	5	6	7	8	9	10	11	12	13	14
x_t	-4	-3	14	8	1	-5	-7	-4	-2	6	10	22	15	-15	-20

❶ 예측 차수 $p = 2$에 대해 식 (4.24)와 (4.25)에 따라 $\boldsymbol{X}$와 $\boldsymbol{y}$를 나타내고 $\boldsymbol{R}_{XX}$와 $\boldsymbol{r}_{Xy}$를 구하라.

❷ $p = 2$에 대해 각각 선형 예측기 파라미터 $\boldsymbol{\theta}^*$를 구하고 x_{15}를 예측해 보아라.

❸ 평균 제곱 오차 $\text{MSE} = \frac{1}{N}\sum_{i=1}^{N} e_i^2$를 구하라.

❹ $p = 4$에 대해 (1)~(3)을 반복하라.

❺ 시계열 데이터의 분산 $\sigma_x^2 = \frac{1}{N}\sum_{i=1}^{N}(x_t - \mu_t)^2$를 구하고 (여기서 $\mu_t = \frac{1}{N}\sum_{i=1}^{N}x_t$), $p = 2, 4$에 대해 MSE/σ_x^2를 구하라.

❻ ⑤의 결과에 대해 간략히 비교 설명하라.

4.4 회귀 문제에 대한 최대 우도법

부록 B에서 최대 우도법[4]을 이용한 최적화 문제를 정의하였고 본 장에서는 최소 제곱법을 이용한 회귀 분석에 대한 최적화 문제를 정의하였다. 사실상 최소 제곱법은 오차에 대한 확률분포를 정규분포로 가정하고 최대 우도법을 적용한 것과 동일하다. 편의 상 오차를 평균 0 분산(제곱 평균) 1인 정규분포로 가정해 보자. 랜덤 표본화를 가정하면 우도 함수와 로그 우도 함수는 각각 다음과 같다.

$$L(\boldsymbol{\theta}; \boldsymbol{X}) \equiv \prod_{i=1}^{N} N(y_i - f(x_i; \boldsymbol{\theta}); 0,1) = \left(\frac{1}{2\pi}\right)^{\frac{N}{2}} \prod_{i=1}^{N} \exp\left(-\frac{1}{2}\left(y_i - f(x_i; \boldsymbol{\theta})\right)^2\right) \tag{4.25}$$

$$\log L(\boldsymbol{\theta}; \boldsymbol{X}) = -\frac{1}{2}\sum_{i=1}^{N}\left(y_i - f(x_i; \boldsymbol{\theta})\right)^2 + \frac{N}{2}\log\left(\frac{1}{2\pi}\right) \tag{4.26}$$

여기서 상수항 $\frac{N}{2}\log\left(\frac{1}{2\pi}\right)$는 무시할 수 있다. 따라서 식 (4.25)는 최소 제곱법의 비용함수에 -가 붙어 있는 것이며 식 (4.25)를 최대화하는 것이나 제곱 오차를 최소화하는 것이나 동일함을 알 수 있다.

참고링크

[1] 선형회귀: https://en.wikipedia.org/wiki/Linear_regression

[2] 최소 제곱법: https://en.wikipedia.org/wiki/Least_squares

[3] 선형 예측: https://en.wikipedia.org/wiki/Linear_prediction

[4] 최대 우도 추정: https://en.wikipedia.org/wiki/Maximum_likelihood_estimation

CHAPTER

05 다중태스크 회귀, 비선형 회귀, 과적합과 교차검증

앞 장에서는 입력으로부터 하나의 값을 예측하는 선형 회귀모형에 대해 알아보았다. 본 장에서는 입력으로부터 여러 개의 값을 동시에 예측하는 다중테스크 회귀모형과 비선형 관계식을 이용하는 비선형 회귀에 대한 이슈들을 살펴보고, 또한 이들 모형의 예측성능을 효과적으로 검증하기 위한 교차검증(cross-validation) 방법에 대해 알아본다.

5.1 다중태스크 선형회귀

다중태스크 선형회귀는 앞에서 다룬 선형회귀의 단순한 확장으로 차이점은 다음과 같다.

❶ 임의의 특징 벡터 $\boldsymbol{x}_i$($M\times 1$ 벡터)에 대한 목표 값 y_i가 스칼라가 아니라 벡터 $\boldsymbol{y}_i = [y_{i1}, y_{i2}, \dots, y_{iK}]$로 주어지며 추정오차 역시 벡터 $e_i = \boldsymbol{y}_i - \hat{\boldsymbol{y}}_i$로 주어진다.

❷ 여기서, 추정치 $\hat{\boldsymbol{y}}_i$는 $\boldsymbol{x}_i$의 선형함수로 다음과 같이 모형화한다. (선형 모형)

추정기: $\hat{\boldsymbol{y}}_i = \widetilde{\boldsymbol{\Theta}}^T \tilde{\boldsymbol{x}}_i$ (5.1)

여기서, $(M+1)\times K$ 행렬 $\widetilde{\Theta} = [\tilde{\boldsymbol{\theta}}_1, \tilde{\boldsymbol{\theta}}_2, \dots, \tilde{\boldsymbol{\theta}}_K]$이며 추정치의 각 요소 별로 다음과 같이 쓸 수 있다.

요소 별 추정기: $\hat{y}_{ki} = \tilde{\boldsymbol{\theta}}_k^T \tilde{\boldsymbol{x}}_i,\ k = 1,2,\dots,K$ (5.2)

($\tilde{\boldsymbol{\theta}}$와 $\tilde{\boldsymbol{x}}$의 ~는 앞서 설명한데로 인터셉트 항을 포함함을 의미하며 $\tilde{\boldsymbol{\theta}} = [\theta_0, \theta_1, \dots, \theta_M]^T$, $\tilde{\boldsymbol{x}} = [1, x_1, x_2, \dots, x_M]^T$이다.)

❸ 다중태스크 선형회귀는 5장의 (단일태스크) 선형회귀 모형이 목표 값만 달리하여 병렬로 개 존재하는 것으로 볼 수 있으며 이의 모형은 그림 5.1과 같다.

한편, 다중태스크 선형회귀의 비용함수는 다음과 같다.

$$\text{비용함수: } J(\boldsymbol{\Theta};\boldsymbol{X},\boldsymbol{Y}) = \sum_{i=1}^{N}\left\|\boldsymbol{y}_i - \widetilde{\boldsymbol{\Theta}}^T\widetilde{\boldsymbol{x}}_i\right\|^2 = \sum_i\sum_k\left(y_{ki} - \widetilde{\boldsymbol{\theta}}_k^T\widetilde{\boldsymbol{x}}_i\right)^2 \tag{5.3.a}$$

$$= \sum_{j=1}^{K}\left\|\boldsymbol{y}^{(j)} - \widetilde{\boldsymbol{X}}^T\widetilde{\boldsymbol{\theta}}_j\right\|^2 \tag{5.3.b}$$

$$= \sum_{j=1}^{K} J\left(\boldsymbol{\theta}_k;\boldsymbol{X},\boldsymbol{y}^{(k)}\right) \tag{5.3.c}$$

식 (5.3.c)에서 $\boldsymbol{y}^{(k)}$는 k번째 단일태스크 선형회귀에 대한 목표 값들로 $\boldsymbol{y}^{(k)} = [y_{k1}, y_{k2}, \cdots, y_{kN}]$이며 각 요소 별 비용 $J(\theta_k; \boldsymbol{X}, \boldsymbol{y}^{(k)})$의 정의는 식 (4.18)과 동일하다. 따라서, 각 단일태스크 선형회귀의 파라미터는 독립적으로 다음의 연립 방정식을 풀어 얻어질 수 있다.

$$\text{해: } \nabla_{\boldsymbol{\theta}_k} J(\boldsymbol{\Theta};\boldsymbol{X},\boldsymbol{Y}) = \nabla_{\boldsymbol{\theta}_k} J\left(\boldsymbol{\theta}_k;\boldsymbol{X},\boldsymbol{y}^{(k)}\right) = 0 \text{ for } k = 1,2,\dots,K \tag{5.4}$$

$$\rightarrow \quad \boldsymbol{R}_{\widetilde{\boldsymbol{X}}\widetilde{\boldsymbol{X}}}\boldsymbol{\theta}_k = \boldsymbol{r}_{\widetilde{\boldsymbol{X}}\boldsymbol{y}^{(k)}},\ k = 1,2,\dots,K$$

참고사항 식 (5.3.a)의 비용함수는 소위 Frobenius norm [1]을 이용하여 다음과 같이 보다 간단한 형태로 표현할 수 있다.

$$J(\boldsymbol{\Theta};\boldsymbol{X},\boldsymbol{Y}) = \left\|\boldsymbol{Y} - \boldsymbol{\Theta}^T\widetilde{\boldsymbol{X}}\right\|_F^2$$
$$= tr\left(\left(\boldsymbol{Y} - \boldsymbol{\Theta}^T\widetilde{\boldsymbol{X}}\right)^T\left(\boldsymbol{Y} - \boldsymbol{\Theta}^T\widetilde{\boldsymbol{X}}\right)\right) = tr\left(\left(\boldsymbol{Y} - \boldsymbol{\Theta}^T\widetilde{\boldsymbol{X}}\right)\left(\boldsymbol{Y} - \boldsymbol{\Theta}^T\widetilde{\boldsymbol{X}}\right)^T\right) \tag{5.5}$$

여기서, 행렬 $\boldsymbol{Y}$는 $K \times N$의 목표 값 행렬로 이의 i번째 열은 i번째 특징벡터 $\boldsymbol{x}_i$에 대한 목표 벡터 $\boldsymbol{y}_i$($\boldsymbol{Y}$의 i번째 열)이며 식 (5.3.c)의 $\boldsymbol{y}^{(k)}$는 $\boldsymbol{Y}$의 k번째 행이다.

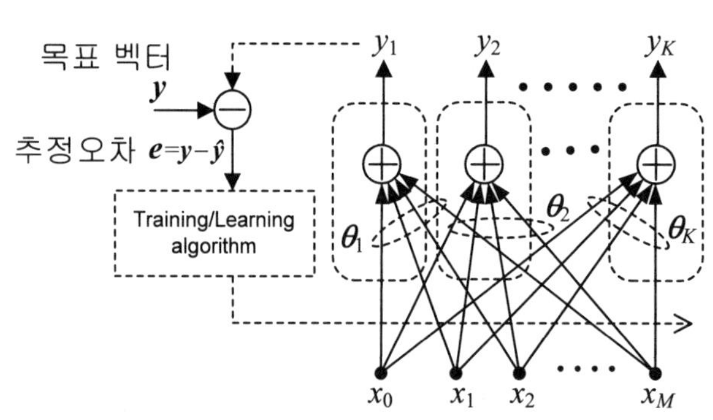

▲그림 5.1 다중태스크 선형회귀의 모형

5.2 비선형 회귀와 과적합 문제

비선형 회귀(예 [2])는 추정기 모형 $f(\boldsymbol{x};\theta)$이 입력 인수 $\boldsymbol{x}$의 비선형 함수로 나타나는 경우를 말하며 주어진 데이터 $\boldsymbol{X}, \boldsymbol{y}$에 대한 파라미터$\boldsymbol{\theta}$ 의 추정은 4.2절에서 설명한 최소 제곱법을 동일하게 적용하여 수행될 수 있다. 예를 들어 두 개의 특징을 갖는 특징 벡터 $\boldsymbol{x} = [x_1, x_2]^T$을 이용하여 다음과 같은 모형으로 목표 값 y를 추정한다고 하자.

$$\hat{y} = f(\boldsymbol{x};\boldsymbol{\theta}) = \theta_0 + \theta_1 x_1 + \theta_2 x_2 + \theta_3 x_1^2 + \theta_4 x_2^2 + \theta_5 \exp(x_1 x_2) \tag{5.6}$$

여기서, 추정기 파라미터는 $\boldsymbol{\theta} = [\theta_0, \theta_1, ..., \theta_5]^T$이며 파라미터 개수는 6개이다. 주어진 데이터 $\boldsymbol{X}$는 두 개의 특징 x_1, x_2만을 가지므로 6개의 파라미터를 추정하기 위해 첨가 데이터 행렬 $\widetilde{\boldsymbol{X}} = [\tilde{\boldsymbol{x}}_1, \tilde{\boldsymbol{x}}_2, ..., \tilde{\boldsymbol{x}}_N]$를 정의하되 각 열을 다음과 같이 얻는다.

$$\tilde{\boldsymbol{x}}_{\mathrm{i}} = [1,\ x_{1i},\ x_{2i},\ x_{1i}^2,\ x_{2i}^2,\ \exp(x_{1i} x_{2i})]^T \tag{5.7}$$

일단 첨가 데이터 행렬이 얻어지면 식 (4.14)에서 (4.19)까지의 과정을 통해 **최소제곱(least square)** 추정기 파라미터 $\boldsymbol{\theta}^*$ 를 얻을 수 있는데 이는 최소제곱법을 적용하더라도 비용함수가 모형 파라미터 $\boldsymbol{\theta} = [\theta_0, \theta_1, ..., \theta_5]^T$에 대한 2차형식으로 주어지는 2차계획문제가 되기 때문에 비용함수의 $\boldsymbol{\theta}$에 대한 기울기를 **0**으로 놓으면 선형연립방정식이 얻어진다. 그 이유는 식(5.6)의 모형이 x_1, x_2에 대해서는 비선형이지만 모형 파라미터 $\boldsymbol{\theta} = [\theta_0, \theta_1, ..., \theta_5]^T$에 대해서는 선형이기 때문인데 결국 모형이 $\boldsymbol{\theta} = [\theta_0, \theta_1, ..., \theta_5]^T$에 대해 비선형으로 주어지면 최적화 문제는 2차계획문제가 아니며 식 (4.14)에서 (4.19)까지의 과정을 통해 얻어지지 않는다. 예를 들어, 식(5.6)의 마지막항에서 θ_5가 exp의 괄호 안에 있다고 가정해보자. 즉

$$\hat{y} = f(\boldsymbol{x};\boldsymbol{\theta}) = \theta_0 + \theta_1 x_1 + \theta_2 x_2 + \theta_3 x_1^2 + \theta_4 x_2^2 + \exp(\theta_5 x_1 x_2)$$

이 경우 θ_5가 정해지지 않은 상태에서 식(5.7)과 같은 첨가 벡터를 정의할 수 없으므로 $\tilde{y}$를 θ_i들에 대한 1차식으로 ($\hat{y} = \tilde{\boldsymbol{x}}^T\boldsymbol{\theta}$의 형태로) 표현하는 것은 불가능하다.

한편, 비선형 모형을 사용할 경우에는 **과적합(overfit)**[3]이 발생할 수 있는데 주어진 학습 데이터에 완전히 정합 된(perfect fit) 추정기를 얻었다고 하더라도 이것이 앞으로 관측될 (혹은 학습에 사용되지 않은 추가적인) 데이터에 대해서도 잘 동작한다는 보장은 없다. 앞으로 관측될 (혹은 학습에

사용되지 않은) 데이터에 대한 오차를 **일반화 오차**(generalization error)라 하는데 과적합이 발생한 경우 학습데이터에 대한 최소제곱오차에 비해 일반화 오차는 훨씬 더 크게 나타난다. 그림 5.2는 과적합의 일례를 보여주는데 과적합은 특히 표본의 수에 비해 파라미터의 수가 상대적으로 많을 경우 발생할 수 있으며 주로 비선형 모형을 사용할 경우 발생한다.

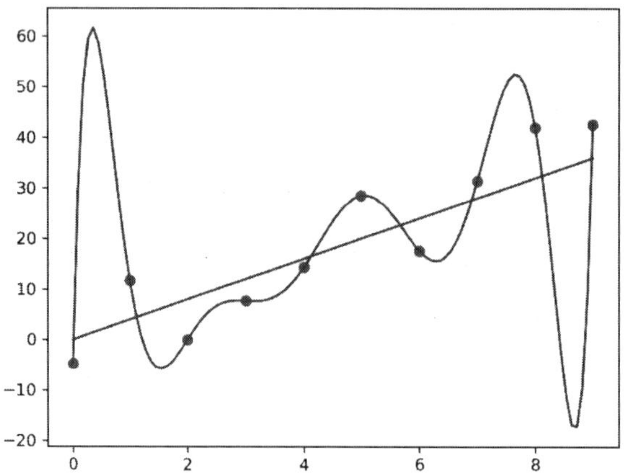

▲ **그림 5.2** 동일한 데이터에 선형 회귀 모형과 비선형(다항식) 회귀 모형을 적용한 회귀 곡선. 다항식 회귀 모형은 주어진 데이터에 대해 완전한 맞춤(perfect fit)을 보이지만 학습에 사용되지 않은 추가 데이터에 대해 일반화되지는 않을 것이며 오히려 선형 회귀모형이 더 좋은 추정 성능을 보일 것이다. (출처: https://en.wikipedia.org/wiki/Overfitting)

과적합 문제를 설명하기 위해 학습데이터와 테스트데이터에 대한 비용을 따로 고려해 보자. 전체 데이터를 학습데이터 $\boldsymbol{X}_{\mathrm{Train}}, \boldsymbol{y}_{\mathrm{Train}}$와 테스트 데이터 $\boldsymbol{X}_{\mathrm{Test}}, \boldsymbol{y}_{\mathrm{Test}}$로 나누어 보면 $\boldsymbol{\theta}^*$는 다음과 같다.

$$\boldsymbol{\theta}^* = \underset{\boldsymbol{\theta}^*}{\mathrm{argmin}}\, J(\boldsymbol{\theta}; \boldsymbol{X}_{\mathrm{Train}}, \boldsymbol{y}_{\mathrm{Train}}) \tag{5.8}$$

여기서, θ^*는 $\boldsymbol{R}_{\tilde{X}\tilde{X}}$의 역행렬이 존재한다는 가정하에 식 (4.19)에 의해 주어지며 학습데이터 $\boldsymbol{X}_{\mathrm{Train}}, \boldsymbol{y}_{\mathrm{Train}}$로부터 얻어진다. 한편, 추정기의 성능은 절대적인 제곱오차 보다는 목표 값의 분산 대비 오차의 상대적인 비율을 보는 것이 더 타당하므로 다음과 같은 최소제곱 오차의 비를 정의하자.

$$p^*(\boldsymbol{X}, \boldsymbol{y}) = \frac{J(\boldsymbol{\theta}^*; \boldsymbol{X}, \boldsymbol{y})}{\sigma_y^2} = \frac{\left\|\boldsymbol{y} - \tilde{\boldsymbol{X}}^T \boldsymbol{\theta}^*\right\|^2}{\sigma_y^2} \tag{5.9}$$

여기서 σ_y^2는 목표값의 분산이다. 대개의 경우 $p^*(\boldsymbol{X}, \boldsymbol{y})$는 $0 \le p^*(\boldsymbol{X}, \boldsymbol{y}) \ll 1$을 만족한다. 그러나 학습데이터 $\boldsymbol{X}_{\mathrm{Train}}, \boldsymbol{y}_{\mathrm{Train}}$로부터 얻은 $\boldsymbol{\theta}^*$가 학습에 사용되지 않은 혹은 아직 관측되지 않은 미래의 데이터에 대해서도 잘 동작할지는 의문이다. 특히, 학습에 사용되는 데이터의 수가 파라미터의 개

수에 비해 작거나 충분히 많지 않을 경우, 데이터에 대한 바이어스와 이에 따른 과적합 문제가 발생할 수 있다. 이러한 이유로 과적합 문제는 비교적 단순한 모형을 사용하는 기계학습 모형에서 보다는 매우 많은 모형 파라미터가 사용되는 인공신경망에서 종종 문제가 된다.

이러한 일반화 오차에 대한 추정기의 성능을 측정할 때 학습에 사용된 데이터에 대한 최소 제곱 오차 비 $p^*(\boldsymbol{X}_{\text{Train}}, \boldsymbol{y}_{\text{Train}})$을 확인하는 것은 의미가 없으며 학습에 참여하지 않은 테스트 데이터에 대한 제곱오차 비

$$p^*(\boldsymbol{X}_{\text{Test}}, \boldsymbol{y}_{\text{Test}}) = \frac{\left\|\boldsymbol{y}_{\text{Test}} - \tilde{\boldsymbol{X}}_{Test}^T \boldsymbol{\theta}^*\right\|^2}{\sigma_y^2} \tag{5.10}$$

의 확인이 필요하며 과적합의 발생 여부는 $p^*(\boldsymbol{X}_{\text{Test}}, \boldsymbol{y}_{\text{Test}})$와 $p^*(\boldsymbol{X}_{\text{Train}}, \boldsymbol{y}_{\text{Train}})$를 비교하여 $p^*(\boldsymbol{X}_{\text{Test}}, \boldsymbol{y}_{\text{Test}})$이 $p^*(\boldsymbol{X}_{\text{Train}}, \boldsymbol{y}_{\text{Train}})$에 비해 너무 큰 값을 갖는지를 판단함으로써 이루어질 수 있다.

5.3 추정기 성능의 측정과 검증: 교차 검증(cross validation)

교차 검증(cross validation)[4]은 기계학습 모형을 효과적으로 검증하기 위한 방법으로 데이터를 몇 개의 그룹으로 나누고 그룹의 역할을 바꿔가면서 평가하는 방법이다. **L-fold 교차검증(L-fold cross validation)**은 다음과 같이 수행한다.

❶ 전체 데이터 $\boldsymbol{X}, \boldsymbol{y}$를 L개 그룹으로 나누고

❷ 이 중 하나의 그룹(l번째 그룹)을 테스트 데이터로 나머지 그룹을 학습 데이터로 사용하여 식 (5.10)의 성능을 평가하고

❸ 이를 모든 그룹의 데이터에 대해 ($l = 1, 2, \ldots, L$에 대해) 반복하여 수행한 후 평균을 취한다.

이러한 방식에서는 그룹을 많이 나누면 좀 더 안정적인 결과를 얻을 수 있기는 한데 그룹의 수보다는 각각의 표본을 어떻게 나누느냐가 더 중요하다. 회귀문제의 경우 이상적으로는 각각의 그룹에 속한 표본의 분포가 전체 표본(모집단)의 확률분포와 유사하도록 나누어야 하는데 회귀 문제에서 적용 가능한 방법으로는 입력 데이터 X를 군집화하여 군집단위로 따로 그룹핑하고 각 군집에서 하나의 그룹씩을 선택하여 그룹을 만드는 방법 혹은 전체 모집단을 목표값으로 정렬한 후 일정 분위

수(4분위 혹은 8분위)로 나누어 따로 그룹핑 하는 방법도 고려해 볼 수 있다.

참고링크

[1] Frobenius norm: https://en.wikipedia.org/wiki/Matrix_norm#Frobenius_norm

[2] 비선형 (다항식) 회귀: https://en.wikipedia.org/wiki/Polynomial_regression

[3] 과적합: https://en.wikipedia.org/wiki/Overfitting

[4] 교차 검증: https://en.wikipedia.org/wiki/Cross-validation_(statistics)

CHAPTER 06

Regularization: Ridge 회귀와 LASSO 회귀

Ridge 회귀와 LASSO(least absolute shrinkage and selection operator) 회귀는 선형회귀의 특수한 경우로 특히 특징 벡터의 차원에 비해 데이터 표본의 개수가 적은 경우 나타나는 과적합과 바이어스 문제 등의 해결 방법으로 적용되며 이 때문에 **regularization 기법**으로 분류된다[4]. 두 방법 모두 2차계획문제로 공식화되는 선형 회귀 문제에서 상관행렬의 역행렬이 존재하지 않는 경우 적용되는 방법이며 본 장에서는 이들 방법의 아이디어와 특징들에 대해 소개한다.

본장의 내용은 부록 C에 제시된 최적화 문제의 수치해석적 반복법에 대한 사전 지식이 필요하므로 필요시 부록 C를 먼저 공부하고 본 장을 학습할 것을 권한다.

6.1 Regularization의 필요성: 잡음인가와 특징선택

4장에서 다루었던 선형 회귀 문제에 대한 최소 제곱법을 고려해 보자. 여기서는 데이터 행렬 $\boldsymbol{X}$의 평균이 0이라는 가정 하에 추정 모형에서 파라미터 θ_0를 고려하지 않을 것인데 (θ_0를 고려하더라도 문제는 동일하다.) 그 이유에 대해서는 뒤에 다시 설명하기로 한다. 행렬 $\boldsymbol{X}$의 평균 $\mu_X = 0$이므로 $\boldsymbol{R_{XX}} = \boldsymbol{C_{XX}}$이다. 이에 따라 4.2절에서의 문제를 다시 써 보면 다음과 같다.

비용함수:
$$\begin{aligned} J_{\text{LS}}(\boldsymbol{\theta}; \boldsymbol{X}, \boldsymbol{y}) &= \frac{1}{N}\|\boldsymbol{e}\|^2 = \frac{1}{N}\|\boldsymbol{y} - \boldsymbol{X}^T\boldsymbol{\theta}\|^2 = \frac{1}{N}(\boldsymbol{y} - \boldsymbol{X}^T\boldsymbol{\theta})^T(\boldsymbol{y} - \boldsymbol{X}^T\boldsymbol{\theta}) \\ &= \boldsymbol{\theta}^T\boldsymbol{R_{XX}}\boldsymbol{\theta} - 2\boldsymbol{r_{Xy}}\boldsymbol{\theta} + \frac{1}{N}\boldsymbol{y}\boldsymbol{y}^T \end{aligned} \tag{4.16}$$

최적화 문제:
$$\boldsymbol{\theta}^* = \underset{\boldsymbol{\theta}}{\operatorname{argmin}}\, J_{\text{LS}}(\boldsymbol{\theta}; \boldsymbol{X}, \boldsymbol{y}) \tag{4.17}$$

---

[4] 많은 한국어 문서들이 이를 정규화로 번역하고 있으나 본 서에서는 normalization의 정규화와 혼동될 수 있어 이 용어를 사용하지는 않겠다.

해: $$\nabla_{\boldsymbol{\theta}} J_{\mathrm{LS}}(\boldsymbol{\theta}; \boldsymbol{X}, \boldsymbol{y}) = \mathbf{0} \;\rightarrow\; \boldsymbol{R}_{XX}\boldsymbol{\theta} = \boldsymbol{r}_{Xy} \tag{4.18}$$

추정기 파라미터: $$\boldsymbol{\theta}^* = \boldsymbol{R}_{XX}^{-1} \cdot \boldsymbol{r}_{Xy} \;(\boldsymbol{R}_{XX}\text{의 역행렬이 존재하는 경우}) \tag{4.19}$$

식 (4.19)의 유일한 해는 $\boldsymbol{R}_{XX}$의 역행렬이 존재하는 경우에만 얻어질 수 있는데 만약 $\boldsymbol{R}_{XX}$의 역행렬이 존재하지 않는다면 어떻게 해야 될까? $\boldsymbol{R}_{XX}$의 역행렬이 존재하지 않는 경우는 표본의 개수 N보다 특징의 개수(파라미터의 개수) M이 더 많은 경우이다. (본 서의 표현법을 기준으로 보면 데이터 행렬 $\boldsymbol{X}$의 세로 길이가 가로 길이 보다 긴 경우이다.) 이러한 데이터에 대해 식 (4.18)의 연립방정식은 무수히 많은 해를 가지며 부록C에서 다루는 수치해석적 반복법을 사용하더라도 데이터에 과적합(overfit)되어 일반화 오차가 상당히 클 수 있다. 물론 이는 위의 회귀 분석 문제뿐 아니라 뒤에서 다룰 분류 문제에서도 똑같이 적용된다.

이를 해결하기 위한 손쉬운 방법은 두 가지이다. 표본데이터의 수를 특징의 개수보다 많게 하거나 **(잡음 인가, noise injection)** 특징의 개수 자체를 줄여 **(특징 선택, feature selection)** 보다 저차원의 특징 공간에서 회귀/분류 분석을 수행하는 것이다.

잡음 인가[1]: 이는 데이터 $\boldsymbol{X}$에 잡음을 추가하여 새로운 데이터를 만들고 이를 원래의 데이터와 함께 사용하여 실효적으로 데이터의 개수를 늘리는 것이다. 데이터 행렬 $\boldsymbol{X}$와 동일한 크기의 잡음 행렬 $\boldsymbol{W}$에 대해 이의 평균과 공분산이 각각 $E[\boldsymbol{W}] = \mathbf{0}$ 및 $E[\boldsymbol{W}\boldsymbol{W}^T] = 2\lambda\boldsymbol{I}$라 하자. 이를 이용하여 새로운 데이터 $\hat{\boldsymbol{X}} = \boldsymbol{X} + \boldsymbol{W}$를 생성하고 이를 데이터에 추가한 $\boldsymbol{X}' = [\boldsymbol{X}|\hat{\boldsymbol{X}}]$의 표본수는 $2N$으로 늘어나며 이의 상관행렬은 $\boldsymbol{R}_{X'X'} = \boldsymbol{R}_{XX} + \lambda\boldsymbol{I}$가 됨을 알 수 있다. 따라서, $2N > M$을 만족하면 $\boldsymbol{R}_{X'X'}$의 역행렬이 존재하게 되어 선형 회귀 문제에 대한 유일한 해를 얻을 수 있다. 물론 $2N$으로도 모자라다면 새로운 잡음행렬을 생성하여 $3N, 4N$ ...으로 표본수를 더 늘릴 수 있다. 잡음인가의 경우 잡음의 크기 λ를 적절히 설정하는 것이 필요하며 이의 최적화를 통해 일반화 오차를 어느 정도는 줄일 수 있다.

특징 선택[2]: 한편, 특징 선택의 경우 데이터의 개수를 늘리는 대신 특징의 수를 줄이는 것인데 다양한 특징의 선택 방법이 가능하겠지만 가장 간단히 적용할 수 있는 방법 중 하나는 각 특징과 목표 값 간의 공분산 $\boldsymbol{c}_{Xy} = \boldsymbol{r}_{Xy} - \boldsymbol{\mu}_X\mu_y$을 이용하여 ($\boldsymbol{c}_{Xy}$의 각 요소에 절대값을 취한 후 정렬하여) 이중 절대값이 큰 M'개의 특징만을 선택함으로써 $N > M'$이 되도록 만들면 선형 회귀 문제에 대한 유일한 해를 얻을 수 있다는 아이디어이다. 물론, 앞서 언급한 정보이론의 기본 정리를 고려해 보면 성능 상 손해를 볼 수 있으며 무작정 공분산의 절대값이 큰 것을 선택한다고 좋은 성능이 보장되지는 않는다.

다음에 설명할 Ridge 회귀와 LASSO 회귀는 식 (4.16)의 비용함수에 특정의 "패널티 함수"을 추가하여 $\boldsymbol{R}_{XX}$의 역행렬이 존재하지 않는 경우에도 유일한 해를 얻을 수 있게 해주는 방식인데 사실상 각각 잡음인가와 특징선택의 한 방법으로 볼 수 있다. 따라서, Ridge 회귀나 LASSO 회귀가 항상 더 좋은 성능을 갖는다는 것은 아니며 궁극적으로는 학습 데이터의 개수 N이 M에 비해 월등히 많아야 보다 정확한 추정이나 예측이 가능하다.

6.2 Ridge regression과 LASSO regression: 문제의 정의

Ridge 회귀[3]와 LASSO 회귀[4]의 비용함수는 제곱 오차의 합(RSS, residual sum of squares)에 "패널티 함수"이라고 하는 추가적인 비용함수를 더하여 정의되는데 4장 4.2절의 벡터-행렬 표현을 이용하면 Ridge 회귀와 LASSO 회귀의 비용함수는 다음과 같이 정의한다.

Ridge: $$J_{\text{Ridge}}(\boldsymbol{\theta}; \boldsymbol{X}, \boldsymbol{y}) = \underbrace{\frac{1}{N}\|\boldsymbol{y} - \boldsymbol{X}^T\boldsymbol{\theta}\|^2}_{\text{RSS}} + \underbrace{\lambda\|\boldsymbol{\theta}\|_2^2}_{\text{penalty term}} \tag{6.1}$$

LASSO: $$J_{\text{LASSO}}(\boldsymbol{\theta}; \boldsymbol{X}, \boldsymbol{y}) = \underbrace{\frac{1}{N}\|\boldsymbol{y} - \boldsymbol{X}^T\boldsymbol{\theta}\|^2}_{\text{RSS}} + \underbrace{\lambda\|\boldsymbol{\theta}\|_1}_{\text{penalty term}} \tag{6.2}$$

여기서, 소위 **패널티 파라미터(penalty parameter)**라고 정의되는 스칼라 값 $\lambda > 0$는 Lagrange의 승수는 아니며 패널티 함수 자체도 구속조건이 아니라 RSS(residual sum of squares)와 함께 최소화해야 하는 비용의 일부이다(구속 조건을 갖는 최적화 문제와 Lagrange의 승수에 대해서는 부록 D를 참고하라). λ의 역할은 RSS에 비해 패널티 함수에 얼마나 많은 비중을 둘 것인가를 결정하는 것이며 해를 얻기 위해 사전에 정해져야 한다. λ값을 어떻게 설정할지는 뒤로 미루고 이제 패널티 함수에 대해 살펴보자. Ridge와 LASSO는 모두 얻고자 하는 파라미터 $\boldsymbol{\theta}$의 norm을 패널티 함수로 사용하는데 Lp-norm의 정의는 다음과 같다.[5]

$$\|\boldsymbol{\theta}\|_p \equiv \left(\sum_{j=1}^{M}|\theta_j|^p\right)^{1/p} \tag{6.3}$$

여기서 $p = 2$인 경우 $\|\boldsymbol{x} - \boldsymbol{y}\|_2$는 $\boldsymbol{x}$와 $\boldsymbol{y}$의 유클리드 거리이며 $\|\boldsymbol{\theta}\|_2^2 = \boldsymbol{\theta}^T\boldsymbol{\theta}$이다. $\|\boldsymbol{\theta}\|_1$는 식 (6.3)의 정의에 따라 $\|\boldsymbol{\theta}\|_1 = \sum_{j=1}^{M}|\theta_j|$ 이다. 따라서, 쉬운 말로 풀이하자면 두 패널티 모두 RSS가 동일하다면

θ_j의 절대값 또는 이의 제곱의 합이 작은 것을 선호하겠다는 의미이다. 이 두 회귀의 몇 가지 특징을 살펴보면 다음과 같다.

❶ $J_{\text{Ridge}}(\theta; X, y)$는 모든 영역에서 미분 가능하며 준정부호 행렬 R_{XX}에 대해 $\nabla_\theta J_{\text{Ridge}}(\theta; X, y) = 0$은 항상 유일한 해를 가진다. (쉽게 증명 가능) 따라서, 식 (4.13)과 유사하게 직접 연산을 통해 해를 얻을 수 있다.

❷ LASSO 회귀의 경우 해의 유일성에 대한 증명은 아직 보고된 바 없으나 연속형 데이터에 대해 유일한 해를 가질 확률이 1에 수렴한다는 것이 알려져 있다.[6]

❸ 다만, LASSO의 패널티 함수는 $\theta = 0$에서 미분 불가능하므로 subgradient 혹은 sub-derivative[7]라는 트릭을 이용하여 기울기 강하법 혹은 좌표 강하법과 같은 수치적인 반복해법으로 해를 구해야 한다(기울기 강하법과 좌표강하법에 대해서는 부록 C를 참고하라).

먼저 R_{XX}의 역행렬이 존재하지 않아도 Ridge회귀가 유일한 해를 가짐을 알아보자. 식 (6.1)의 RSS을 풀어서 쓰면 다음과 같다.

$$J_{\text{Ridge}}(\boldsymbol{\theta}; \boldsymbol{X}, \boldsymbol{y}) = \boldsymbol{\theta}^T(\boldsymbol{R}_{XX} + \lambda \boldsymbol{I})\boldsymbol{\theta} - 2\boldsymbol{\theta}^T \boldsymbol{r}_{Xy} + \frac{1}{N}\boldsymbol{y}^T\boldsymbol{y} \tag{6.4}$$

따라서, $\nabla_\theta J_{\text{Ridge}}(\theta; X, y) = 0$으로 놓고 방정식을 세우면 $(R_{XX} + \lambda I)\theta = r_{Xy}$가 얻어지는데 $\lambda > 0$인 경우 $R_{XX} + \lambda I$는 Full rank가 되므로 항상 역행렬이 존재한다. 이는 다음의 문제를 풀어 확인 가능하다.

문제 6.1

임의의 $\lambda > 0$와 준정부호(non-negative semi-definite) 행렬 R에 대해 $R + \lambda I$가 정부호(positive definite) 행렬이 됨을 보여라.

■

두 번째 이슈에 대해서는 [6]을 참고하라. 세 번째 이슈는 다음 절에서 다루기로 한다.

다음 절로 넘어가기 전에 한 가지 더 언급할 것은 Ridge regression에서 패널티 함수를 추가하여 얻은 방정식 $(R_{XX} + \lambda I)\theta = r_{Xy}$을 보면 실효 상관 행렬이 $R_{XX} + \lambda I$임을 알 수 있는데 이는 주어진 데이터 X에 평균 0, 공분산 λI인 "랜덤 잡음"을 더한 것과 동일하다. 이는 주어진 데이터에 균일 분포의 "랜덤 잡음"들을 더하여 사실상의 데이터의 개수를 늘린 후 이들 데이터에 대해 최적화를 수행하여도 유사한 결과를 얻을 수 있음을 의미한다. 다만, 실효적으로 데이터의 개수를 늘려 유일한 해를 얻을 수는 있으나 상관 행렬 $\boldsymbol{R}_{XX} + \lambda \boldsymbol{I}$이 모집단의 분포를 대변할 수 있다고 보기는 어렵다.

6.3 LASSO 회귀 문제의 최적해: 좌표 강하법

본 절에서는 식 (5.2)로 주어지는 LASSO 비용함수의 최소화를 위해 부록 C.4에서 다루었던 좌표 강하법을 적용한다. 독자의 편의 상 부록C에서 제시한 좌표 강하법의 갱신식을 다시 써보자.

$$\theta_k^{(n+1)} = \underset{\theta_k}{\operatorname{argmin}} J\left(\theta_1^{(n)}, \theta_2^{(n)}, \dots, \theta_{k-1}^{(n)}, \theta_k, \theta_{k+1}^{(n)}, \dots, \theta_M^{(n)}\right) \quad \text{for } k = 1,2,\dots,M \tag{C.14}$$

$$\left.\frac{\partial}{\partial \theta_k} J(\boldsymbol{\theta})\right|_{\boldsymbol{\theta} \backslash k = [\theta_1^{(n)}, \theta_2^{(n)}, \dots, \theta_{k-1}^{(n)}, \theta_{k+1}^{(n)}, \dots, \theta_M^{(n)}]} = 0 \quad \text{for } k = 1,2,\dots,M \tag{C.15}$$

위 식은 한번에 하나의 좌표(θ_k)에 대해서만 파라미터를 갱신하고 나머지 좌표 값은 이전 반복에서 얻은 값을 그대로 사용함을 나타낸다.

기울기: 이제 식 (6.2)의 비용함수에 대해 하나의 좌표 θ_k에 대한 기울기를 얻어보자. 먼저 식 (6.2)를 다시 쓰면

$$J_{\text{LASSO}}(\boldsymbol{\theta}; \boldsymbol{X}, \boldsymbol{y}) = \underbrace{\frac{\mathbf{1}}{\boldsymbol{N}} \sum_{i=\mathbf{1}}^{\boldsymbol{N}} \left(y_i - \sum_{j=1}^{M} \theta_j x_{ji}\right)^2}_{\text{RSS}} + \underbrace{\lambda \sum_{j=1}^{M} |\theta_j|}_{\text{penalty term}} \tag{6.5}$$

을 얻는다. 여기에 θ_k에 대한 편미분을 취하면 다음과 같다.

$$\frac{\partial}{\partial \theta_k} J_{\text{LASSO}}(\boldsymbol{\theta}; \boldsymbol{X}, \boldsymbol{y}) = \frac{\partial}{\partial \theta_k} \text{RSS} + \lambda \frac{\partial}{\partial \theta_k} |\theta_k| \tag{6.6}$$

여기서, 우변의 첫 번째 항은

$$\frac{\partial}{\partial \theta_k} \text{RSS} = -2N \sum_{i=1}^{N} \left(y_i - \sum_{j=1}^{M} \theta_j x_{ji}\right) x_{ki}$$

이며 θ_k와 나머지 $\theta_j \forall j \neq k$를 분리하면…

$$= -2N\left(r_{Xy,k} - \sum_{j \neq k} \theta_j r_{XX,jk}\right) + 2N r_{XX,kk} \theta_k$$

또한, θ_k의 갱신에서 나머지 파라미터는 이전 값을 사용하므로 θ_j를 이전 반복에서의 값 $\theta_j^{(n)}$으로 대체하고 정리하면…

$$= -2\rho_k^{(n)} + 2z_k\theta_k \tag{6.7}$$

여기서, $\rho_k^{(n)}$과 z_k는 각각

$$\rho_k^{(n)} = N\left(r_{Xy,k} - \textstyle\sum_{j\neq k}\theta_j^{(n)} r_{XX,jk}\right) \tag{6.8}$$

$$z_k = N r_{XX,kk} \tag{6.9}$$

이다. 위 첨자 (n)은 n번째 반복에서의 값을 나타내며 $\rho_k^{(n)}$이 매 반복에서 변경됨을 나타낸다. 반면 z_k는 변경되지 않는다.

한편 식 (6.6) 우변의 두번째 항 $\lambda\frac{\partial}{\partial\theta_k}|\theta_k|$의 경우 볼록 함수 이긴 하나 $\theta_k = 0$에서 미분이 불가능하다. 따라서, $\theta_k = 0$에서 subderivative의 개념[7]을 적용한다. Subderivative는 가능한 모든 기울기들의 집합으로 정의되며 $|\theta_k|$의 경우 $\theta_k = 0$에서의 subderivative는 −1과 +1사이의 실수 집합이다. 따라서, $\lambda\frac{\partial}{\partial\theta_k}|\theta_k|$는 다음과 같다.

$$\lambda\frac{\partial}{\partial\theta_k}|\theta_k| = \begin{cases} -\lambda & \text{if } \theta_k < 0 \\ [-\lambda, \lambda] & \text{if } \theta_k = 0 \quad \text{(subderivative)} \\ +\lambda & \text{if } \theta_k > 0 \end{cases} \tag{6.10}$$

이제 (6.7)과 (6.10)을 (6.6)에 대입하고 이를 0으로 놓으면 다음을 얻는다.

$$\begin{aligned} \frac{\partial}{\partial\theta_k}J_{\mathrm{LASSO}}(\boldsymbol{\theta}; \boldsymbol{X}, \boldsymbol{y}) &= -2\rho_k^{(n)} + 2z_k\theta_k + \begin{Bmatrix} -\lambda & \text{if } \theta_k < 0 \\ [-\lambda, \lambda] & \text{if } \theta_k = 0 \\ +\lambda & \text{if } \theta_k > 0 \end{Bmatrix} \\ &= \begin{Bmatrix} -2\rho_k + 2z_k\theta_k - 1 & \text{if } \theta_k < 0 \\ [-2\rho_k^{(n)} + 2z_k\theta_k - 1, -2\rho_k + 2z_k\theta_k + 1] & \text{if } \theta_k = 0 \\ -2\rho_k + 2z_k\theta_k + 1 & \text{if } \theta_k > 0 \end{Bmatrix} \end{aligned} \tag{6.11}$$

식 (6.11)의 세 경우에서 첫 번째와 세 번째의 경우는 해당 영역에서 $J_{\mathrm{LASSO}}(\boldsymbol{\theta}; \boldsymbol{X}, \boldsymbol{y})$의 미분이 가능하므로 간단히 $\frac{\partial}{\partial\theta_k}J_{\mathrm{LASSO}}(\boldsymbol{\theta}; \boldsymbol{X}, \boldsymbol{y}) = 0$로 놓으면 다음과 같이 갱신 식을 얻을 수 있다.

$\theta_k \leqslant 0$ 인 경우:

$$\frac{\partial}{\partial \theta_k} J_{\text{LASSO}}(\boldsymbol{\theta}; \boldsymbol{X}, \boldsymbol{y}) = -2\rho_k^{(n)} + 2z_k\theta_k \mp \lambda = 0$$
$$\theta_k = \frac{1}{2z_k}\left(2\rho_k^{(n)} \pm \lambda\right) \tag{6.12}$$

여기서, $\theta_k \lessgtr 0$이려면 $\rho_k^{(n)} \lessgtr \mp \dfrac{\lambda}{2}$이어야 한다. 따라서, $\theta_k \lessgtr 0$경우에 대한 θ_k의 갱신은 다음과 같다.

$$\theta_k = \begin{cases} \frac{1}{2z_k}\left(2\rho_k^{(n)} + \lambda\right) & \text{if } \rho_k^{(n)} < -\frac{\lambda}{2} \\ \frac{1}{2z_k}\left(2\rho_k^{(n)} - \lambda\right) & \text{if } \rho_k^{(n)} > +\frac{\lambda}{2} \end{cases} \tag{6.13}$$

한편, $\theta_k = 0$인 경우는 기울기가 subderivative로 주어지므로 다음을 유도할 수 있다.

θ_k= 0인 경우:

$$\frac{\partial}{\partial \theta_k} J_{\text{LASSO}}(\boldsymbol{\theta}; \boldsymbol{X}, \boldsymbol{y}) = \left[-2\rho_k^{(n)} + 2z_k\theta_k - 1, -2\rho_k^{(n)} + 2z_k\theta_k + 1\right] \ni 0 \tag{6.14}$$

이는 0가 식 (6.14)의 가운데 항으로 표현되는 "집합"에 포함되어 있어야 함을 의미하며 $\theta_k = 0$이므로 다음의 두 조건을 만족해야 한다.

$$-2\rho_k^{(n)} - 1 \le 0 \text{ and } -2\rho_k^{(n)} + 1 \ge 0 \quad \Rightarrow \quad -\frac{\lambda}{2} \le \rho_k^{(n)} \le \frac{\lambda}{2}$$

따라서 $\theta_k = 0$인 경우에 대한 갱신 식과 조건은 다음과 같다.

$$\theta_k = 0 \text{ if } -\frac{\lambda}{2} \le \rho_k^{(n)} \le \frac{\lambda}{2} \tag{6.15}$$

식 (6.13)과 (6.15)를 종합하면 다음과 같은 갱신 식을 얻는다.

LASSO에 대한 좌표 강하법 갱신식 :

$$\theta_k^{(n+1)} = \begin{cases} \frac{1}{z_k}\left(\rho_k^{(n)} + \frac{\lambda}{2}\right) & \text{if } \rho_k^{(n)} < -\frac{\lambda}{2} \\ 0 & \text{if } -\frac{\lambda}{2} \le \rho_k^{(n)} \le \frac{\lambda}{2} \\ \frac{1}{z_k}\left(\rho_k^{(n)} - \frac{\lambda}{2}\right) & \text{if } \rho_k^{(n)} > +\frac{\lambda}{2} \end{cases} \tag{6.16}$$

부록 C.4에서 얻은 일반적인 선형 회귀에 대한 좌표 강하법의 갱신식과 비교해 보면 흥미롭다. 식 (C.18)을 (6.8)과 (6.9)의 정의를 이용하여 다시 쓰면 다음과 같다.

$$\theta_k^{(n+1)} = \frac{r_{Xy,k}}{r_{XX,kk}} - \sum_{j \neq k} \theta_j^{(n)} \frac{r_{XX,jk}}{r_{XX,kk}} = \frac{\rho_k^{(n)}}{z_k} \tag{6.17}$$

실제로 식 (6.16)에서 $\lambda = 0$로 놓으면 이는 식 (6.17)이 된다. $z_k = 1$로 놓고 식 (6.16)과 (6.17)의 $\theta_k^{(n+1)}$를 $\rho_k^{(n)}$의 함수로 나타내면 그림 6.1과 같다.

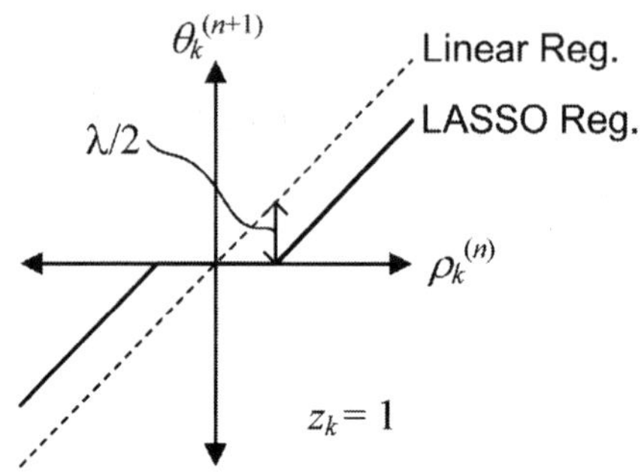

▲ **그림 6.1** 선형 회귀와 LASSO 회귀

문제 6.2

LASSO 회귀 문제에 좌표 강하법을 적용하여 최적해 $\theta^*_{\mathrm{LASSO}}$ (벡터)를 얻기 위한 알고리즘의 pseudo code를 작성해보아라. 입력과 출력, 초기화와 루프를 명기하라. (부록 C.2절의 선형회귀 분석에 대한 통계적 기울기 강하법과 유사하게 작성하되 좌표 강하법을 적용하라.)

LASSO 회귀의 특징을 요약하면 다음과 같다.

❶ **Shrinkage and selection 특성**: 그림 6.1로 부터 알 수 있듯이 LASSO 회귀는 선형 회귀의 해 $\frac{\rho_k^{(n)}}{z_k}$의 절대값이 $\frac{\lambda}{2z_k}$ 보다 작을 경우 이를 0으로 만들며 (shrinkage), 작은 크기의 모형 파라미터를 제거함으로써 추정하고자 하는 변수에 크게 영향을 주는 특징들만 선택하므로 (selection) Least Absolute **Shrinkage** and **Selection** Operator라는 명칭이 붙었다.

❷ **LASSO의 폐형해**: $\boldsymbol{R}_{XX}$의 역행렬이 존재해서 선형 회귀 문제의 유일한 해를 얻을 수 있다면 LASSO 회귀의 해는 다음과 같은 폐형해로 표현할 수 있다.

$$\theta^*_{\mathrm{LASSO},k} = \mathrm{sign}\left(\theta^*_{\mathrm{Linear},k}\right) \cdot \left(\left|\theta^*_{\mathrm{Linear},k}\right| - \frac{\lambda}{2z_k}\right)^+ \tag{6.18}$$

여기서, 함수 $(x)^+$는 다음과 같이 정의된다.

$$(x)^+ = \begin{cases} x & \text{if } x > 0 \\ 0 & \text{if } x \leq 0 \end{cases} \tag{6.19}$$

식 (6.18)로부터 알 수 있듯이 λ는 소위 자유도(degree of freedom)라고도 하는 선택할 특징의 개수를 조절하는 역할을 하며 큰 값의 λ를 사용할 경우 0이 아닌 모형 파라미터의 개수는 줄어들며 너무 적은 파라미터들만 선택될 경우 성능 상의 손해가 커질 수 있으므로 **그리드 탐색**을 통한 최선의 λ값의 선택이 요구된다.

❸ 마지막으로, LASSO 회귀에서 변수 선택과 관련된 특징 중 하나는 서로 상관도가 높은 변수 그룹이 존재할 경우 그룹 멤버 중 하나만 선택하는 경향이 있다는 것인데 이는 Ridge 회귀와 다른 점이다. Ridge 회귀는 변수 선택의 능력이 없으며 서로 상관도가 높은 변수 그룹이 동시에 큰 값을 가지는 경향이 있다.

❹ 또한, 특징의 차원 M이 표본의 개수 N보다 큰 경우 ($M > N$인 경우) LASSO는 최대 N개의 변수만을 선택한다.

6.4 Elastic net

Elastic net[8]은 LASSO 패널티와 Ridge 패널티 함수를 모두 비용에 포함시켜 LASSO와 Ridge 회귀가 갖는 장점을 모두 획득하기 위해 도입된 하이브리드 방식으로 Elastic net의 비용함수는 다음과 같이 정의된다.

$$J_{\text{Elastic}}(\boldsymbol{\theta}; \boldsymbol{X}, \boldsymbol{y}) = \frac{1}{N}\underbrace{\|\boldsymbol{y} - \boldsymbol{X}^T\boldsymbol{\theta}\|^2}_{\text{RSS}} + \underbrace{\alpha(1-\lambda)\|\boldsymbol{\theta}\|_2^2}_{\text{Ridge penalty}} + \underbrace{\lambda\alpha\|\boldsymbol{\theta}\|_1}_{\text{LASSO penalty}} \tag{6.20}$$

여기서, λ는 L_1비($l1$-ratio)라고도 하는데 LASSO 패널티와 Ridge 패널티의 상대적 비중을 조정하는 제어 파라미터이며 $\lambda = 1$이면 LASSO, $\lambda = 0$이면 Ridge 회귀이다. Elastic-net은 두가지의 패널티를 모두 사용하기 때문에 적당한 λ값과 α값의 선택을 통해 일반화 오차도 (어느 정도) 줄이면서 효과적으로 특징 선택 기능을 수행하는 것이 가능하다.

참고링크

[1] 데이터 증강: https://en.wikipedia.org/wiki/Data_augmentation

[2] 특징 선택: https://en.wikipedia.org/wiki/Feature_selection

[3] Ridge regression: https://en.wikipedia.org/wiki/Regularized_least_squares

[4] LASSO: https://en.wikipedia.org/wiki/Lasso_(statistics)

[5] Lp-norm: https://en.wikipedia.org/wiki/Norm_(mathematics)

[6] LASSO Uniqueness: http://www.stat.cmu.edu/~ryantibs/papers/lassounique.pdf.

[7] Subderivative: https://en.wikipedia.org/wiki/Subderivative

[8] Elastic net: https://en.wikipedia.org/wiki/Elastic_net_regularization

CHAPTER 07

분류 문제: Bayes 분류기와 Fisher의 접근법

패턴 인식 혹은 분류의 문제는 단순히 말하면 주어진 특징 벡터가 어느 범주 (혹은 클래스)에 속하는 것인지를 판단하는 것이다. 분류의 대상이 되는 범주들은 보통 유한 집합으로 예를 들면 {True, False}, {정상, 비정상}, {A, B, C, D}, {1, 2, 3, 4, 5, 6} 등이 분류하고자 하는 대상들의 집합이 될 수 있다. 일반적으로 분류기는 유사도, 확률 혹은 가능도 등을 따져서 어느 범주에 더 가까운지 혹은 어느 범주에 속할 확률이 더 큰지 확인하여 분류를 하기 때문에 유사도나 확률을 계산하기 위한 각 범주의 대표값 혹은 (확률) 모형 파라미터들이 존재해야 한다.

문제를 좀 더 구체화하기 위해 다음을 정의하자.

- C: 분류하고자 하는 범주(클래스)들의 집합. 예를 들면 $C = \{1, 2, \ldots, N_c\}$
- $\boldsymbol{\theta}_i$: i 번째 범주의 모형 파라미터 집합.

여기서, $N_C = |C|$는 유한 집합 C의 크기로 분류하고자 하는 범주의 개수이다. 위의 정의를 사용하여 분류의 문제를 정의하면 다음과 같다.

$$i^* = \underset{i \in C}{\operatorname{argmin}} f(\boldsymbol{x}; \boldsymbol{\theta}_i) \tag{7.1.a}$$

또는

$$i^* = \underset{i \in C}{\operatorname{argmax}} f(x; \boldsymbol{\theta}_i) \tag{7.1.b}$$

(7.1.a)를 사용할지 (7.1.b)를 사용할지는 사용되는 메트릭(metric) f에 따라 달라지지만 위의 두 식이 의미하는 바는 메트릭(metric) f가 가장 작은(식 (7.1.a)의 경우) 혹은 가장 큰(식 (7.1.b)의 경우) 값을 갖는 범주를 선택하는 것이다.

본 장의 내용은 부록 D에 제시된 구속조건을 갖는 최적화 문제의 해법 일부에 대한 사전 지식이 필요하므로 필요시 부록 D(특히, 부록 D. 1~3절)를 먼저 공부하고 본 장을 학습할 것을 권한다.

7.1 베이스 분류기와 거리기반 유사도 지표

베이스 분류기(Bayesian classifier)[1]는 각 범주에 대한 확률분포를 이용하여 주어진 특징벡터(관측값)에 대한 클래스의 사후 확률을 비교하는 방식으로 클래스의 **사후 확률**(a posteriori probability)을 $p(H_i|\boldsymbol{x}), i \in C$라 하면 분류 문제는 다음과 같이 표현된다.

$$i^* = \underset{i \in C}{\operatorname{argmax}}\, p(H_i|\boldsymbol{x}) = \underset{i \in C}{\operatorname{argmax}}\, p(\boldsymbol{x}|H_i)p(H_\text{i}) \tag{7.2}$$

여기서, $p(H_i)$는 **사전 확률**(a priori probability)이며 $p(\boldsymbol{x}|H_i)$는 i번째 범주의 확률 밀도이다. 참고로 Bayes 정리에 따라 $p(H_i|\boldsymbol{x}) = p(\boldsymbol{x}|H_i)p(H_i)/p(\boldsymbol{x})$이나 주어진 $\boldsymbol{x}$에 대해 $p(\boldsymbol{x})$는 모든 범주의 사후 확률에 대해 동일하기 때문에 이를 빼고 식(7.2)의 마지막항을 비교하여도 결과는 동일하다.

식(7.2)의 분류를 수행하려면 각 범주에 대한 확률밀도 $p(\boldsymbol{x}|H_i)$와 사전 확률 $p(H_i)$를 알고 있어야 하는데 우선 문제의 단순화를 위해 2진 분류 문제를 고려하자. 두 가지 범주를 각각 0과 1이라고 하고 두 범주의 확률밀도 함수를 각각 $p(\boldsymbol{x}|H_0)$와 $p(\boldsymbol{x}|H_1)$라 하자. 이진 분류기는 $p(\boldsymbol{x}|H_0)p(H_o)$가 $p(\boldsymbol{x}|H_1)p(H_1)$보다 큰 경우 0을 출력하고 반대의 경우 1을 출력하는 함수로 다음과 같이 표현되는 가능도 비 시험(likelihood ratio test)으로 표현하기도 한다.

$$p(\boldsymbol{x}|H_0)p(H_0) \underset{H_1}{\overset{H_0}{\gtrless}} p(\boldsymbol{x}|H_1)p(H_1) \tag{7.3}$$

한편, log함수는 단조 증가 함수이므로 식 (7.3)의 양변에 log함수를 취하여도 동일한 결과를 얻는데 사전확률이 동일하다는 가정을 하면 ($p(H_0) = p(H_1)$라 가정하면) 식 (7.3)를 다음과 같이 쓸 수 있다.

$$\log p(\boldsymbol{x}|H_0) \underset{H_1}{\overset{H_0}{\gtrless}} \log p(\boldsymbol{x}|H_1) \tag{7.4}$$

여기서, $\log p(\boldsymbol{x}|H_i)$는 소위 log-likelihood라고 하는데 지수함수의 확률밀도함수에 적용하면 문제

가 쉬워진다.

데이터의 속성에 따라 다양한 확률밀도함수가 사용될 수 있으나 기계학습에서 흔히 사용되는 확률밀도함수는 3장에서 다루었던 다변량 정규분포함수로 이는 두 개의 파라미터, 평균벡터와 공분산 행렬을 갖는다. 각 범주의 확률분포를 다변량 정규분포로 모형화 할 수 있다고 가정하고 두 범주의 평균과 공분산을 각각 μ_i, Σ_i, $i = 0$ or 1라 하자. 즉,

$$p(\boldsymbol{x}|H_i) = N(\boldsymbol{x}; \boldsymbol{\mu}_i, \boldsymbol{\Sigma}_i) = \frac{1}{(2\pi)^{M/2}|\boldsymbol{\Sigma}_i|^{1/2}} \exp\left(-\frac{1}{2}(\boldsymbol{x}-\boldsymbol{\mu}_i)^T \boldsymbol{\Sigma}_i^{-1}(\boldsymbol{x}-\boldsymbol{\mu}_i)\right) \tag{7.5}$$

이를 식 (7.4)에 대입하고 양변에 -2를 곱하면 다음을 얻는다.

$$(\boldsymbol{x}-\boldsymbol{\mu}_0)^T \boldsymbol{\Sigma}_0^{-1}(\boldsymbol{x}-\boldsymbol{\mu}_0) + \log|\boldsymbol{\Sigma}_0| \underset{H_1}{\overset{H_0}{\lessgtr}} (\boldsymbol{x}-\boldsymbol{\mu}_1)^T \boldsymbol{\Sigma}_1^{-1}(\boldsymbol{x}-\boldsymbol{\mu}_1) + \log|\boldsymbol{\Sigma}_1| \tag{7.6}$$

여기서, 양변에 -2를 곱하였으므로 식 (7.6)의 부등호는 식 (7.4)와 반대이다. 양변의 첫째 항은 3장에서 정의한 Mahalanobis 거리이며 양변의 둘째 항을 무시하면($|\Sigma_0| = |\Sigma_1|$라고 가정하면) 위 식이 의미하는 바는 주어진 특징 벡터 $\boldsymbol{x}$를 두 범주의 평균(중심점 혹은 대표 값)과 거리를 비교하여 거리가 작은 범주로 입력 $\boldsymbol{x}$의 범주를 판별하는 것이다 (그림 7.1 참고). 식 (7.6)를 좀 더 단순화하기 위해 $\Sigma_0 = \Sigma_1 = \boldsymbol{I}$라고 가정하면 식 (7.6)은 다음과 같다.

$$(\boldsymbol{x}-\boldsymbol{\mu}_0)^T(\boldsymbol{x}-\boldsymbol{\mu}_0) \underset{H_1}{\overset{H_0}{\lessgtr}} (\boldsymbol{x}-\boldsymbol{\mu}_1)^T(\boldsymbol{x}-\boldsymbol{\mu}_1) \tag{7.7}$$

이는 주어진 특징 벡터 $\boldsymbol{x}$를 두 범주의 평균(중심점 혹은 대표 값)과 유클리드 거리를 비교하여 거리가 작은 범주로 입력 $\boldsymbol{x}$의 범주를 판별하는 것이다.

이를 다중 클래스 분류 문제로 확장하여 $p(\boldsymbol{x}|H_i)$를 평균과 공분산이 각각 μ_i, Σ_i, $i = 1, 2, \ldots, M$인 다변량 정규분포라 하면 분류기는 다음과 같이 표현된다.

$$i^* = \underset{i \in C}{\operatorname{argmin}} \ (\boldsymbol{x}-\boldsymbol{\mu}_i)^T \boldsymbol{\Sigma}_i^{-1}(\boldsymbol{x}-\boldsymbol{\mu}_i) \tag{7.8}$$

여기서, $\log|\Sigma_i|$는 모든 범주에 대해 동일하다는 가정하에 고려하지 않았다.

이상과 같은 거리기반의 분류기가 잘 동작하려면 각 범주의 모집단이 다변량 정규분포로 모형화 될 수 있어야 하며 데이터의 통계적 속성에 따라 거리기반의 분류기에 제약이 있을 수밖에 없다.

물론, 다변량 정규분포 외에 다른 확률분포함수들이 적용될 수는 있으나 다변량 확률분포함수의 종류에 제약이 있을 뿐 더러 존재한다 하더라도 수학적으로 추적이 가능할지는 의문이다. 정규분포가 아닌 데이터에 대한 확률기반 분류기 설계의 또 다른 접근방법은 **혼합 가우시안 분포(mixture Gaussian distribution)**을 이용하는 것이며 이에 대해서는 이후에 다시 다룰 것이다.

2진 베이스 분류기의 결정 경계(decision boundary) : 다변량 정규분포 기반의 2진 분류문제는 특징 벡터 공간을 2개의 영역으로 나누는데 이 두 영역의 경계를 결정 경계라 한다. 이 결정 경계는 식 (7.5)로부터 다음의 방정식을 만족하는 점들로 구성됨을 알 수 있다.

$$(\boldsymbol{x}-\boldsymbol{\mu}_0)^T\boldsymbol{\Sigma}_0^{-1}(\boldsymbol{x}-\boldsymbol{\mu}_0)=(\boldsymbol{x}-\boldsymbol{\mu}_1)^T\boldsymbol{\Sigma}_1^{-1}(\boldsymbol{x}-\boldsymbol{\mu}_1) \tag{7.9.a}$$

또는

$$\boldsymbol{x}^T(\boldsymbol{\Sigma}_0^{-1}-\boldsymbol{\Sigma}_1^{-1})\boldsymbol{x}+\boldsymbol{\theta}^T\boldsymbol{x}+\theta_0=0 \tag{7.9.b}$$

여기서, $\boldsymbol{\theta}=2(\Sigma_0^{-1}\mu_0-\Sigma_1^{-1}\mu_1)$이며 $\theta_0=\mu_1^T\Sigma_1^{-1}\mu_1-\mu_0^T\Sigma_0^{-1}\mu_0$이다. 식 (7.9.b)는 $\boldsymbol{x}$의 2차 형식이므로 소위 **원뿔 단면(conic section)**으로 주어지는 곡면인데 $\Sigma_0=\Sigma_1$인 경우 식 (7.9.b)는

$$\boldsymbol{\theta}^T\boldsymbol{x}+\theta_0=0 \tag{7.10}$$

의 형태로 주어지는 **초평면(hyperplane)**이 된다. 여기서, $\boldsymbol{\theta}$는 초평면의 법선 벡터이며 $|\theta_o|/\|\boldsymbol{\theta}\|$는 원점과 초평면의 거리이다.

문제 7.1

평면 $\boldsymbol{\theta}^T\boldsymbol{x}+\theta_0=0$과 원점의 거리가 $|\theta_o|/\|\boldsymbol{\theta}\|$가 됨을 보여라. 힌트: 평면과 원점의 거리는 원점과 평면 상의 점 중 원점과 가장 가까운 점(원점에서 해당 평면에 수선을 그었을 때 만나는 점)의 거리이다. 이를 이용하여 구속 조건을 갖는 최적화 문제로 정의하고 이의 해 $\boldsymbol{x}^*$를 구하여 ($\boldsymbol{\theta}$와 θ_0의 항으로 나타내어) 확인해보아라. ■

사전 확률이 같지 않은 경우: 앞에서는 사전 확률 $p(H_i)$가 모든 범주에 대해 동일하다고 가정했는데 현실적으로는 이러한 가정이 맞지 않을 수 있다. 만약 $p(H_i)$가 균일 분포가 아니라면 식 (7.9.a)와 (7.9.b)는 다음과 같이 바뀐다.

$$(\boldsymbol{x}-\boldsymbol{\mu}_0)^T\boldsymbol{\Sigma}_0^{-1}(\boldsymbol{x}-\boldsymbol{\mu}_0)-2\log p(H_0)=(\boldsymbol{x}-\boldsymbol{\mu}_1)^T\boldsymbol{\Sigma}_1^{-1}(\boldsymbol{x}-\boldsymbol{\mu}_1)-2\log p(H_1) \tag{7.11.a}$$

$$\boldsymbol{x}^T(\boldsymbol{\Sigma}_0^{-1} - \boldsymbol{\Sigma}_1^{-1})\boldsymbol{x} + \boldsymbol{\theta}^T\boldsymbol{x} + \theta'_0 = 0 \tag{7.11.b}$$

여기서 $\theta'_0 = \theta_0 + 2\log\frac{p(H_1)}{p(H_0)}$ 이다. 따라서, $\Sigma_0^{-1} = \Sigma_1^{-1}$ 라면 결정 경계인 초평면은

$$\boldsymbol{\theta}^T\boldsymbol{x} + \theta'_0 = 0 \tag{7.12}$$

이 된다. 따라서, $p(H_1) > p(H_0)$ 이면 식 (7.12)의 초평면은 식 (7.10)의 초평면이 μ_0 방향으로 평행 이동 된 초평면이 되고 $p(H_1) < p(H_0)$ 이면 그 반대가 된다. (그림 7.1)

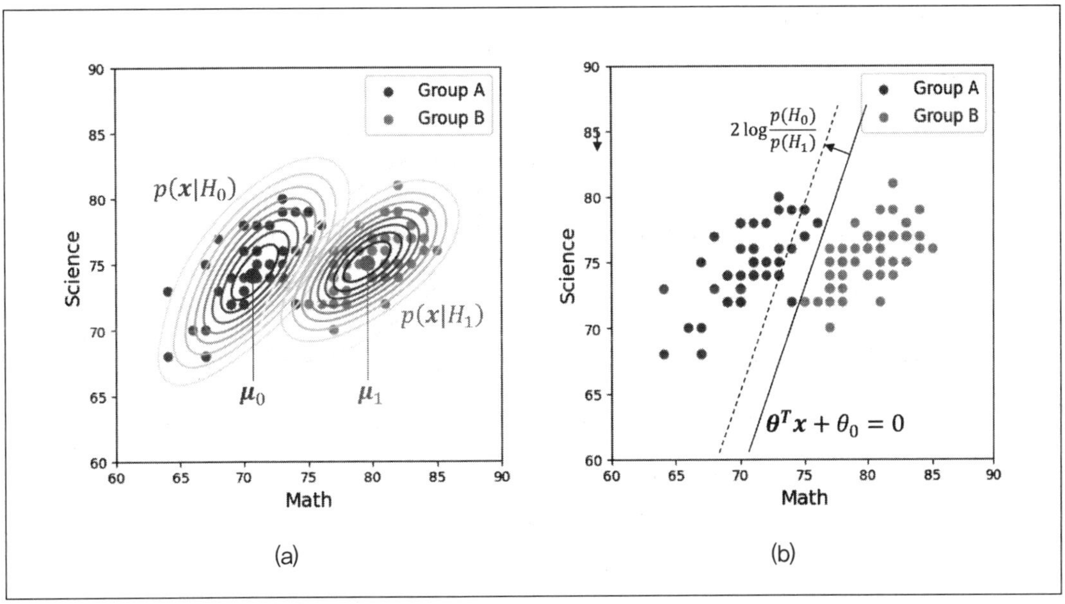

▲**그림 7.1** 확률 모형을 적용한 분류기(a)와 결정경계가 초평면으로 주어지는 선형 분류기(b)의 개념도.

7.2 Fisher의 선형 판별식 [2]

앞에서 이진 분류문제에 대한 선형 판별은 다음과 같이 정의되었다.

$$\boldsymbol{\theta}^T\boldsymbol{x} + \theta_0 = \widetilde{\boldsymbol{\theta}}^T\widetilde{\boldsymbol{x}} \underset{H_1}{\overset{H_0}{\lesseqgtr}} 0 \tag{7.13}$$

여기서, 벡터 $\boldsymbol{\theta}$를 선형 판별기라 하며 이는 적당한 성능 지표에 따라 최적화될 수 있다. 이에 대해서는 뒤에 설명할 것이며 우선은 위 식에서 다음의 사항들을 살펴보자.

❶ 선형 판별기의 결정 경계는 초평면으로 주어진다.

❷ 판별 지표인 $\boldsymbol{\theta}^T\boldsymbol{x}$는 스칼라 값으로 특징벡터 $\boldsymbol{x}$를 $\boldsymbol{\theta}$ 방향의 직선으로 투영한 것이다. 이는 특징벡터를 1차원 공간으로 **차원 축소(dimension reduction)**한 것이다.

❸ 한편, $-\theta_o/\|\boldsymbol{\theta}\|$는 $\boldsymbol{\theta}$ 방향의 직선 상의 결정 경계점이다.

❹ $\boldsymbol{x}$의 조건부 확률밀도 $p(\boldsymbol{x}|H_i)$이 다음과 같은 다변량 정규분포를 갖는다고 하자.

$$p(\boldsymbol{x}|H_i) = N(\boldsymbol{x}; \boldsymbol{\mu}_i, \boldsymbol{\Sigma}_i) \tag{7.14}$$

3.3절의 특성에 따라 $\boldsymbol{x}$의 선형변환인 $z = \boldsymbol{\theta}^T\boldsymbol{x}$ 역시 정규분포를 가지며 이는 다음과 같이 주어진다.

$$p(\mathrm{z}|H_i) = N\left(\mathrm{z}; \mu_{\mathrm{z},i}, \sigma_{\mathrm{z},i}^2\right) \tag{7.15}$$

여기서 $\mu_{z,i} = \boldsymbol{\theta}^T\boldsymbol{\mu}_i$, $\sigma_{z,i}^2 = \boldsymbol{\theta}^T\boldsymbol{\Sigma}_i\boldsymbol{\theta}$이다. 그림 7.2는 ($\boldsymbol{\theta}$ 방향의 직선에 해당하는) z축 상에서의 확률분포 $p(z|H_i)$, $p(z|H_i)$ 및 결정 경계점 $-\theta_o/\|\boldsymbol{\theta}\|$를 보여준다.

❺ 결국, 선형 판별기의 설계는 두 범주 0와 1이 가장 잘 분리되는 (분류오류가 최소화되는) $\boldsymbol{\theta}$를 찾는 것이며 일단 $\boldsymbol{\theta}$가 결정되면 분류 오류가 최소화되는 θ_0를 찾을 수 있다. 이는 그림 7.2로부터 어떤 의미인지 보다 명백해질 것이다.

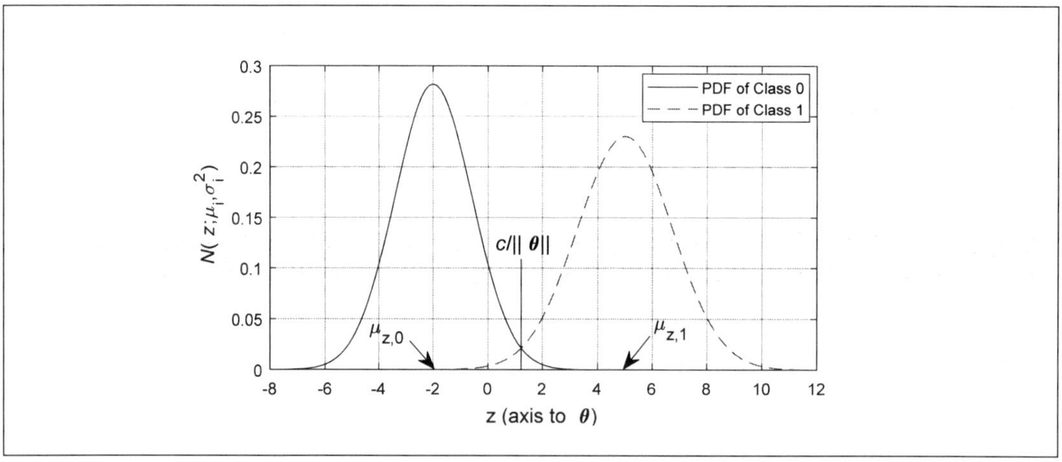

▲그림 7.2 선형 판별기의 판별 지표 $z = \boldsymbol{\theta}^T\boldsymbol{x}$의 확률분포와 결정 경계 c / $\|\boldsymbol{\theta}\|$ ($c = -\theta_0$)

이제 벡터 $\boldsymbol{\theta}$를 적당한 성능 지표에 따라 최적화하여 얻는 방법에 대해 알아보자. 앞 절에서는 각 범주에 대한 정규분포 가정에 근거하여 몇 가지 단순화 가정을 추가적으로 적용하여 선형 판별기 $\boldsymbol{\theta}$

를 얻었는데 여기서는 주어진 데이터로부터 선형 판별기 θ를 직접 구하는 방법을 소개한다. 그림 7.2를 보면 분류오류가 최소화되려면 두 분포의 평균 $\mu_{z,0}$와 $\mu_{z,1}$은 가능한 멀리 떨어져 있어야 하며 ($|\mu_{z,0}-\mu_{z,1}|$가 커야 하며) 두 범주의 분산 $\sigma_{z,0}^2$와 $\sigma_{z,1}^2$는 가능한 작아야 한다. 1936년 Fisher가 제안한 방식은 소위 Fisher의 **판별식(Fisher's discriminant)**라고 하는 다음의 식을 최소화하도록 θ를 찾는 것이다.

$$S(\boldsymbol{\theta};\boldsymbol{X},\boldsymbol{y})=\frac{|\mu_{z,0}-\mu_{z,1}|^2}{\sigma_{z,i}^2+\sigma_{z,i}^2}=\frac{\boldsymbol{\theta}^T(\boldsymbol{\mu}_0-\boldsymbol{\mu}_1)(\boldsymbol{\mu}_0-\boldsymbol{\mu}_1)^T\boldsymbol{\theta}}{\boldsymbol{\theta}^T(\boldsymbol{\Sigma}_0+\boldsymbol{\Sigma}_1)\boldsymbol{\theta}} \tag{7.16}$$

여기서, 데이터 $\boldsymbol{X},\boldsymbol{y}$가 식의 우변에 명시적으로 포함되어 있지는 않으나 각 범주의 평균과 공분산은 각각 다음과 같이 데이터 $\boldsymbol{X},\boldsymbol{y}$로부터 얻어진다.

$$\boldsymbol{\mu}_i=\frac{1}{N_i}\sum_{n:y_n=i}\boldsymbol{x}_n$$
$$\boldsymbol{\Sigma}_i=\frac{1}{N_i}\sum_{n:y_n=i}\boldsymbol{x}_n\boldsymbol{x}_n^T-\boldsymbol{\mu}_i\boldsymbol{\mu}_i^T$$

여기서, N_i는 i번째 범주(클래스)의 학습데이터의 개수로 $N_0+N_1=N$ (전체 학습 데이터의 개수)이며 선형 판별기 θ는 식 (7.16)을 최대화하도록 다음과 같이 설정된다.

$$\boldsymbol{\theta}^*=\underset{\boldsymbol{\theta}\in\mathbb{R}^M}{\operatorname{argmax}}\,S(\boldsymbol{\theta};\boldsymbol{X},\boldsymbol{y}) \tag{7.17}$$

식 (7.17) 역시 선형 회귀에서의 문제와 유사한 최적화 문제이며 이의 해는 부록 D.3절의 Rayleigh quotient의 최적화 해법으로부터 다음과 같이 주어진다.

$$\boldsymbol{\theta}^*\propto(\boldsymbol{\Sigma}_0+\boldsymbol{\Sigma}_1)^{-1}(\boldsymbol{\mu}_0-\boldsymbol{\mu}_1) \tag{7.18}$$

이제 결정 경계점 c를 어떻게 얻어야 할지 고려해 보자.

이진 판별기의 결정 경계의 설정 : 이상의 선형 판별기 분석과정을 보면 Fisher의 판별식으로부터 얻은 해 θ^*는 (각 범주의 데이터가 동일한 공분산을 갖는 정규분포를 갖는다는 가정 하에) 두 개 범주의 데이터를 가장 잘 분리할 수 있는 축(axis)을 제시해 줄 뿐 결정 경계점 $-\theta_0$를 어떻게 설정해야 하는지를 알려 주지는 않는다. 주먹구구식으로 결정 경계를 찾아본다면 μ_0와 μ_1의 중간으로 다음과 같이 설정하는 것도 한 방법일 것이다.

$$-\theta_0=\frac{1}{2}(\mu_{z,0}+\mu_{z,1})=\frac{1}{2}(\boldsymbol{\mu}_0+\boldsymbol{\mu}_1)^T\boldsymbol{\theta}^* \tag{7.19}$$

그리고 실제로 $\sigma_{z,0}^2 = \sigma_{z,1}^2$ 인 경우 위 식으로 얻어지는 결정 경계점이 전체 분류오류를 최소화하는 경계점이다. 그러나 일반적으로 식 (7.19)는 최선의 선택이 아니며 두 분산 $\sigma_{z,0}^2$, $\sigma_{z,1}^2$와 각 범주의 사전 확률을 고려하여 설정되어야 한다.

문제 7.2

(컴퓨터 실습 과제) 위의 문제에서 각 범주의 데이터가 정규분포를 갖는다는 가정 하에 분류 오류율을 정의하고 그리드 탐색을 통해 이를 최소화하는 결정 경계 θ_0를 찾아보아라. 힌트: Q–함수 혹은 erf 함수를 이용하여 비용함수를 정의하고 이로부터 최적의 결정 경계를 얻어보아라.

■

문제 7.3

(컴퓨터 실습 과제) 표 2.1의 데이터에 대해 문제 2.2의 결과를 이용하여 다음 물음에 답하라.

(1) 영어와 수학 점수만을 이용하여 그룹A와 그룹B를 분류하기 위한 선형 판별기 $\boldsymbol{\theta}^*$를 구하고 (식 (7.16~18)을 이용하여 구하고) 식 (7.19)를 이용하여 θ_0를 구하라.

(2) $\boldsymbol{\theta}^*$와 θ_0로부터 결정 경계선을 구하여 그림 2.1(첫번째 행, 두번째 열)에 개략적으로 그려보아라.

(3) 수학과 과학 점수만을 이용하여 문제 (1)을 반복하고 $\boldsymbol{\theta}^*$와 θ_0로부터 결정 경계선을 구하여 그림 2.1(두 번째 행, 세번째 열)상에 개략적으로 그려보아라. (그림 7.1(b)에 대충 그려 놓은 결정경계선과 비교해 보아라.)

■

7.3 다중 클래스 분류문제를 위한 선형 판별식과 차원 축소

2진 분류 문제에서 두 범주의 확률분포가 다변량 정규분포로 모형화 가능한 경우 두 범주로의 분류가 잘 되려면 두 범주의 평균이 상대적으로 멀리 떨어져 있고 각 범주의 분산은 작아야 함을 보았으며 이에 따라 식 (7.16)의 비용함수가 제안되었다. 이는 다중 클래스 분류 문제에서도 동일하며 다음과 같은 비용함수의 설정이 가능하다. $\boldsymbol{\mu}_j$와 $\boldsymbol{\Sigma}_j$를 각각 j번째 클래스의 평균과 공분산이라 하자. 다중 클래스 분류 문제에 대한 Fisher의 판별식은 다음과 같다.

$$S(\boldsymbol{\theta}; \boldsymbol{X}, \boldsymbol{y}) = \frac{\boldsymbol{\theta}^T \boldsymbol{\Sigma}_m \boldsymbol{\theta}}{\boldsymbol{\theta}^T \boldsymbol{\Sigma}_T \boldsymbol{\theta}} \tag{7.20}$$

여기서, Σ_T과 Σ_m는 각각 "클래스 공분산의 평균"과 "클래스 평균의 공분산"으로 다음과 같이 정의된다.

$$\mathbf{\Sigma}_T = \frac{1}{|C|}\sum_{j\in C}\mathbf{\Sigma}_j \tag{7.21}$$

$$\mathbf{\Sigma}_m = \frac{1}{|C|}\sum_{j\in C}(\boldsymbol{\mu}_j - \boldsymbol{\mu}_T)(\boldsymbol{\mu}_j - \boldsymbol{\mu}_T)^T \tag{7.22}$$

여기서, $|C|$는 클래스의 개수이며 μ_T는 다음과 같다.

$$\boldsymbol{\mu}_T = \frac{1}{|C|}\sum_{j\in C}\boldsymbol{\mu}_j \tag{7.23}$$

식 (7.20)을 최대화하는 벡터 θ^*는 다음의 최적화 문제로 얻어진다.

$$\boldsymbol{\theta}^* = \underset{\boldsymbol{\theta}\in\mathbb{R}^M}{\operatorname{argmax}}\, S(\boldsymbol{\theta}; \boldsymbol{X}, \boldsymbol{y}) = \underset{\boldsymbol{\theta}\in\mathbb{R}^M}{\operatorname{argmax}}\frac{\boldsymbol{\theta}^T\mathbf{\Sigma}_m\boldsymbol{\theta}}{\boldsymbol{\theta}^T\mathbf{\Sigma}_T\boldsymbol{\theta}} \tag{7.24}$$

또한, 식 (7.24)의 해는 부록D.3절의 논의로부터 다음과 같다.

$$\boldsymbol{\theta}^* = \text{The eigen vector corresponding to the largest eigenvalue of } \mathbf{\Sigma}_T^{-1}\mathbf{\Sigma}_m \tag{7.25}$$

여기서 한 가지 고려해야 하는 사항은 식 (7.25)는 M차원 공간 상의 특징 벡터 x를 1차원 **부공간(subspace)**으로 투영하는 것인데 다중의 클래스를 하나의 좌표축 상에 (θ^*방향의 직선상에) 투영하여 분류를 수행할 경우 실용 가능한 분류 성능을 얻기 어려울 수 있다. 따라서, Fisher의 판별식을 최대화하는 1차원 공간만을 사용하지 말고 다차원 부공간으로 투영하여 분류를 수행하는 것이 바람직하다. 다차원 부공간으로의 투영은 추가적인 기저(basis)의 선택을 필요로 하는데 L차원의 결정 부공간을 선택하고자 한다면 $\Sigma_T^{-1}\Sigma_m$의 고유값 중 "0이 아니면서" 가장 큰 L개의 고유값에 해당하는 고유벡터들을 결정 부공간의 기저로 사용하는 것이 유리하다. 행렬 $\Sigma_T^{-1}\Sigma_m$의 가장 큰 L개의 고유값에 해당하는 고유기저를 Θ^*라 하면 Θ^*의 생성공간으로의 투영은 다음과 같다.

$$\boldsymbol{z} = \boldsymbol{\Theta}^{*T}\boldsymbol{x} \ \in \mathbb{R}^L \tag{7.26}$$

식 (7.26)의 차원 축소와 관련하여 몇 가지 살펴볼 사항은 다음과 같다.

❶ 행렬 $\Sigma_T^{-1}\Sigma_m$은 일반적으로 대칭행렬이 아니므로 이의 고유분해를 통해 얻어진 고유기저 Θ^*는 직교정규 행렬이 아니다.

❷ $\Sigma_T^{-1}\Sigma_m$은 기껏해야 $|C|-1$개의 0이 아닌 고유 값을 가지며 따라서, 결정 부공간의 차원 L은 $L \leq |C|-1$이어야 한다.

문제 7.4

(컴퓨터 실습 과제) 표 2.1의 데이터에 대해 특징 벡터 (영어, 수학, 과학 점수)를 식 (7.26)를 이용하여 2차원 공간으로 차원 축소하고자 한다. 식 (7.20)의 목적함수에 대한 2개의 가장 큰 고유값에 해당하는 고유벡터를 기저로 이용할 때 Θ^*를 구하라. 또한, 이를 이용하여 각 특징 벡터 x_i를 2차원 벡터 z_i로 변환한 후 이의 산점도를 그려보아라.

참고링크

[1] Bayes classifier: https://en.wikipedia.org/wiki/Bayes_classifier

[2] 선형 판별분석, LDA: https://en.wikipedia.org/wiki/Linear_discriminant_analysis

[3] Naive Bayes classifier: https://en.wikipedia.org/wiki/Naive_Bayes_classifier

CHAPTER 08

로지스틱 회귀: 2진 분류

본 장에서는 범주형 데이터의 추정 방법인 **로지스틱 회귀(logistic regression)**[1]에 대해 살펴본다. 로지스틱 회귀는 1958년 영국의 통계학자인 David Cox에 의해 개발되었으며 최근 추정 및 분류의 문제에 광범위하게 적용되고 있는 인공신경망의 학습과 매우 유사한 처리 과정을 가지고 있다. 인공신경망의 1세대로 볼 수 있는 퍼셉트론은 생물학적 신경의 모형에 기반하여 1957년 Cornell 대학교의 Rosenblatt에 의해 개발되었는데 두 연구팀간 상호 교류가 있었는지는 확실하지 않으나 로지스틱 회귀와 인공신경망 학습의 기초가 된 퍼셉트론의 학습 알고리즘은 완전히 동일하다.

본 장의 내용은 부록 C에 제시된 최적화 문제의 수치해석적 반복법에 대한 사전 지식이 필요하므로 필요시 부록 C를 먼저 공부하고 본 장을 학습할 것을 권한다.

8.1 로지스틱 회귀의 기본구성

선형 회귀가 관측된 수치형 특징 값들의 선형 결합으로 관측되지 않은 또 다른 수치형 값을 추정(혹은 예측)하는 것이라면 로지스틱 회귀는 특징 값들의 선형 결합에 특정한 속성을 갖는 비선형 함수를 적용하여 관측되지 않은 '범주형'의 값을 추정하는 것으로 생각할 수 있다. 여기서 범주형 값은 일반적으로 임의의 m진수(m-ary number)일 수 있으나 편의상 0과 1로만 나타나는 2진수의 경우를 고려하자. 특징 벡터 $\boldsymbol{x} = [x_1, x_2, \ldots, x_M]^T$에 대한 선형 회귀와 2진 로지스틱 회귀의 회귀모형(추정기)을 비교해 보면 다음과 같다.

선형 회귀: $$\hat{y} = \theta_0 + \theta_1 x_1 + \cdots \theta_M x_M = \tilde{\boldsymbol{\theta}}^T \tilde{\boldsymbol{x}} \quad (8.1)$$

로지스티 회귀: $$\hat{p} = s(\theta_0 + \theta_1 x_1 + \cdots \theta_M x_M) = s(\tilde{\boldsymbol{\theta}}^T \tilde{\boldsymbol{x}}) \quad (8.2)$$

여기서 $\tilde{\boldsymbol{\theta}} = [\theta_0, \theta_1, \ldots, \theta_M]^T$이며 $\tilde{\boldsymbol{x}}$는 특징벡터 $\boldsymbol{x}$에 1을 추가한 첨가 벡터이다.

즉, $\tilde{\boldsymbol{x}} = [1, x, ..., x_M]^T$. 함수 $s: \mathbb{R} \rightarrow [0, 1]$은 S자 형의 단조 증가 함수로 $\lim_{x \rightarrow +\infty} s(x) \rightarrow 1$이며 $\lim_{x \rightarrow -\infty} s(x) \rightarrow 0$이다. 대표적으로 흔히 쓰이는 함수는 다음으로 정의되는 sigmoid 함수이다.

$$s(x) = \frac{1}{1+e^{-x}} \tag{8.3}$$

식 (8.3)은 소위 로지스틱 분포(logistic distribution)로 알려진 확률밀도 함수의 누적분포인데 이를 이용하면 식 (8.2)의 로지스틱 회귀모형은 다음과 같다.

$$\hat{p} = \frac{1}{1+\exp(-\tilde{\boldsymbol{\theta}}^T \tilde{\boldsymbol{x}})} \tag{8.4}$$

왜 이런 형태의 모형이 필요할까? 추정치 $\hat{p}$은 어떤 의미를 갖는가? 결론만 먼저 얘기하면 $\hat{p}$은 다음과 같이 두 가지의 해석이 가능하다.

❶ 우선 $\hat{p}$은 0과 1사이의 값을 가지므로 **확률의 추정치**로 해석될 수 있다. 즉, 특징 벡터 $\boldsymbol{x}$가 범주 1에 속할 확률 p_1의 추정치로 해석할 수 있으며 이 경우 특징 벡터 $\boldsymbol{x}$가 범주 0에 속할 확률 p_0는

$$p_0 = 1 - \hat{p} = \frac{\exp(-\tilde{\boldsymbol{\theta}}^T \tilde{\boldsymbol{x}})}{1+\exp(-\tilde{\boldsymbol{\theta}}^T \tilde{\boldsymbol{x}})}$$

가 된다.

❷ $\hat{p}$은 또한 **범주의 추정치**로 볼 수도 있다. 즉, $\hat{p}$가 0.5보다 크면 특징 벡터 $\boldsymbol{x}$는 범주 1에 가깝다고 볼 수 있으며 반대의 경우 범주 0에 가깝다고 판단할 수 있다.

확률 추정치로서의 $\hat{p}$: 그러면 어떻게 $\hat{p}$가 확률로 해석될 수 있는지 확인해보자. 여기서는 자세한 수식의 전개 보다는 그 결과에만 주목하면 된다. 7장에서 다룬 이진 선형 판별 문제로부터 시작해보자. 이진 선형 판별기의 연산 모형은 다음과 같다. 편의상 식 (7.13)을 아래에 다시 나타냈다.

$$z = \boldsymbol{\theta}^T \boldsymbol{x} \underset{H_1}{\overset{H_0}{\lessgtr}} c \tag{8.5}$$

이제 식 (7.14)의 확률분포 $p(\boldsymbol{x} | H_i) = N(\boldsymbol{x}; \boldsymbol{\mu}, \boldsymbol{\Sigma}_i), i = 0.1$을 이용하면 선형 변환 $z = \boldsymbol{\theta}^T \boldsymbol{x}$의 확률분포는 단변량 정규분포 $p(z | H_i) = N(z; \mu_{z,i}, \sigma_{z,i}^2)$가 된다. 여기서 $\mu_{z,i} = \boldsymbol{\theta}^T \boldsymbol{\mu}_i, \sigma_{z,i}^2 = \boldsymbol{\theta}^T \boldsymbol{\Sigma}_i \boldsymbol{\theta}$, 이다. $p(z | H_0)$와 $p(z | H_1)$로부터 특징벡터 $\boldsymbol{x}$가 범주 0일 확률과 범주 1일 사후 확률은 (0과 1의 사전확률이 동일하다는 가정 하에) 각각 다음과 같다.

$$p_0 = \frac{p(z|H_0)}{p(z|H_0)+p(z|H_1)} = \frac{1}{1+LR(z)} \text{ 및 } p_1 = \frac{p(z|H_1)}{p(z|H_0)+p(z|H_1)} = \frac{1}{1+LR(z)^{-1}} \tag{8.6}$$

여기서 $p_0 + p_1 = 1$이며 $LR(z)$는 소위 likelihood ratio로 다음과 같이 정의된다.

$$LR(z) \equiv \frac{p(z|H_1)}{p(z|H_0)} \tag{8.7}$$

이제 정규분포함수의 정의

$$N(z; \mu_{z,i}, \sigma_{z,i}^2) = \frac{1}{\sqrt{2\pi}\sigma_{z,i}} \exp\left(-\frac{(z-\mu_{z,i})^2}{2\sigma_{z,i}^2}\right)$$

를 (8.7)에 대입하되 $\sigma_{z,0} = \sigma_{z,1} = \sigma_z$을 가정하자. (참고: $\sigma_{z,0} \neq \sigma_{z,1}$이면 2개의 결정 경계가 만들어지며 이 경우 선형 판별이 아님.) 그러면 다음을 얻는다.

$$LR(z) = \exp\left(-\frac{(\mu_{z,1}-\mu_{z,0})}{\sigma_z^2}\left(z - \frac{\mu_{z,1}+\mu_{z,0}}{2}\right)\right) = \exp(-\alpha(z-c)) \tag{8.8}$$

여기서 c를 $-\theta_0$로 놓으면 $z-c$는 식 (8.1)과 동일하게 다음과 같이 표현된다.

$$z - c = \theta_0 + \theta_1 x_1 + \cdots \theta_M x_M = \tilde{\boldsymbol{\theta}}^T \tilde{\boldsymbol{x}} \tag{8.9}$$

또한 $\alpha = 1$로 놓으면 식 (8.6)의 확률 p_1은 식 (8.4)의 추정치 모형과 동일하게 다음과 같이 표현되므로 식 (8.4)의 추정치를 확률로 해석할 수 있음을 알 수 있다.

$$p_1 = \frac{1}{1+\exp(-\tilde{\boldsymbol{\theta}}^T \tilde{\boldsymbol{x}})} \tag{8.10}$$

한편 likelihood ratio $LR(z) = \exp(-\tilde{\boldsymbol{\theta}}^T \tilde{\boldsymbol{x}})$의 지수부는 다음과 같이 쓸 수 있다.

$$-\log LR(z) = \tilde{\boldsymbol{\theta}}^T \tilde{\boldsymbol{x}} \tag{8.11}$$

$\log LR(z)$는 종종 log-likelihood ratio(LLR)이라고 하기도 하지만 로지스틱 회귀에서는 **승산(odds)**라는 용어를 사용한다. 즉, $\tilde{\boldsymbol{\theta}}^T \tilde{\boldsymbol{x}}$는 특징벡터 $\boldsymbol{x}$가 범주 1에 속할 승산이며 반대로 $-\tilde{\boldsymbol{\theta}}^T \tilde{\boldsymbol{x}}$는 특징벡터 $\boldsymbol{x}$가 범주 0에 속할 승산이 된다. 여기서, 식 (8.5)에 나타난 이진 분류의 결정 경계 c가 이미 모형 파라미터 $\tilde{\boldsymbol{\theta}}$에 포함되어 있음에 주목하라.

선형 회귀, 2진 신형 분류 및 2진 로지스틱 회귀의 차이 : 이상의 논의에 따르면 4장과 7장, 그리고 본 절에서 각각 다룬 선형 회귀, 선형 판별(선형 분류) 및 2진 로지스틱 회귀는 동일한 모형 하에 비교가 가능하다. 즉, 세가지 추정기/분류기 모형은 모두 다음과 같이 표현 가능하다.

$$\hat{y} = f(\theta_0 + \theta_1 x_1 + \cdots \theta_M x_M) = f(\tilde{\boldsymbol{\theta}}^T \tilde{\boldsymbol{x}}) \tag{8.12}$$

여기서 소위 **활성함수(activation function)**로 부르는 $f(z)$는 **단조 증가 함수(monotonically increasing function)**로 다음과 같다.

선형 회귀: $$f(z) = z \tag{8.13}$$

선형 분류: $$f(z) = u(z) \tag{8.14}$$

로지스틱 회귀: $$f(z) = s(z) = \frac{1}{1+\exp(-z)} \tag{8.15}$$

여기서, $u(z)$는 Heaviside의 계단 함수 혹은 단위 계단함수로 다음과 같다.

$$u(z) = \begin{cases} 1 & \text{if } z \geq 0 \\ 0 & \text{otherwise} \end{cases}$$

그림 8.1에 일반화된 모형의 구성도를 나타내었으며 그림 8.2에 세가지 활성함수를 비교하여 도시하였다.

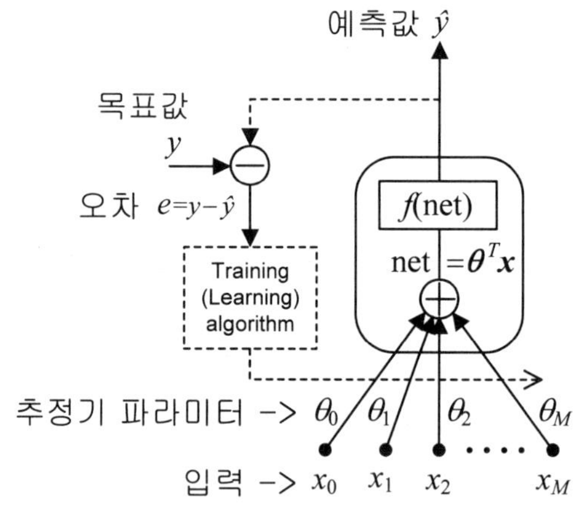

▲ **그림 8.1** 로지스틱 회귀를 이용한 2진 분류기 구조

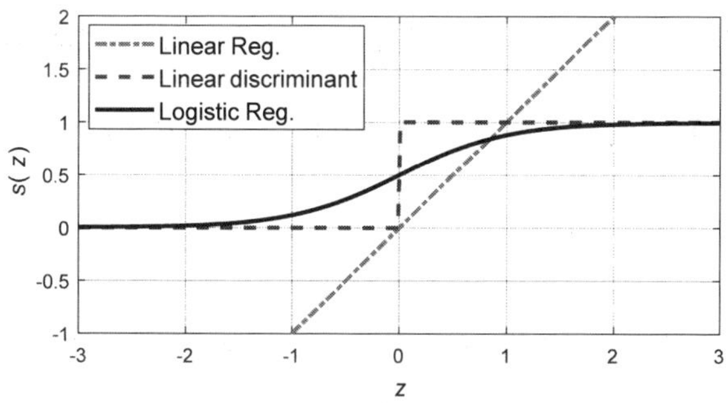

▲ **그림 8.2** 세가지 추정기/분류기에 대한 활성함수.

8.2 로지스틱 회귀의 파라미터 최적화 (최대 우도 함수와 교차 엔트로피 비용)

최대 우도법 : 이제 로지스틱 회귀 파라미터 $\tilde{\theta}$를 결정하는 방법에 대해 알아보자. 이 역시 최적화 문제로 얻어질 수 있는데 로지스틱 회귀의 추정치 $\hat{p}$을 확률로 해석할 경우 부록 B에서 논의한 최대 우도 파라미터 추정 방법을 적용할 수 있다. M개의 특징으로 표현되는 관측된 특징 벡터 N개로 구성되는 데이터 집합 $\boldsymbol{X}$ ($M \times N$ 행렬)와 사전에 확인된 각 표본의 범주 $\boldsymbol{y}$ ($1 \times N$ 행벡터)가 주어져 있다고 하자. 여기서 $\boldsymbol{y}$의 각 요소는 주어진 특징 벡터의 범주를 나타내는 이진수이다. 4.1절에서와 같이 먼저 첨가 행렬 $\tilde{X}$을 다음과 같이 정의한다.

$$\tilde{\boldsymbol{X}} = \begin{bmatrix} \mathbf{1}^T \\ \boldsymbol{X} \end{bmatrix} = [\tilde{\boldsymbol{x}}_i] \tag{8.16}$$

식 (8.4)의 로지스틱 회귀를 이용한 y_i의 추정치 $\hat{p}_i = 1/(1+\exp(-\tilde{\theta}^T \tilde{x}_i)$는 ($i$번째 표본 $\tilde{x}_i$가 범주 1에 속할) 확률이므로 부록 B.2에서 논의한 최대 우도 파라미터 추정에서 소개한 log likelihood function과 유사하게 다음과 같은 목적 함수의 정의가 가능하다.

$$\begin{aligned} J_{ML}(\tilde{\boldsymbol{\theta}}; \tilde{\boldsymbol{X}}, \boldsymbol{y}) &= \log\left(\prod_{j:y_j=1} \hat{p}_j \cdot \prod_{j:y_j=0} (1-\hat{p}_j)\right) \\ &= \log\left(\prod_{j=1}^{N} \hat{p}_j^{y_j} (1-\hat{p}_j)^{1-y_j}\right) \qquad (8.17.a) \\ &= \sum_{j=1}^{N} y_j \log \hat{p}_j + (1-y_j)\log(1-\hat{p}_j) \\ &= \sum_{j=1}^{N} y_j \log s(\tilde{\boldsymbol{\theta}}^T \tilde{\boldsymbol{x}}) + (1-y_j)\log(1-s(\tilde{\boldsymbol{\theta}}^T \tilde{\boldsymbol{x}})) \qquad (8.17.b) \end{aligned}$$

문제 8.1

Sigmoid함수의 정의를 이용하여 (8.17.b)을 다음과 같이 나타낼 수 있음을 보여라.

$$J_{ML}\left(\widetilde{\boldsymbol{\theta}}; \widetilde{\boldsymbol{X}}, \boldsymbol{y}\right) = \sum_{j=1}^{N} \log(1 + \exp\left((1 - 2y_j)\widetilde{\boldsymbol{\theta}}^T \widetilde{\boldsymbol{x}}\right)) \quad (8.18)$$

■

위의 목적 함수에 -를 취하여 비용함수로 정의하고 이를 최소화하여도 해는 동일한데 이를 **음의 로그 우도 함수**라 하며 **교차 엔트로피 (cross entropy) 비용**이라고도 한다. (부록 E의 3절 참고)

식 (8.17)로 주어지는 목적함수는 $\tilde{\theta}$에 대한 비선형 함수이지만 위로 볼록한 볼록 함수이다. 다만 함수의 비선형성 때문에 $J_{ML}(\tilde{\theta}; \widetilde{\boldsymbol{X}}, \boldsymbol{y})$를 최대화하는 해 $\tilde{\theta}^*$를

$$\nabla_{\widetilde{\boldsymbol{\theta}}} J_{ML}\left(\widetilde{\boldsymbol{\theta}}; \widetilde{\boldsymbol{X}}, \boldsymbol{y}\right) = \mathbf{0}$$

으로 주어지는 연립방정식을 풀어 얻기는 불가능하며 따라서, 7장에서 보았던 수치해석적 방법을 사용해야 한다. 기울기 강하법이나 좌표 강하법 중 적당한 것을 선택하여 반복적인 방법으로 해를 구할 수 있는데 물론 최저점 대신 최대점을 찾는 문제이므로 기울기의 반대 방향이 아닌 기울기의 방향으로 파라미터를 갱신해야 한다. 목적함수의 기울기를 구하기 위해 식 (8.17)에 기울기 연산자 $\nabla_{\tilde{\theta}}$를 취하면 다음을 얻는다.

$$\nabla_{\widetilde{\boldsymbol{\theta}}} J_{ML}\left(\widetilde{\boldsymbol{\theta}}; \widetilde{\boldsymbol{X}}, \boldsymbol{y}\right) = \sum_{j=1}^{N} y_j \nabla_{\widetilde{\boldsymbol{\theta}}} \log \hat{p}_j + (1 - y_j) \nabla_{\widetilde{\boldsymbol{\theta}}} \log(1 - \hat{p}_j) \quad (8.19)$$

이제 $\hat{p}_j = s(z_j)$, $z_j = \tilde{\theta}^T \tilde{\boldsymbol{x}}_i$로 놓고 미분의 연쇄 법칙을 적용하면 다음의 결과를 얻는다.

$$\nabla_{\widetilde{\boldsymbol{\theta}}} \log \hat{p}_j = \frac{1}{s(z_j)} \frac{ds(z_j)}{dz_j} \nabla_{\widetilde{\boldsymbol{\theta}}} z_j = \left(1 - s\left(\widetilde{\boldsymbol{\theta}}^T \widetilde{\boldsymbol{x}}_j\right)\right) \cdot \widetilde{\boldsymbol{x}}_j \quad (8.20)$$

$$\nabla_{\widetilde{\boldsymbol{\theta}}} \log(1 - \hat{p}_j) = \frac{-1}{1 - s(z_j)} \frac{ds(z_j)}{dz_j} \nabla_{\widetilde{\boldsymbol{\theta}}} z_j = -s\left(\widetilde{\boldsymbol{\theta}}^T \widetilde{\boldsymbol{x}}_j\right) \cdot \widetilde{\boldsymbol{x}}_j \quad (8.21)$$

여기서 다음을 이용하였다.

$$\frac{ds(a)}{da} = s(a)(1 - s(a)) \quad (8.22)$$

마지막으로 식 (8.20)와 (8.21)을 식 (8.19)에 대입하면 다음을 얻는다.

$$\nabla_{\tilde{\boldsymbol{\theta}}} J_{ML}(\tilde{\boldsymbol{\theta}}; \tilde{\boldsymbol{X}}, \boldsymbol{y}) = \sum_{j=1}^{N} \left(y_j - s(\tilde{\boldsymbol{\theta}}^T \tilde{\boldsymbol{x}}_j)\right) \cdot \tilde{\boldsymbol{x}}_j \tag{8.23}$$

여기서,

$$y_j - s(\tilde{\boldsymbol{\theta}}^T \tilde{\boldsymbol{x}}_j) = y_j - \hat{p}_j = e_j$$

는 실제 범주와 **'범주의 추정치'**간의 오차로 해석할 수 있다.

식 (8.23)을 선형 회귀에서 정의되는 비용함수인 식 (4.4)의 기울기와 비교해 보면 흥미롭다. 식 (4.4)를 다시 쓰면 다음과 같다.

$$J_{\text{lin}}(\boldsymbol{\theta}; \boldsymbol{X}, \boldsymbol{y}) = \frac{1}{N}\sum_{i=1}^{N} e_i^2 = \frac{1}{N}\sum_{i=1}^{N}\left(\sum_{j=1}^{M}\theta_j x_{ji} + \theta_0 - y_i\right)^2 = \frac{1}{N}\sum_{i=1}^{N}\left(y_i - \tilde{\boldsymbol{\theta}}^T \tilde{\boldsymbol{x}}_i\right)^2$$

이에 기울기 연산자 $\nabla_{\tilde{\theta}}$를 적용하면 다음을 얻는다.

$$\nabla_{\tilde{\boldsymbol{\theta}}} J_{\text{lin}}(\tilde{\boldsymbol{\theta}}; \tilde{\boldsymbol{X}}, \boldsymbol{y}) \propto \sum_{i=1}^{N}(y_i - \tilde{\boldsymbol{\theta}}^T \tilde{\boldsymbol{x}}_i) \cdot \tilde{\boldsymbol{x}}_i \tag{8.24}$$

여기서도 $y_i - \tilde{\theta}^T \tilde{\boldsymbol{x}}_i = y_i - \hat{y}_i = e_i$는 선형 회귀를 이용한 y_i의 추정치에 대한 추정 오차이다. 한편, 식 (8.17)의 목적함수는 각 표본에 대한 목적함수 $y_i \log \hat{p}_j + (1 - y_j)\log(1 - \hat{p}_j)$의 합으로 주어지므로 통계적 기울기 강하법을 적용할 수도 있다.

문제 8.2

위의 결과를 이용하여 식 (8.17)의 목적함수를 최대화하는 파라미터를 얻기 위한 기울기 강하법에 기초한 최적화 알고리즘의 pseudo code를 제시하라. 입력과 출력, 초기화와 루프를 명기하라. (부록 C.2절의 선형회귀 분석에 대한 통계적 기울기 강하법과 유사하게 작성해 보아라.)

최종 판정: 일단 학습 데이터 $\boldsymbol{X}$와 $\boldsymbol{y}$로부터 최적의 파라미터 $\tilde{\theta}$가 획득되면 임의의 특징 벡터 $\boldsymbol{x}$에 대한 범주의 결정은 ($\boldsymbol{x}$가 범주 1에 속할)확률의 추정치 $\hat{p} = 1/(1 + \exp(-\tilde{\theta}^T \tilde{\boldsymbol{x}}))$이 0.5보다 큰가/작은가에 따라 얻어진다.

8.3 최소 제곱법을 적용한 파라미터 최적화

로지스틱 회귀의 추정치는 확률로 볼 수도 있지만 범주의 추정치로 볼 수도 있으므로 최소 제곱법을 적용하는 것도 가능하다. 우선, 추정 오차를 다음과 같이 정의하자.

$$e_j = y_j - \hat{p}_j = y_j - s(\widetilde{\boldsymbol{\theta}}^T \widetilde{\boldsymbol{x}}_j) \tag{8.25}$$

이를 이용한 제곱오차의 합으로 주어지는 비용함수는 다음과 같다.

$$J_{LS}(\widetilde{\boldsymbol{\theta}}; \widetilde{\boldsymbol{X}}, \boldsymbol{y}) = \sum_{j=1}^{N} \left(y_j - s(\widetilde{\boldsymbol{\theta}}^T \widetilde{\boldsymbol{x}}_j) \right)^2 \tag{8.26}$$

$J_{LS}(\widetilde{\boldsymbol{\theta}}; \widetilde{\boldsymbol{X}}, \boldsymbol{y})$ 역시 비선형 함수이며 직접 해법으로 해를 구하는 것은 불가능하므로 기울기 강하법이나 통계적 기울기 강하법을 적용해야 한다. 이를 위해 기울기 연산자를 적용하면 다음을 얻는다.

$$\nabla_{\widetilde{\boldsymbol{\theta}}} J_{LS}(\widetilde{\boldsymbol{\theta}}; \widetilde{\boldsymbol{X}}, \boldsymbol{y}) = -2 \sum_{j=1}^{N} s'(\widetilde{\boldsymbol{\theta}}^T \widetilde{\boldsymbol{x}}_j) \cdot \left(y_j - s(\widetilde{\boldsymbol{\theta}}^T \widetilde{\boldsymbol{x}}_j) \right) \cdot \widetilde{\boldsymbol{x}}_j \tag{8.27}$$

여기서 $s'(a)$는 $s(a)$의 미분으로 식 (8.22)로 주어진다.

식 (8.27)과 식 (8.23)을 비교해 보면 -2와 $s'(a)$가 추가되어 있음을 알 수 있다. 관련하여 몇 가지 주목할 점은 다음과 같다.

❶ 식 (8.15)로 주어지는 sigmoid 함수는 단조 증가 함수이므로 $s'(a) > 0 \, \forall \, a$ 이다.

❷ 한편, 최소 제곱법에 따른 최적화는 기울기의 반대방향으로 파라미터를 갱신하며 최대 우도법 갱신 방향의 반대이므로 위 기울기의 반대방향은 최대우도 추정의 경우와 동일하다.

❸ 다른 점은 $0 < s'(a) < 1/4 \, \forall \, a$ 만큼의 실효 학습율의 차이가 반영되어 있으며 이는 학습에 따른 수렴의 안정성을 향상시킬 수 있으나 현실적으로 고려하지 않더라도 크게 문제되지는 않을 것이다.

8.4 Iterative reweighted least square (IRLS) (선택사항)

식 (8.17)의 목적 함수에 부록 C에서 살펴본 뉴턴-랩슨 방법을 적용해 보자. 먼저 식 (8.23)을 벡터-행렬 형식으로 나타내면 다음과 같다.

$$\nabla_{\widetilde{\boldsymbol{\theta}}} J_{ML}(\widetilde{\boldsymbol{\theta}}; \widetilde{\boldsymbol{X}}, \boldsymbol{y}) = \widetilde{\boldsymbol{X}} \left(\boldsymbol{y} - s(\widetilde{\boldsymbol{X}}^T \widetilde{\boldsymbol{\theta}}) \right) \tag{8.28}$$

이로부터 헤시안 행렬을 계산하면 다음과 같다.

$$\boldsymbol{H} J_{ML}(\tilde{\boldsymbol{\theta}}; \tilde{\boldsymbol{X}}, \boldsymbol{y}) = \nabla_{\tilde{\boldsymbol{\theta}}} \nabla_{\boldsymbol{\theta}}^T J_{ML}(\tilde{\boldsymbol{\theta}}; \tilde{\boldsymbol{X}}, \boldsymbol{y}) = -\tilde{\boldsymbol{X}} \boldsymbol{D}_{s'} \tilde{\boldsymbol{X}}^T \tag{8.29}$$

여기서 $\boldsymbol{D}_{s'}$은 대각 행렬로 이의 (j, j)번째 요소는 $s'(\tilde{\theta}^T \tilde{x}_j) = s(\tilde{\theta}^T \tilde{x}_j)(1 - s(\tilde{\theta}^T \tilde{x}_j))$이다. 한편 최대 우도법은 최대화의 문제이고 기울기의 방향으로 갱신해야 하므로 식 (C.10)에서 갱신 부호를 바꾸고 식 (8.25)와 (8.26)를 대입하면 다음을 얻는다.

$$\begin{aligned}
\tilde{\boldsymbol{\theta}}^{(n+1)} &= \tilde{\boldsymbol{\theta}}^{(n)} + \left(\tilde{\boldsymbol{X}} \boldsymbol{D}_{s'}^{(n)} \tilde{\boldsymbol{X}}^T\right)^{-1} \nabla_{\boldsymbol{\theta}} J(\tilde{\boldsymbol{\theta}}^{(n)}) = \boldsymbol{\theta}^{(n)} + \left(\tilde{\boldsymbol{X}} \boldsymbol{D}_{s'}^{(n)} \tilde{\boldsymbol{X}}^T\right)^{-1} \tilde{\boldsymbol{X}} \left(\boldsymbol{y} - s(\tilde{\boldsymbol{X}}^T \tilde{\boldsymbol{\theta}}^{(n)})\right) \\
&= \left(\tilde{\boldsymbol{X}} \boldsymbol{D}_{s'}^{(n)} \tilde{\boldsymbol{X}}^T\right)^{-1} \tilde{\boldsymbol{X}} \left(\boldsymbol{D}_{s'}^{(n)} \tilde{\boldsymbol{X}}^T \boldsymbol{\theta}^{(n)} + \boldsymbol{y} - s(\tilde{\boldsymbol{X}}^T \tilde{\boldsymbol{\theta}}^{(n)})\right) \\
&= \left(\tilde{\boldsymbol{X}} \boldsymbol{D}_{s'}^{(n)} \tilde{\boldsymbol{X}}^T\right)^{-1} \tilde{\boldsymbol{X}} \boldsymbol{D}_{s'}^{(n)} \boldsymbol{z}
\end{aligned} \tag{8.30}$$

여기서,

$$\boldsymbol{z} = \tilde{\boldsymbol{X}}^T \boldsymbol{\theta}^{(n)} + \left(\boldsymbol{D}_{s'}^{(n)}\right)^{-1} \left(\boldsymbol{y} - s(\tilde{\boldsymbol{X}}^T \tilde{\boldsymbol{\theta}}^{(n)})\right) \tag{8.31}$$

식 (8.30)과 (8.31)은 IRLS(iterative reweighted least square) 알고리즘[2]으로 알려져 있다.

8.5 이진 판별기의 성능 평가 시표

이진 판별기의 경우 판별에 따른 결과는 4가지로 소위 **혼동 행렬(confusion matrix)**로 알려진 그림 8.3과 같이 나타낼 수 있다.

Decision \ True class	1	0
1	True positive (정상 분류)	False Positive (분류 오류 1형)
0	False Negative (분류 오류 2형)	True negative (정상 분류)

▲ **그림 8.3** 이진 분류 문제에서 4가지 판별 결과 (혼동 행렬)

일반적으로 분류 오류율는 다음으로 정의되는 정확도(accuracy)를 1에서 뺀 값이다.

$$\text{Accuracy} = \frac{\text{TP}}{\text{TP+TN+FP+FN}} \tag{8.32}$$

분류의 문제가 단순히 이것이냐 저것이냐의 경우 정확도 지표만 따져봐도 문제가 없겠지만 몇몇 응용(특히, 군사용 혹은 의용 응용 시스템)에서는 False negative (예를 들어, 실제로 암에 걸렸음(True)에도 불구하고 정상인(Negative)으로 판정하는 경우 혹은 적기가 출현했음(True)에도 불구하고 이를 검출하지 못한(Negative) 경우)가 False positive (실제로는 정상(False)인데 암(positive)으로 판정하는 경우 혹은 아무것도 없음(False)에도 불구하고 적기가 출현한 것(positive)으로 판단하는 경우)보다 심각한 문제를 야기하므로 다음의 성능 지표들을 따지기도 한다. [3][4]

$$\text{Sensitivity(Recall)} = \frac{\text{TP}}{\text{TP+FN}} = \text{True Positive Rate } (TPR) \tag{8.33}$$

$$\text{Specificity} = \frac{\text{TN}}{\text{TN+FP}} \tag{8.34}$$

$$\text{False Positive Rate (FPR)} = \frac{\text{FP}}{\text{TN+FP}} = 1 - \text{Specificity} \tag{8.35}$$

$$\text{Precision} = \frac{\text{TP}}{\text{TP+FP}} \tag{8.36}$$

물론 이들 성능 지표는 결정 경계 값에 따라 달라지므로 하나의 결정 경계 값으로 분류기의 성능을 비교하는 것은 공평하지 않다. 결정 경계 값에 무관하게 (모든 결정 경계 값에 대해) 성능을 비교하는 표준적인 방법은 TPR을 FPR의 함수로 나타내는 소위 **ROC(receiver operating characteristic) 곡선**과 ROC 곡선의 아래쪽 영역인 **AUC(area under ROC curve)**이다 [5]. 그림 8.4는 ROC와 AUC의 개념도를 나타낸다. AUC가 1에 가까울수록 이상적인 2진 분류기가 되며 입력과 무관하게 동전 던지기를 수행하여 2진분류를 수행할 경우 ROC는 (0,0)와 (1,1)을 잇는 직선이 되며 이에 따라 AUC는 0.5가 된다.

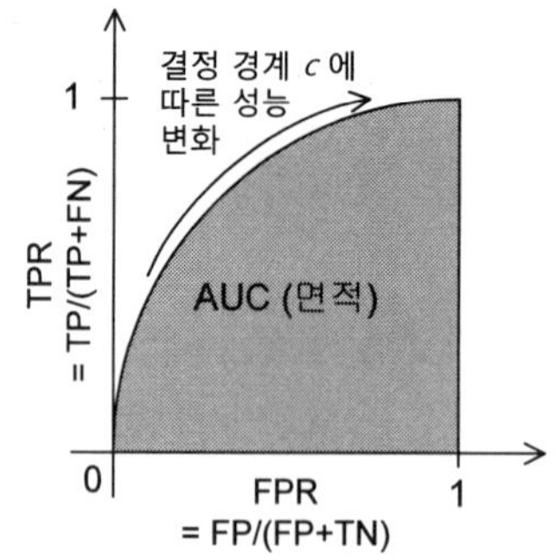

▲ **그림 8.4** ROC 커브와 AUC

참고링크

[1] 로지스틱 회귀: https://en.wikipedia.org/wiki/Logistic_regression

[2] IRLS: https://en.wikipedia.org/wiki/Iteratively_reweighted_least_squares

[3] Precision과 Recall: https://en.wikipedia.org/wiki/Precision_and_recall

[4] Sensitivity와 Specificity: https://en.wikipedia.org/wiki/Sensitivity_and_specificity

[5] ROC와 AUC: https://en.wikipedia.org/wiki/Receiver_operating_characteristic

CHAPTER

09 다중클래스 분류

본 장에서는 8장에서 다룬 2진 분류를 위한 로지스틱 회귀기법을 다중클래스 분류기[1]로 확장한다. 이를 위하여 Sigmoid 함수의 확장판으로 볼 수 있는 소위 Softmax 함수를 정의하여 최적화 문제를 공식화하는데 이는 "2진 부호화((one-hot encoding)"와 "다중태스크 회귀"에 의해 효과적으로 기술될 수 있다.

9.1 다중 클래스 (선형) 분류의 접근법

2진 선형분류의 경우 하나의 초평면으로 특징 공간을 2개 영역으로 나눌 수 있지만 다중 클래스의 경우 여러 개의 초평면이 필요하며 따라서 이들을 결합적으로 설정해야 한다. (물론 비선형 분류의 경우 평면 대신 곡면이 사용될 수 있으나 여기서는 선형 분류를 고려한다.) 이를 위하여 다음의 두 가지 방법이 가능하다.

❶ 첫 번째는 쌍별 2진 분류기를 적용하는 방법으로 모든 클래스 쌍에 대해 이진 선형 판별기 θ^*를 찾아 2진 판별을 수행한 후 다수결(majority voting)에 따라 최종 분류를 수행하는 것이다. K개의 범주로 구분하는 다중클래스 분류문제의 경우 $K(K-1)/2$개의 이진 판별기가 필요하다.

❷ 두 번째 방법은 one-against-the-rest 접근법이다. 이는 각 클래스에 대해 accept 혹은 reject의 결정을 내리는 방법으로 K개의 범주로 구분하는 다중클래스 분류문제의 경우 K개의 이진 분류기를 사용하는 것이며 k번째 클래스의 분류기 θ_k^*는 전체 학습데이터를 k번째 클래스의 데이터와 나머지 모든 클래스의 데이터, 2개 그룹으로 나누어 선형 판별식을 정의하여 얻을 수 있다. 이 방법의 경우 총 K개의 이진 판별기를 사용하게 되므로 첫 번째 방법에 비해 적은 수의 판별기가 요구된다는 장점이 있으나 문제는 $K-1$개 클래스의 데이터를 하나의 그룹으로 볼 때 이의 확률분포가 다변량 정규분포로 잘 모형화 되지 않을 수도 있으며 하나의 차원

에서 해당 (k번째) 클래스의 데이터와 나머지 모든 클래스의 데이터를 하나의 경계점으로 구별할 수 있을지는 미지수이다.

9.2 다중 클래스 분류기: softmax 함수와 2진 부호화(one-hot encoding)

2진 로지스틱 회귀에서는 입력 벡터 $\tilde{x}$를 $\tilde{\theta}$로 표현되는 1차원 공간으로 투영하여 승산 $o = \tilde{\theta}^T\tilde{x}$를 얻고 이로부터 확률 $\hat{p} = 1/(1+\exp(-o) = p_1$를 얻었다. 2진 분류의 문제이므로 나머지 확률은 자동으로 $p_0 = 1-\hat{p}$로 주어진다. 그러나 다중 범주의 분류 문제에서는 하나의 값(한 범주의 확률 값)으로 나머지 범주의 확률이 모두 얻어질 수 없으며 따라서 (7.3절에서 논의한 바와 같이) 다차원 공간상으로의 투영이 요구된다. 물론 최소 제곱법을 적용하여 $\hat{p}$을 목표 값(목표 범주) y의 추정치로 해석할 수도 있으나 이런 방식은 문제가 있다. 예를 들어 4개 범주의 분류 문제를 고려해 보자. 단순히 4개 범주를 각각 0,1,2,3이라 하고 임의의 활성함수 $f \in [0,3]$를 이용하여 오차를 $e = y - f(\tilde{\theta}^T\tilde{x}_j)$로 정의해보자. 이 경우 0을 1로 오판하는 것보다 0을 3으로 오판할 경우에 대한 오차가 더 크므로 0과 3을 더 잘 구분하도록 회귀 파라미터 $\tilde{\theta}$가 최적화될 것이다. 따라서, K개 범주의 분류 문제의 경우 다차원 공간상으로의 투영이 요구되며 일반적으로 K개의 2진 분류기를 사용한다. ($K-1$개를 사용하여도 되나 편의상 K개를 사용한다고 하자.)

최적화 문제를 공식화하기 위해 K개 2진 분류기의 파라미터를 각각 $\tilde{\theta}_k$, $k = 1, 2, \ldots, K$라 하자. 하나의 학습 데이터 $y, \boldsymbol{x}$(여기서 $y \in C = \{1, 2, \ldots, K\}$)에 대해 특징 벡터 $\boldsymbol{x}$가 범주 y일 확률은 소위 **softmax 함수**로 정의되는 다음의 함수 [2]를 사용한다.

$$\hat{p}_y(\widetilde{\boldsymbol{\Theta}}, \boldsymbol{x}) \equiv \frac{\exp(o_y)}{\sum_{k \in C}\exp(o_k)} \equiv S_y(\widetilde{\boldsymbol{\Theta}}^T\boldsymbol{x}) \tag{9.1}$$

여기서 $o_k = \tilde{\theta}_k^T\tilde{x}$ 이며 (첨가벡터 $\tilde{x} = [1\,\boldsymbol{x}^T]^T$) 이는 주어진 입력 $\boldsymbol{x}$에 대한 k번째 범주의 승산이다. 또한 정의에 따라 $\hat{p}_y(\widetilde{\Theta}, \boldsymbol{x})$는 0과 1사이의 값이며 벡터 $\boldsymbol{x}$가 범주 y에 속할 확률로 해석할 수 있다. 실제로 이와 같은 정의는 각 범주의 데이터가 동일한 공분산을 갖는 다변량 정규분포를 갖는다는 가정과 확률의 공리 $\sum_{k=1}^{K}\hat{p}_k = 1$로부터 얻어지는데 이에 대한 자세한 내용은 참고 링크 [2]을 참고하라.

2진 분류문제에 대한 softmax 함수: 이를 2진 분류 문제($C = \{0, 1\}$)에 대한 로지스틱 회귀와 비교

해 보자. 2진 문제의 경우 위의 softmax 함수는

$$\hat{p}_0(\widetilde{\boldsymbol{\Theta}}, \boldsymbol{x}) \equiv \frac{\exp(\widetilde{\boldsymbol{\theta}}_0^T \widetilde{\boldsymbol{x}})}{\exp(\widetilde{\boldsymbol{\theta}}_0^T \widetilde{\boldsymbol{x}}) + \exp(\widetilde{\boldsymbol{\theta}}_1^T \widetilde{\boldsymbol{x}})},$$

$$\hat{p}_1(\widetilde{\boldsymbol{\Theta}}, \boldsymbol{x}) \equiv \frac{\exp(\widetilde{\boldsymbol{\theta}}_1^T \widetilde{\boldsymbol{x}})}{\exp(\widetilde{\boldsymbol{\theta}}_0^T \widetilde{\boldsymbol{x}}) + \exp(\widetilde{\boldsymbol{\theta}}_1^T \widetilde{\boldsymbol{x}})}$$

이 되며 sigmoid 함수의 정의를 이용하면

$$\hat{p}_1(\widetilde{\boldsymbol{\Theta}}, \boldsymbol{x}) = s\left(+(\widetilde{\boldsymbol{\theta}}_1^T - \widetilde{\boldsymbol{\theta}}_0^T)\widetilde{\boldsymbol{x}}\right), \tag{9.2.a}$$

$$\hat{p}_0(\widetilde{\boldsymbol{\Theta}}, \boldsymbol{x}) = s\left(-(\widetilde{\boldsymbol{\theta}}_1^T - \widetilde{\boldsymbol{\theta}}_0^T)\widetilde{\boldsymbol{x}}\right) \tag{9.2.b}$$

가 됨을 알 수 있다. 여기서 $\widetilde{\Theta} = [\widetilde{\theta}_0, \widetilde{\theta}_1]$이다. 따라서, $\widetilde{\theta}_1^T$과 $\widetilde{\theta}_0^T$를 따로 최적화하는 대신 $(\widetilde{\theta}_1^T - \widetilde{\theta}_0^T)$를 최적화하면 8.2절에서 논의한 2진 분류 문제에 대한 로지스틱 회귀 모형을 얻는다.

비용함수와 기울기: 이제 식 (9.1)을 이용하여 학습 데이터 $\boldsymbol{y} = [y_1, y_2, \dots, y_N]^T$와 $\boldsymbol{X} = [\boldsymbol{x}_1, \boldsymbol{x}_2, \dots, \boldsymbol{x}_N]^T$에 대한 교차 엔트로피 비용을 정의하면 다음과 같다.

$$J_{CE}(\widetilde{\boldsymbol{\Theta}}; \widetilde{\boldsymbol{X}}, \boldsymbol{y}) = -\log \prod_{i=1}^N \hat{p}_{y_i}(\widetilde{\boldsymbol{\Theta}}, \boldsymbol{x}_i) = -\sum_{i=1}^N \log \hat{p}_{y_i}(\widetilde{\boldsymbol{\Theta}}, \boldsymbol{x}_i) \tag{9.3}$$

또한 이의 $\widetilde{\theta}_k$에 대한 기울기는 다음과 같다.

$$\nabla_{\widetilde{\boldsymbol{\theta}}_k} J_{CE}(\widetilde{\boldsymbol{\Theta}}; \widetilde{\boldsymbol{X}}, \boldsymbol{y}) = -\sum_{i=1}^N \nabla_{\widetilde{\boldsymbol{\theta}}_k} \log \hat{p}_{y_i}(\widetilde{\boldsymbol{\Theta}}, \boldsymbol{x}_i), \ \forall k \in C \tag{9.4}$$

여기서 $\log \hat{p}_y(\widetilde{\boldsymbol{\Theta}}, \boldsymbol{x}) = \widetilde{\boldsymbol{\theta}}_y^T \widetilde{\boldsymbol{x}} - \log \sum_{k \in C} \exp(\widetilde{\boldsymbol{\theta}}_k^T \widetilde{\boldsymbol{x}})$이므로 다음을 얻는다.

$$\nabla_{\widetilde{\boldsymbol{\theta}}_k} \log \hat{p}_{y_i}(\widetilde{\boldsymbol{\Theta}}, \boldsymbol{x}_i) = \left(1_{y_i=k} - \left(\frac{\exp(\widetilde{\boldsymbol{\theta}}_k^T \widetilde{\boldsymbol{x}}_i)}{\sum_{j \in C} \exp(\widetilde{\boldsymbol{\theta}}_j^T \widetilde{\boldsymbol{x}}_i)}\right)\right) \widetilde{\boldsymbol{x}}_i, \ \forall k \in C \tag{9.5}$$

여기서 1_a는 indicator 함수로 a가 참이면 1, 거짓이면 0이며 이를 식 (9.3)에 대입하면 다음을 얻는다.

$$\nabla_{\widetilde{\boldsymbol{\theta}}_k} J_{CE}(\widetilde{\boldsymbol{\Theta}}; \widetilde{\boldsymbol{X}}, \boldsymbol{y}) = -\sum_{i=1}^N \left(1_{y_i=k} - S_k(\widetilde{\boldsymbol{\Theta}}^T \widetilde{\boldsymbol{x}}_i)\right) \widetilde{\boldsymbol{x}}_i, \ \forall k \in C \tag{9.6}$$

이를 2진 분류 문제($C = \{0, 1\}$)에 대해 병렬로 나타내면 다음과 같다.

$$\nabla_{\widetilde{\boldsymbol{\theta}}_0} J_{CE}(\widetilde{\boldsymbol{\Theta}}; \widetilde{\boldsymbol{X}}, \boldsymbol{y}) = -\sum_{i=1}^N \left(1_{y_i=0} - S_0(\widetilde{\boldsymbol{\Theta}}^T \widetilde{\boldsymbol{x}}_i)\right) \widetilde{\boldsymbol{x}}_i \tag{9.7.a}$$

$$\nabla_{\tilde{\theta}_1} J_{CE}(\tilde{\boldsymbol{\Theta}}; \tilde{\boldsymbol{X}}, \boldsymbol{y}) = -\sum_{i=1}^{N} \left(1_{y_i=1} - S_1(\tilde{\boldsymbol{\Theta}}^T \tilde{\boldsymbol{x}}_i)\right) \tilde{\boldsymbol{x}}_i \tag{9.7.b}$$

위 두 식에서 $S_k(\tilde{\boldsymbol{\Theta}}^T \boldsymbol{x})$는 0과 1사이의 값을 가지며(확률이므로) 따라서 목표 범주 $y_i \in \{0, 1\}$에 따라 y_i번째 2진 판별기의 갱신 방향은 $\tilde{\boldsymbol{x}}_i$의 정 방향으로, 나머지 2진 판별기의 갱신방향은 그 반대 방향임을 알 수 있다.

마지막으로, 식 (9.7.b)에서 $S_1(\tilde{\boldsymbol{\Theta}}^T \boldsymbol{x}) = \frac{\exp(\tilde{\boldsymbol{\theta}}_1^T \tilde{\boldsymbol{x}}_i)}{\exp(\tilde{\boldsymbol{\theta}}_0^T \tilde{\boldsymbol{x}}_i) + \exp(\tilde{\boldsymbol{\theta}}_1^T \tilde{\boldsymbol{x}}_i)}$ 이고 2진 분류문제의 경우 $1_{y_i = 1} = y_1$로 놓을 수 있으므로 $\exp(\tilde{\boldsymbol{\theta}}_0^T \tilde{\boldsymbol{x}}_i) = 1$로 놓으면 이는 식 (8.23)과 부호만 다를 뿐 동일함을 알 수 있다. 또 한가지 주목할 점은 식 (9.7.a)와 (9.7.b)에서 $1_{y_i = 0}$와 $1_{y_i = 1}$를 합쳐서 하나의 2진 벡터로 나타내면 $\boldsymbol{b} = [1_{y_i = 0}, 1_{y_i = 1}]^T$인데 이는 $y_i = 0$이면 , $\boldsymbol{b} = [1, 0]^T$, $y_i = 1$이면 $\boldsymbol{b} = [0, 1]^T$이다.

2진 부호화(one-hot 부호화)를 이용한 다중 클래스 분류기: 이상의 결과로부터 K개 범주를 갖는 다중 클래스 분류기는 다음과 같이 구현 가능하다.

❶ **One-hot encoding:** 목표 범주 $y \in C = \{1, 2, \ldots, K\}$를 다음과 같이 크기 $K \times 1$인 2진 벡터로 부호화 한다. 즉, $y_i \rightarrow \boldsymbol{b}_i = [b_{i,1}, b_{i,2}, \ldots, b_{i,K}]^T$ 여기서 $\boldsymbol{b}_i$는 y_i번째 요소만 1이며 나머지는 모두 0인 벡터이다. 예를 들면 $K = 4$이고 $y_i = 2$이면 $\boldsymbol{b}_i = [0\,1\,0\,0]^T$이다.

❷ $\boldsymbol{b}^{(j)} = [b_{1,j}, b_{2,j}, \ldots, b_{N,j}]^T$라 놓고 K개의 학습데이터 집합 $\{\boldsymbol{b}^{(j)}, \boldsymbol{X}\}\ \forall j = 1, 2, \cdots, K$를 이용하여 K개 2진 분류기를 동시에 최적화한다(학습시킨다). 이때 식 (9.6)을 이용한다. 즉,

$$\nabla_{\tilde{\theta}_k} J_{CE}(\tilde{\boldsymbol{\Theta}}; \tilde{\boldsymbol{X}}, \boldsymbol{y}) = -\sum_{i=1}^{N} \left(b_{i,k} - S_k(\tilde{\boldsymbol{\Theta}}^T \tilde{\boldsymbol{x}}_i)\right) \tilde{\boldsymbol{x}}_i, \ k = 1,2, \ldots, K \tag{9.8}$$

한편, softmax 함수 $S_k(\tilde{\boldsymbol{\Theta}}^T \tilde{\boldsymbol{x}}_i)$를 sigmoid함수 $s(\tilde{\boldsymbol{\theta}}_k^T \tilde{\boldsymbol{x}}_i)$로 대체하여 좀 더 단순한 형태로 모형을 구성할 수도 있다. 물론 softmax-함수를 단순한 sigmoid함수로 대체하면 sigmoid 함수 출력의 합이 1이 되는 것이 보장되지 않으므로 교차 엔트로피 비용을 적용할 수는 없으나 최소 제곱법에 따른 학습 규칙을 적용할 수는 있다. 그림 9.1은 softmax와 병렬 sigmoid 함수를 사용하는 다중클래스 분류기의 두 가지 모형을 보여준다.

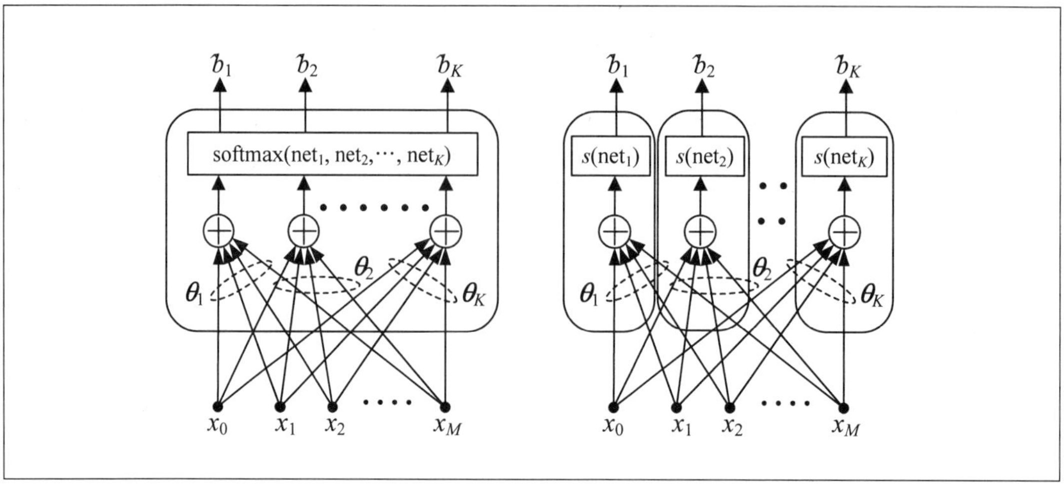

▲그림 9.1 Softmax 함수와 병렬의 로지스틱 sigmoid 함수를 이용한 다중 클래스 분류기의 2가지 구성

범주형 입력 값의 2진 부호화: 2진 부호화(one-hot encoding)는 목표값뿐만 아니라 범주형의 입력 데이터에 대해서도 적용될 수 있으며 실제로 범주형의 특징 값은 2진 부호화 하여 입력 벡터 $\boldsymbol{x}$를 구성해야 한다. 그 이유는 그림 9.1의 모형을 포함하여 본 서에서 다루는 모든 모형은 입력 데이터를 수치형으로 가정하고 처리하기 때문에 특히 다중 클래스의 범주형 데이터를 입력으로 사용할 경우 단순히 정수 값으로 맵핑하여 사용하면 순서나 크고 작음이 없는 범주형 값이 원하지 않는 방식으로 처리될 수 있기 때문이다.

9.3 일반화된 선형 모형 (Generalized linear model) [4]

이전 장들에서 다루었던 회귀 문제와 분류 문제에서 사용된 모형은 기본적으로 모두 선형 모형이다. 로지스틱 회귀의 경우 비선형 함수가 모형에 포함되어 있기는 하지만 기본적으로 초명면에 의해 결정 경계가 형성되기 때문에 선형 모형이며 이를 다중으로 사용하는 다중 태스크 회귀나 다중클래스 로지스틱 회귀 역시 선형 모형으로 분류된다. 일반화된 선형 모형(generalized linear model)은 이들을 통칭하여 부르는 명칭으로 앞에서 다루었던 regularization 기법을 그대로 적용하는 것이 가능하며 일반화된 선형 모형의 비용 함수는 다음과 같이 요약 가능하다..

$$J_{\text{GLM}}(\boldsymbol{\theta}; \boldsymbol{X}, \boldsymbol{y}) = \underbrace{J(\boldsymbol{\Theta}; \boldsymbol{X}, \boldsymbol{Y})}_{\text{Original Cost}} + \underbrace{\lambda(1-\alpha)\|\boldsymbol{\Theta}\|_{\mathbf{F}}^{2}}_{\text{Ridge penalty}} + \underbrace{\lambda\alpha\|\boldsymbol{\Theta}\|_{21}}_{\text{LASSO penalty}} \tag{9.9}$$

여기서, 비용함수는 회귀와 분류 문제에 대해 각각

- 다중 태스크 선형 회귀: $J(\boldsymbol{\Theta}; \boldsymbol{X}, \boldsymbol{Y}) = \left\|\boldsymbol{Y} - \widetilde{\boldsymbol{\Theta}}^T \widetilde{\boldsymbol{X}}\right\|_F^2 = \sum_{i=1}^N \left\|\boldsymbol{y}_i - \widetilde{\boldsymbol{\Theta}}^T \widetilde{\boldsymbol{x}}_i\right\|^2$

- 다중클래스 로지스틱 회귀: $J(\boldsymbol{\Theta}; \boldsymbol{X}, \boldsymbol{Y}) = -\sum_{i=1}^N \log S_{y_i}(\widetilde{\boldsymbol{\Theta}}^T \widetilde{\boldsymbol{x}}_i)$

이며

$$S_y\left(\widetilde{\boldsymbol{\Theta}}^T \widetilde{\boldsymbol{x}}\right) := \frac{\exp\left(\widetilde{\boldsymbol{\theta}}_y^T \widetilde{\boldsymbol{x}}\right)}{\sum_{k=1}^K \exp\left(\widetilde{\boldsymbol{\theta}}_k^T \widetilde{\boldsymbol{x}}\right)}$$

$$\|\boldsymbol{\Theta}\|_{21} = \sum_j \sqrt{\sum_k \theta_{kj}^2}$$

이다.

참고링크

[1] 다중클래스 로지스틱 회귀: https://en.wikipedia.org/wiki/Multinomial_logistic_regression

[2] Softmax 함수: https://en.wikipedia.org/wiki/Softmax_function

[3] One hot encoding: https://en.wikipedia.org/wiki/One-hot

[4] 일반화 선형 모형: https://en.wikipedia.org/wiki/Generalized_linear_model

CHAPTER 10 Support Vector Machine과 Kernel Trick

소위 **SVM**이라는 약어로 명명되는 support vector machine[1]은 1963년 Vapnik 등에 의해 처음 제안된 2진 분류기의 하나로 두 범주의 데이터간 **마진(margin, 여유 공간)**을 최대화하는 결정 경계를 찾는 방법이다. 두 범주간 마진을 극대화함으로써 관측되지 않은(학습에 사용되지 않은) 데이터들에 대한 일반화 오류를 최소화할 수 있다. SVM은 기본적으로 (결정 경계가 초평면으로 구성되는) 선형 분류기이나 1995년 SVM의 제안자였던 Vapnik은 **커널 트릭(kernel trick)**[2]이라는 특징 공간의 확장 매핑을 통해 비선형 분류기로 동작될 수 있음을 보였다. 물론, 이는 꼭 SVM이라서 그런 것만은 아니지만 커널 트릭(kernel trick)의 제안자가 SVM의 후속버전으로 이를 다루었으므로 본 서에서도 SVM과 커널 트릭을 함께 다루기로 한다. 한편, SVM은 다음 장에서 다룰 군집화로도 적용될 수 있으며 소위 **support vector clustering** 알고리즘으로 명명되는 군집화 알고리즘은 실제로 생명과학을 포함한 많은 분야에서 적용되고 있다.

본 장의 내용은 부록 D에 제시된 부등식 구속조건을 갖는 최적화 문제의 해법에 대한 사전 지식이 필요하므로 필요 시 부록 D를 먼저 공부하고 본 장을 학습할 것을 권한다.

10.1 SVM의 아이디어: Hard-margin SVM

SVM은 기본적으로 2진 선형 분류기이므로 7.2절에서 언급한 이진 분류문제에 대한 선형 판별의 정의로부터 시작해 보자. 이는 다음과 같다.

$$\boldsymbol{\theta}^T \boldsymbol{x} \underset{H_1}{\overset{H_0}{\lessgtr}} c \tag{10.1}$$

여기서, $\boldsymbol{x}$는 특징 벡터, $\boldsymbol{\theta}$와 c는 분류기 파라미터로 두 범주간 분류 경계는 다음으로 주어지는 초평면이다.

$$\boldsymbol{\theta}^T \boldsymbol{x} - c = 0 \tag{10.2}$$

여기서 $c/\|\boldsymbol{\theta}\|$는 초평면과 원점 사이의 거리이다 (그림 10.1 참고).

만약 두 범주의 데이터가 하나의 초평면으로(선형적으로) 분리 가능한 경우 그림 10.1에 나타낸 바와 같이 두 범주간 갭이 가장 커지는 두 개의 평면을 설정할 수 있으며 최적의 결정 경계는 이 두 평면의 중간에 위치하는 평면일 것이다. 이제 이 두 개의 평면을 각각 다음과 같이 놓자.

$$\boldsymbol{\theta}^T \boldsymbol{x} - c = +1 \tag{10.3.a}$$

$$\boldsymbol{\theta}^T \boldsymbol{x} - c = -1 \tag{10.3.b}$$

여기서 이 두 평면 사이의 거리는 $d = 2/\|\boldsymbol{\theta}\|$이다. 한편, 두 개의 범주를 각각 +1과 -1이라 놓으면 주어진 학습 데이터 $\boldsymbol{X} = [\boldsymbol{x}_1, \boldsymbol{x}_2, \ldots, \boldsymbol{x}_N]$와 $\boldsymbol{y} = [y_1, y_2, \ldots, y_N]^T$에 대해 다음의 조건이 만족된다.

$$\boldsymbol{\theta}^T \boldsymbol{x}_i - c \geq +1 \quad \text{if } y_i = +1 \tag{10.4.a}$$

$$\boldsymbol{\theta}^T \boldsymbol{x}_i - c \leq -1 \quad \text{if } y_i = -1 \tag{10.4.b}$$

또는

$$y_i(\boldsymbol{\theta}^T \boldsymbol{x}_i - c) \geq +1 \tag{10.5}$$

따라서, 위의 조건을 만족하면서 두 평면 간의 갭을 최대화하는 최적화 문제는 다음과 같이 쓸 수 있다. (두 평면의 거리 $d = 2/\|\boldsymbol{\theta}\|$의 최대화는 $\|\boldsymbol{\theta}\|$의 최소화이므로)

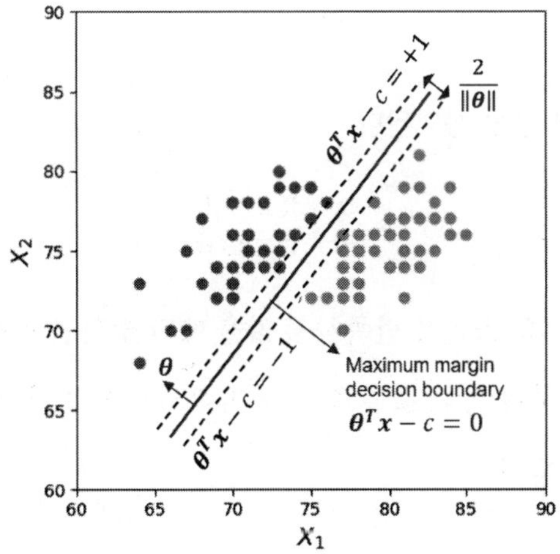

▲그림 10.1 두 범주간 최대 마진을 갖는 초평면

Hard-margin SVM의 최적화 문제:

$$\min \|\boldsymbol{\theta}\|^2 \tag{10.6}$$

subject to

$$y_i(\boldsymbol{\theta}^T \boldsymbol{x}_i - c) \geq 1 \ \forall i \quad \text{또는} \quad 1 - y_i(\boldsymbol{\theta}^T \boldsymbol{x}_i - c) \leq 0 \ \forall i \tag{10.7}$$

그림 10.1의 기하학적 기술을 보면 최대 마진은 식 (10.3.a)와 (10.3.b)로 표현되는 두 평면 상, 즉 **마진 경계**상에 위치한(혹은 그에 가장 가까운) 점(데이터)들에 의해 결정됨을 알 수 있는데 이러한 데이터(특징 벡터)들을 **support vector**라 한다. 실제로 마진 경계와 이에 따른 결정경계는 support vector들에 의해서 완전히 결정된다.

10.2 Soft-margin SVM

hard-margin SVM의 공식화에서는 두 범주의 데이터가 하나의 초평면으로(선형적으로) 분리 가능한 경우를 가정하였으나 선형적으로 분리 가능한 경우는 흔하지 않다. 따라서, 선형 분리성이 학습데이터에서 보장되지 않는 경우를 가정하고 문제를 공식화할 것이 요구된다. 이제 일부 데이터가 선형적으로 분리 불가능하다고 가정하자. 최선의 분류 성능을 위해서는 일부 데이터가 분류 오류를 일으킨다 하더라도 이들이 가능한 결정 경계 근방에 있도록 결정 경계를 설정할 것이 요구되므로 소위 hinge loss라 부르는 다음의 함수를 정의한다.

$$\left(1 - y_i(\boldsymbol{\theta}^T \boldsymbol{x}_i - c)\right)^+ \tag{10.8}$$

여기서, 함수 $(x)^+$는 다음과 같이 정의된다.

$$(x)^+ = \begin{cases} x & \text{if } x > 0 \\ 0 & \text{if } x \leq 0 \end{cases} \tag{10.9}$$

이는 특정 데이터가 식 (10.7)의 조건을 만족하지 않을 때만 생기는 비용으로 $1 - y_i(\boldsymbol{\theta}^T \boldsymbol{x}_i - c)$이 0보다 크면 클수록 그에 비례하여 더 큰 값을 갖는다. 따라서 이를 비용함수에 추가하여 다음과 같은 최적화 문제로 공식화할 수 있다.

Soft-margin SVM의 최적화 문제:

$$\min_{\boldsymbol{\theta},c} \underbrace{\frac{1}{N}\sum_{i=1}^{N}\left(1 - y_i(\boldsymbol{\theta}^T\boldsymbol{x}_i - c)\right)^+}_{\text{Hinge Loss}} + \lambda \underbrace{\|\boldsymbol{\theta}\|^2}_{\text{margin}} \tag{10.10}$$

여기서 λ는 LASSO에서와 유사한 제어 파라미터로 두 가지의 비용 중 어느 비용에 더 큰 비중을 둘 것인가를 나타내며 사전에 미리 정해야 한다. 데이터의 선형 분리성이 보장되는 경우 λ가 충분히 작으면 soft-margin SVM은 hard-margin SVM의 결과에 가까워지며 $\lambda = 0$이라면 무수히 많은 해가 존재할 것이다.

식 (10.10)의 soft-margin SVM의 최적화 문제는 기존의 알고리즘들을 이용하여 풀 수 있는 다른 형태로 변형이 가능한데 우선, 변수 ζ_i를 다음과 같이 정의하자.

$$\zeta_i = \left(1 - y_i(\boldsymbol{\theta}^T\boldsymbol{x}_i - c)\right)^+$$

이를 이용하면 식 (10.10)을 다음의 형태로 변형할 수 있다.

$$\min_{\boldsymbol{\zeta},\boldsymbol{\theta},c} \underbrace{\frac{1}{N}\sum_{i=1}^{N}\zeta_i}_{\text{Hinge Loss}} + \lambda \underbrace{\|\boldsymbol{\theta}\|^2}_{\text{margin}} \tag{10.11}$$

subject to

$$\zeta_i \geq 0 \ \ \forall i \tag{10.12}$$

$$\zeta_i \geq 1 - y_i(\boldsymbol{\theta}^T\boldsymbol{x}_i - c) \ \ \forall i \tag{10.13}$$

위의 최적화 문제는 부등식 구속조건을 갖는 최적화 문제이므로 부록D.4절에서와 같이 Lagrangian을 정의한 후 Lagrangian dual 문제로 변형하면 다음을 얻는다.

Lagrangian dual for Soft-margin SVM:

$$\max_{\boldsymbol{\mu}} \sum_{i=1}^{N}\mu_i - \frac{1}{2}\|\sum_{i=1}^{N}\mu_i y_i \boldsymbol{x}_i\|^2 \tag{10.14}$$

subject to

$$\sum_{i=1}^{N}\mu_i y_i = 0 \tag{10.15}$$

$$0 \leq \mu_i \leq \frac{1}{2N\lambda} \ \ \forall i \tag{10.16}$$

여기서, $\boldsymbol{\theta}$는 다음과 같이 정의된다.

$$\boldsymbol{\theta} = \sum_{i=1}^{N} \mu_i y_i \boldsymbol{x}_i \tag{10.17}$$

식 (10.17)에서 대부분의 μ_i는 0이며 마진 경계상에 존재하는 (혹은 그에 가장 가까운) 일부의 점 (support vector)들에 대해서만 조건 $0 < \mu_i < \dfrac{1}{2N\lambda}$을 만족한다.

한편, 마진 경계에 위치한 특징 벡터(support vector)에 대해서는 $y_i(\boldsymbol{\theta}^T\boldsymbol{x}_i - c) = 1$을 만족해야 하므로 결정 역치 는 마진 경계상에 위치한(μ_i가 $0 < \mu_i < \dfrac{1}{2N\lambda}$을 만족하는) support vector 중 하나인 $\boldsymbol{x}_i$를 찾아 다음과 같이 구할 수 있다.

$$c = \boldsymbol{\theta}^T \boldsymbol{x}_i - y_i \tag{10.18}$$

10.3 SVM의 파라미터 최적화

식 (10.11)의 문제와 식 (10.14)~(10.16)의 두 문제는 모두 볼록 최적화 문제이며 2차 계획문제이다. 따라서, 2차 계획 문제의 해법으로 최적화가 가능하며 부록 C에서 다룬 수치해석적 반복해법을 적용할 수 있다. 특히, 식 (10.11)으로 주어지는 문제의 경우 기울기 강하법을 적용할 수 있다. 함수 $(x)^+$의 경우 인공신경망에서 적용하는 ReLU 활성함수이며 $x = 0$에서 기울기가 정의되지 않으나 확률적으로 $x = 0$는 거의 발생하지 않으며 그런 경우가 발생한다 해도 이의 미분을 단순히 0 혹은 1로 놓거나 0과 1사이의 적당한 랜덤 값을 선택하여 최적화를 수행할 수 있다.

식 (10.14)~(10.16)으로 주어지는 dual 문제의 경우 좌표 강하법을 이용하면 매우 빠르게 최적점에 수렴하는 것으로 알려져 있다. 다만 구속조건이 존재하므로 이를 매 반복에서 고려하여 다음과 같이 수행할 수 있다.

❶ 초기화: μ_i를 적당히 초기화 한다.

❷ 식 (C.12)과 (C.13)에 의해 주어지는 좌표 강하법에 따라 모든 i에 대해 μ_i를 갱신한다. (μ_i에 대한 갱신 식은 식 (10.15)의 비용함수 $J(\boldsymbol{\mu}; \boldsymbol{X}, \boldsymbol{y}) = \sum_{i=1}^{N} \mu_i - \frac{1}{2}\|\sum_{i=1}^{N} \mu_i y_i \boldsymbol{x}_i\|^2$을 μ_i에 대해 편미분하여 얻은 방정식 $\dfrac{\partial}{\partial \mu_i} J(\mu; \boldsymbol{X}, \boldsymbol{y}) = 0$을 μ_i에 대해 정리하여 얻는다.)

❸ 일반적으로 ❷에서 얻은 $\boldsymbol{\mu}$는 식 (10.15)와 (10.16)의 구속 조건을 만족하지 않을 수 있으므로

식 (10.15)와 (10.16)의 구속 조건을 만족하는 벡터 중 μ와 유클리드 거리가 가장 작은 벡터 μ'으로 수정한다.

❹ ❷와 ❸의 과정을 μ가 수렴할 때까지 반복한 후 식 (10.17)과 (10.18)에 의해 최적 파라미터 θ와 c를 구한다.

한편, 최선의 분류 성능을 위해 제어 파라미터 λ를 적절히 설정해야 하는데 이는 분류하고자 하는 데이터에 따라 달라질 수 있으며 LASSO의 경우와 마찬가지로 지수적으로 증가하는 수열(예를 들면 수열$\{2^{-1}, 2^{-8}, ..., 2^{-2}, 1, 2^2, ..., 2^{-8}, 2^{-10}\}$)에 대해 그리드 탐색을 수행함으로써 최적의 값을 선택해야 한다.

10.4 Kernel trick과 비선형 분류

아이디어: 8장과 본 장에서 다루었던 분류기는 모두 특징공간 상의 결정 경계가 초평면으로 주어지는 선형 분류기였다. 이들 선형 분류기는 적당한 비선형 **특징 맵핑 함수** 혹은 **커널 함수(kernel function)**을 도입하여 비선형 분류의 문제로 확장할 수 있다. 기본적인 아이디어는 특징 벡터를 보다 높은 차원의 특징공간에서 정의되는 벡터로 변환하고 확장된 특징 공간에서 선형 판별(혹은 선형 회귀)를 적용하면 실제 특징 공간에서 볼 때 사실상 비선형 분류(혹은 비선형 회귀)가 가능하다는 것이다.

스칼라 함수인 커널 함수 $\kappa(\boldsymbol{x}, \boldsymbol{x}')$는 벡터 함수로 주어지는 임의의 **특징 맵핑 함수(feature space mapping function)** $\varphi(\boldsymbol{x})$에 대해 다음의 관계를 갖는다.

$$\kappa(\boldsymbol{x}, \boldsymbol{x}') = \boldsymbol{\varphi}(\boldsymbol{x})^T \boldsymbol{\varphi}(\boldsymbol{x}') = \sum_{j=1}^{M'} \varphi_i(\boldsymbol{x}) \varphi_i(\boldsymbol{x}') \tag{10.19}$$

여기서 $\boldsymbol{\varphi}(\boldsymbol{x}) = [\varphi_1(\boldsymbol{x}), \varphi_2(\boldsymbol{x}), ..., \varphi_{M'}(\boldsymbol{x})]^T$는 다음의 특징을 갖는다.

❶ 특징 공간 맵핑 함수 $\varphi(\boldsymbol{x})$는 벡터(함수)이며 일반적으로 이의 크기 M'은 $\boldsymbol{x}$의 크기 M보다 크다.

❷ $\varphi_i(\boldsymbol{x})$는 **기저함수(basis function)**라고 하며 스칼라 함수이다.

❸ 커널 함수 $\kappa(\boldsymbol{x}, \boldsymbol{x}')$는 $\varphi(\boldsymbol{x})$와 $\varphi(\boldsymbol{x}')$의 내적으로 정의되며 따라서 $\kappa(\boldsymbol{x}, \boldsymbol{x}') = \kappa(\boldsymbol{x}', \boldsymbol{x})$과

$\kappa(\boldsymbol{x}, \boldsymbol{x}) \geq 0$를 만족한다.

비선형의 특징 맵핑 함수를 활용하면 5장과 7장에서 다룬 선형 회귀 혹은 선형 판별 문제를 그대로 재사용하면서 비선형 분류기를 얻을 수 있는데 $\boldsymbol{x}$의 선형 함수를 사용하는 대신 $\varphi(\boldsymbol{x})$에 대한 선형 함수를 적용하면 확장된 공간상에서의 초평면이 원래의 특징 공간상에서는 곡면으로 정의될 수 있으므로 사실상의 비선형 추정기 혹은 비선형 분류기의 구성이 가능하다.

커널 함수와 특징 공간 맵핑 함수의 예: 다음의 커널 함수를 고려해 보자.

$$\kappa(\boldsymbol{x}, \boldsymbol{y}) = (\boldsymbol{x}^T \boldsymbol{y})^2 \tag{10.20}$$

편의 상 $\boldsymbol{x} = [x_1, x_2]^T$, $\boldsymbol{y} = [y_1, y_2]^T$, 라 하면 위 식은 다음과 같다.

$$\begin{aligned} \kappa(\boldsymbol{x}, \boldsymbol{y}) &= (x_1 y_1 + x_2 y_2)^2 = x_1^2 y_1^2 + 2x_1 y_1 x_2 y_2 + x_2^2 y_2^2 \\ &= \left(x_1^2, \sqrt{2} x_1 x_2, x_2^2\right)\left(y_1^2, \sqrt{2} y_1 y_2, y_2^2\right)^T \\ &= \boldsymbol{\varphi}(\boldsymbol{x})^T \boldsymbol{\varphi}(\boldsymbol{y}) \end{aligned} \tag{10.21}$$

따라서 특징 공간 매핑은 다음과 같다.

$$\boldsymbol{x} = \begin{pmatrix} x_1 \\ x_2 \end{pmatrix} \rightarrow \boldsymbol{\varphi}(\boldsymbol{x}) = \begin{pmatrix} x_1^2 \\ \sqrt{2} x_1 x_2 \\ x_2^2 \end{pmatrix}$$

이는 2차원의 특징 공간을 비선형 기저함수를 이용하여 3차원 특징 공간으로 맵핑한 것으로 확장된 3차원 특징 공간상에서 선형 분류를 수행하면 (임의의 기저함수에 대해 항상 그렇지는 않겠지만) 더 좋은 분류 성능을 얻을 수 있을 것으로 기대된다.

문제 10.1

5장의 식 (5.6)의 비선형 추정기는 식 (5.7)을 특징 공간 맵핑 함수로 이용한 커널 트릭으로 볼 수 있다. 이의 커널 함수 $\kappa(\boldsymbol{x}, \boldsymbol{x}')$는 어떻게 표현되는가?

■

커널 함수의 필요성: 이상의 논의에 따르면 커널 함수를 따로 정의할 필요가 없어 보인다. 즉, 특징 공간 맵핑 함수가 정해지면 이를 이용해 특징 벡터를 비선형 변환하고 확장된 특징 공간에서 선형 회귀 혹은 선형 분류를 수행하면 원래의 특징 공간 상에서의 비선형 회귀 및 분류가 가능하다. 그럼에도 불구하고 굳이 커널 함수를 정의하는 이유는 무엇일까? 이는 본 절의 마지막에서 볼 수 있듯이 특징 공간 매핑 함수 $\varphi(\boldsymbol{x})$에 대한 명시적 정의 없이 커널 함수 $\kappa(\boldsymbol{x}, \boldsymbol{x}')$의 정의만으로도 비선형 분류/회귀로의 확장이 가능한 경우가 있고 커널 함수만을 이용하면 문제가 훨씬 단순해지기 때문이다. 따라서 특징 공간 매핑 함수 $\varphi(\boldsymbol{x})$가 명시적으로 정의되지 않는 함수도 커널 함수로 사용할 수 있으며 이에 대한 배경은 다음과 같다. 임의의 함수 $\kappa(\boldsymbol{x}, \boldsymbol{x}')$가 Mercer의 조건을 만족하는 경우 커널 함수 $\kappa(\boldsymbol{x}, \boldsymbol{x}')$는 함축적인 의미에서의 $\varphi(\boldsymbol{x})$가 존재하는 것으로 알려져 있으며 (참고 링크[2] 참조) 여기서 Mercer의 조건은 임의의 벡터 집합 $\boldsymbol{X} = [\boldsymbol{x}_1, \boldsymbol{x}_2, ..., \boldsymbol{x}_N]$에 대해 $N \times N$ 행렬 $\boldsymbol{K}$의 (i, j)번째 요소를 $K_{ij} = \kappa(\boldsymbol{x}_{i,} \boldsymbol{x}_j)$라 할 때 행렬 $\boldsymbol{K}$가 준정부호 행렬(즉 임의의 $N \times 1$ 벡터 $\boldsymbol{c}$에 대해 $\boldsymbol{c}^T \boldsymbol{K} \boldsymbol{c} \geq 0$)이어야 한다는 것이다. 물론 Mercer의 조건이 좋은 성능의 필요 조건은 아니며 이를 만족하지 않는 커널 함수를 이용하더라도 어느 정도의 성능 향상은 있는 것으로 알려져 있다.

커널 함수 종류와 구성: 흔히 사용되는 몇 가지 커널 함수는 다음과 같다.

❶ Polynomial (homogeneous): $\kappa(\boldsymbol{x}, \boldsymbol{y}) = (\boldsymbol{x}^T, \boldsymbol{y})^d$

❷ polynomial (inhomogeneous): $\kappa(\boldsymbol{x}, \boldsymbol{y}) = (\boldsymbol{x}^T, \boldsymbol{y} + 1)^d$ (선형 항이 포함됨)

❸ Gaussian radial basis function: $\kappa(\boldsymbol{x}, \boldsymbol{y}) = \exp(-\gamma \|\boldsymbol{x} - \boldsymbol{y}\|^2)$ $(\gamma > 0)$

❹ yperbolic tangent: $\kappa(\boldsymbol{x}, \boldsymbol{y}) = \tanh(\alpha \boldsymbol{x}^T \boldsymbol{y} + \beta)$.

여기서, (1)과 (2)는 특징 공간 맵핑 함수가 명시적으로 정의되는 경우이며 (3)과 (4)는 명시적으로 정의되지 않는 경우이다. 한편 이들 기본적인 커널 함수의 조합으로 보다 다양한 커널 함수를 구성하는 것이 가능한데 이에 대해서는 [3]을 참고하라.

커널 트릭을 이용한 SVM: 이제 특징 공간 매핑 함수 $\varphi(\boldsymbol{x})$에 대한 명시적 정의 없이 커널 함수 $\kappa(\boldsymbol{x}, \boldsymbol{x}')$의 정의만으로 비선형 분류가 가능한 경우의 예를 살펴보자. 먼저 식 (10.19)를 만족하는 특징 공간 매핑 함수 $\varphi(\boldsymbol{x})$가 존재한다고 가정하자. 데이터 벡터 $\boldsymbol{x}$ 대신 $\varphi(\boldsymbol{x})$를 이용하여 SVM의 dual 최적화 문제를 다시 써보자. 먼저, 식 (10.14)의 목적함수는 다음과 같다.

$$
\begin{aligned}
J(\boldsymbol{\mu};\boldsymbol{X},\boldsymbol{y}) &= \sum_{i=1}^{N}\mu_i - \frac{1}{2}\left(\sum_{i=1}^{N}\mu_i y_i \boldsymbol{\varphi}(\boldsymbol{x}_i)\right)^T \left(\sum_{j=1}^{N}\mu_j y_j \boldsymbol{\varphi}(\boldsymbol{x}_j)\right) \\
&= \sum_{i=1}^{N}\mu_i - \frac{1}{2}\sum_{i=1}^{N}\sum_{j=1}^{N}\mu_i y_i \boldsymbol{\varphi}(\boldsymbol{x}_i)^T\, \boldsymbol{\varphi}(\boldsymbol{x}_j) y_j \mu_j \\
&= \sum_{i=1}^{N}\mu_i - \frac{1}{2}\sum_{i=1}^{N}\sum_{j=1}^{N}\mu_i y_i\, \kappa(\boldsymbol{x}_i,\boldsymbol{x}_j)\, y_j \mu_j
\end{aligned}
\tag{10.22}
$$

식 (10.17)의 경우 $\boldsymbol{\theta} = \sum_{i=1}^{N}\mu_i y_i \boldsymbol{\varphi}(\boldsymbol{x}_i)$가 되어 특징 공간 맵핑 함수 $\varphi(\boldsymbol{x})$가 명시적으로 필요한 것으로 보이나 이는 입력 $\boldsymbol{x}$의 변환 $\varphi(\boldsymbol{x})$를 투영하는데 사용하므로 실제로 필요한 값은 $\boldsymbol{\theta}^T\varphi(\boldsymbol{x})$이며 이는 다음과 같다.

$$
\boldsymbol{\theta}^T\boldsymbol{\varphi}(\boldsymbol{x}) = \left(\sum_{j=1}^{N}\mu_j y_j \boldsymbol{\varphi}(\boldsymbol{x}_j)\right)^T \boldsymbol{\varphi}(\boldsymbol{x}) = \sum_{j=1}^{N}\mu_j y_j \kappa(\boldsymbol{x}_j,\boldsymbol{x}) \tag{10.23}
$$

마지막으로 식 (10.18)의 경우 임의의 support vector 중 하나인 $\boldsymbol{x}_i$에 대해

$$
c = \boldsymbol{\theta}^T\boldsymbol{\varphi}(\boldsymbol{x}_i) - y_i = \sum_{j=1}^{N}\mu_j y_j \kappa(\boldsymbol{x}_j,\boldsymbol{x}_i) - y_i \tag{10.24}
$$

가 되며 식 (10.22), (10.23), (10.24)에서 모두 커널 함수 $\kappa(\boldsymbol{x},\boldsymbol{x}')$만으로 연산이 가능하므로 특징 공간 맵핑 함수 $\varphi(\boldsymbol{x})$가 명시적으로 정의되지 않더라도 비선형 분류가 가능함을 알 수 있다.

참고링크

[1] SVM: https://en.wikipedia.org/wiki/Support-vector_machine

[2] Kernel method: https://en.wikipedia.org/wiki/Kernel_method

[3] C. M. Bishop, Pattern Recognition and Machine Learning, Springer 200

CHAPTER 11

비감독 학습: 군집화

앞에서 다루었던 선형/비선형 분류 및 회귀의 문제에서는 학습 데이터 $\boldsymbol{X}$와 함께 이의 범주 혹은 목표 값에 해당하는 가이드 $\boldsymbol{y}$가 제공되었으며 이에 따라 최소 제곱법 혹은 최대 우도법을 이용한 비용함수 혹은 목적함수의 정의와 이의 최적화가 가능했다. 한편 학습 데이터 $\boldsymbol{X}$가 가이드 $\boldsymbol{y}$없이 제공된 경우 $\boldsymbol{X}$로부터 뭔가의 정보를 획득하는 방법들을 통칭하여 **비감독 학습**(unsupervised learning)이라 한다. 이러한 비감독 학습에는 그 목적에 따라 다양한 주제들이 존재하지만 특히 기계학습의 분야에서 다루는 비감독 학습 중 하나는 유사한 패턴들을 묶어 그룹으로 만드는 **군집화**(clustering)[1]이다. 본 장에서는 군집화와 관련된 몇 가지 접근방법에 대해 살펴본다.

11.1 구획기반 군집화 [2]

구획기반 군집화(partitioning based clustering)는 원래 벡터 양자화 기법으로 제안되었다. 각 클러스터는 중심점에 해당하는 대표 값(벡터)으로 표현되며 각 특징 벡터가 어느 클러스터에 속할지는 클러스터 대표 값과의 유클리드 거리에 의해 결정된다. 따라서, 특징 공간은 각 클러스터의 대표 값에 가장 가까운 점들의 집합으로 정의되는 보로노이 영역들로 구획된다. 대표적인 방식으로 k-means clustering 방식이 있으며 문제는 클러스터 대표 값을 어떻게 배치할 것인가이다. 이에 대한 다양한 방식이 존재하지만 대개 Lloyd **알고리즘**을 이용하여 군집화를 수행한다. Lloyd의 알고리즘은 몇 개의 클러스터로 구획할지를 사전에 결정해야 하는데 주어진 데이터 집합 $\boldsymbol{X} = [\boldsymbol{x}_1, \boldsymbol{x}_2, \ldots, \boldsymbol{x}_N]$을 k개의 클러스터로 나눌 경우에 대해 다음과 같이 처리한다.

❐ k-means clustering (Lloyd 알고리즘):

입력: $\boldsymbol{X} = [\boldsymbol{x}_1, \boldsymbol{x}_2, \ldots, \boldsymbol{x}_N]$

❶ **초기화**: 데이터 집합 $\boldsymbol{X}$에서 임의의 k개 벡터를 선택하여 k개 클러스터의 대표 값(centroid) $\boldsymbol{\mu}_j, j = 1, 2, ..., k$를 초기화 한다.

❷ **클러스터 멤버의 결정**: 먼저 클러스터 멤버 집합을 초기화 한다. 즉, $S_j = \phi \ \forall j$. 그런 다음 각 데이터 $\boldsymbol{x}_i$에 대해 k개 클러스터의 대표 값(centroid) $\boldsymbol{\mu}_j$와 거리를 구하여 거리가 가장 가까운 클러스터를 선택하고 $\boldsymbol{x}_i$를 이 클러스터의 멤버로 추가한다. 즉,

$$j^* = \underset{j \in \{1,2,...,k\}}{\operatorname{argmin}} \ d(\boldsymbol{x}_i, \boldsymbol{\mu}_j) \ \rightarrow \ S_{j^*} = S_{j^*} + i \tag{11.1}$$

❸ **Centroid 갱신**: 모든 데이터에 대해 임시 클러스터가 결정되었으면 각 클러스터의 대표 값 $\boldsymbol{\mu}_j$를 다음과 같이 갱신한다.

$$\boldsymbol{\mu}_j = \frac{1}{|S_j|} \sum_{i \in S_j} \boldsymbol{x}_i \tag{11.2}$$

여기서 $|S_j|$는 ❷의 결과에 따른 j번째 클러스터 멤버의 개수이다.

❹ 클러스터 멤버의 변동이 없을 때까지 ❷, ❸의 과정을 반복한다.

출력 : μ_i, S_j for $j = 1, 2, ..., k$

구획기반 방식은 벡터 양자화의 목적으로 제안된 것이기 때문에 기본적으로 특징벡터를 대표 값으로 대신 표현할 때 발생하는 오차를 최소화하는 것이 목표였으며 현실적으로 의미 있는 클러스터의 크기나 형태가 다를 경우 잘 동작하지 않는 단점이 있다. (그림 11.1)

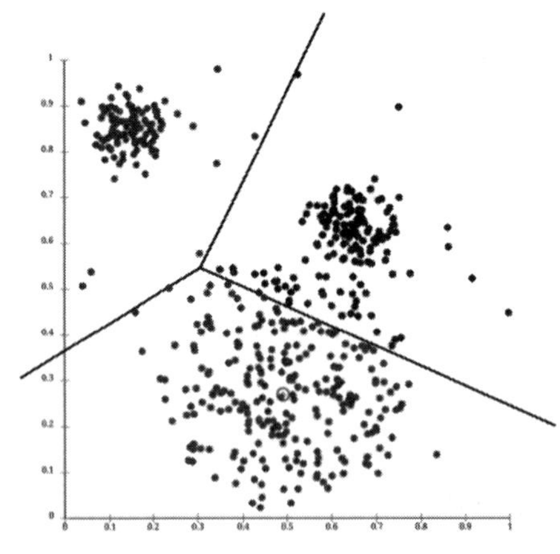

▲ **그림 11.1** 클러스터 크기가 다를 경우 k-means 방식은 잘 동작되지 않는다.
출처: https://en.wikipedia.org/wiki/Cluster_analysis

11.2 밀도 기반 군집화

밀도 기반 군집화(density-based clustering)에서 클러스터의 정의는 상대적으로 높은 밀도로 특징 벡터들이 존재하는 영역 혹은 이에 속한 특징 벡터들의 집합으로 정의되며 그 외의 특징 벡터들은 단순히 잡음 혹은 경계점(border point)으로 간주된다. 대표적인 방법으로는 DBSCAN(Density-based spatial clustering of applications with noise)[3]과 이의 향상된 버전인 OPTICS(Ordering points to identify the clustering structure)[4]가 있다. DBSCAN의 경우(OPTICS도 유사하긴 하지만) 두 가지의 파라미터 ε과 N_{min}을 사용하는데 먼저 특징 공간상의 임의의 점에 대해 거리 ε이내에 존재하는 이웃 점들의 수가 N_{min}개 이상인 점을 코어 점(core point)으로 정의하고 이로부터 "도달 가능한(reachable)" 점들을 하나의 클러스터로 묶는 형태로 군집화를 수행한다. 다음은 DBSCAN의 군집화 과정을 개략적으로 설명한다.

❶ 먼저, 주어진 N개의 특징 벡터 중 코어 점과 비 코어 점(non-core points)을 분리한다. (이는 모든 특징 벡터 쌍에 대한 거리를 나타내는 거리 행렬(proximity matrix)로부터 쉽게 얻을 수 있다.)

❷ 위에서 선별된 코어 점들 중 클러스터가 정해지지 않은 코어 점을 하나 선택하여 새로운 클러스터를 생성한다.

❸ 새로 생성된 클러스터 내의 점들과 (ε거리 내에서) 직접 연결이 가능한 다른 코어 점들을 탐색하여 이를 클러스터에 포함시키고 더 이상 연결 가능한 코어 점들이 없을 때까지 이를 반복한다. 이때 코어 점들 만을 탐색 대상으로 하며 코어 점인 아닌 점들은 탐색에서 제외한다.

❹ ❷와 ❸의 과정을 반복하여 코어 점들만으로 구성된 클러스터를 모두 찾는다.

❺ 모든 코어 점들에 대한 군집화가 완료된 후, 코어 점이 아닌 점들에 대해 직접 연결이 가능한 코어 점이 있는 경우 해당 코어 점의 클러스터에 할당한다. 만약 직접 연결 가능한 코어 점이 없는 경우 이는 단순히 잡음으로 간주한다.

DBSCAN이나 OPTICS와 같은 밀도-기반 군집화 방식은 기본적으로 두 개의 클러스터간 밀도가 낮은 영역의 존재를 가정하는데 두 개 혹은 그 이상의 군집이 확연히 구분되는 경우 거리에 따라 군집화가 되지 않고 연결성을 갖는 표본들이 묶여 하나의 군집을 형성하게 된다 (그림 11.2). 그러나 만약 두 개의 클러스터간 경계영역의 밀도가 상대적으로는 낮지만 어느 정도의 연속성을 갖는다면

(예를 들면 두 개의 중첩된 정규분포함수와 같이 완전히 분리가 되지 않는 경우) 군집화로 얻어진 클러스터 간 경계가 임의적으로 설정되는 단점이 있다.

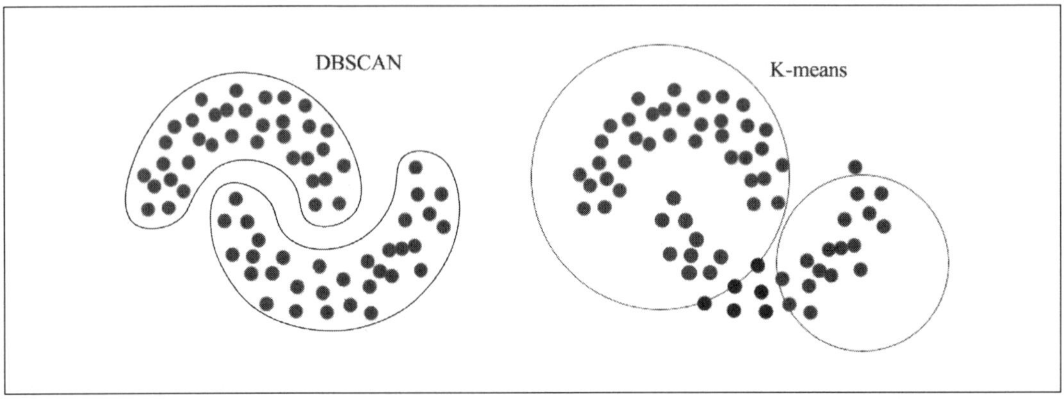

▲**그림 11.2** 밀도 기반 군집화와 k-means 군집화의 비교
출처: https://jhui.github.io/2017/01/15/Machine-learning-clustering/

11.3 계층적 군집화 [5]

계층적 군집화(hierarchical clustering)는 **dendrogram**이라고 하는 2진 트리 구조로 표현하는데 (그림 11.3) 이를 구성하기 위해 **bottom-up(agglomerative)** 혹은 **top-down(divisive)** 방식을 적용할 수 있다. bottom-up 방식은 초기에 각 특징 벡터를 하나의 클러스터로 정하고 "가장 가까운" 두 개의 클러스터를 하나로 묶어 나가면서 dendrogram을 구성하고 이를 모든 클러스터가 다 묶일 때까지 반복하는 방식이다. 반면 top-down 방식은 초기에 모든 특징 벡터를 하나의 클러스터로 묶고 이들을 분리해 나가면서 dendrogram을 구성하는 방식인데 앞에서 설명한 k-means 군집화를 적용하여 하나의 클러스터를 2개의 작은 클러스터로 분리할 수 있으며 이러한 클러스터의 2분화를 모든 특징 벡터가 하나의 클러스터로 나누어질 때까지 반복해 나간다. 이러한 이유로 '계층적 k-means' 군집화라고도 하며 대표적인 SW 패키지로는 DIANA(DIvisive ANAlysis Clustering) 등이 있다.

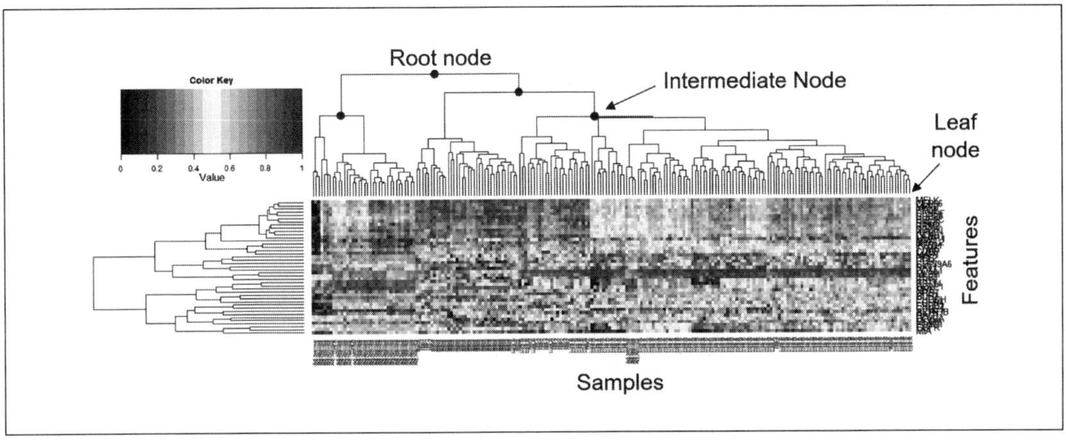

▲**그림 11.3** Dendrogram을 이용한 계층 구조의 표현

Bottom-up 방식의 경우 두 개의 클러스터를 묶기 위해 클러스터간 거리(inter-cluster distance)를 정의해야 하는데 하나의 클러스터가 복수의 점들을 포함하므로 두 점 간의 거리에 기반한 **클러스터간 거리**가 정의되어야 한다. 클러스터간 거리의 정의에 따라 계층적 군집화에 대한 다양한 방식들이 존재하며 대표적인 방식으로는 Single-linkage clustering(SLINK), Complete-linkage clustering(CLINK), Average-linkage clustering(ALINK) 등이 있으며 $d(i, j)$를 첫 번째 클러스터내의 점 i와 두 번째 클러스터내의 점 j간 거리라 할 때 각각 다음과 같은 클러스터간 거리의 정의가 사용된다.

- Single-linkage [6]: $d(C_1, C_2) = \min_{(i,j)} d(i,j)$
- Complete-linkage [7]: $d(C_1, C_2) = \max_{(i,j)} d(i,j)$
- Average-linkage: $d(C_1, C_2) = \frac{1}{|C_1||C_2|}\sum_{(i,j)} d(i,j)$ 여기서 $|C_k|$는 클러스터의 크기

11.4 그래프 기반 군집화

그래프 기반 군집화도 계층적 군집화와 마찬가지로 **bottom-up (agglomerative)** 혹은 **top-down (divisive)** 방식을 적용할 수 있는데 현재 많이 사용되는 Louvain 알고리즘이나 Leiden 알고리즘은 bottom-up 방식이다. 한편, bottom-up 방식의 계층적 군집화가 클러스터간 거리 지표를 이용하여 하위 계층을 묶어 나가는 방식이라면 Louvain 알고리즘[8,9]이나 Leiden 알고리즘[10]은 연결성 행렬(connectivity matrix) 혹은 인접 행렬(adjacency matrix)로 표현되는 그래프를 기반으로 modularity

라는 지표를 사용하여 모든 클러스터 쌍에 대해 이들을 묶었을 때 얻어지는 modularity의 증가를 계산하고 이 증가분이 최대가 되도록 클러스터 membership를 반복적으로 갱신해 나가면서 클러스터링을 수행하는 방식이다.

Louvain 알고리즘을 기준으로 modularity, Q는 인접행렬 $\boldsymbol{A}=[A_{ij}]$로 표현되는 방향이 없는 그래프[5)]에 대해 다음과 같이 정의된다.

$$Q=\frac{1}{2m}\sum_{ij}\left[A_{ij}-\frac{k_i k_j}{2m}\right]\delta(c_i, c_j) \tag{11.3}$$

여기서, A_{ij}는 i번째 노드와 j번째 노드의 연결 가중치이며 (인접행렬 $\boldsymbol{A}$의 i, j번째 원소), k_i와 k_j는 각각 i번째와 j번째 노드가 갖는 모든 연결 가중치의 합이며, m은 그래프 내 모든 연결 가중치의 합, c_i와 c_j는 각각 i번째 노드와 j번째 노드의 클러스터를 나타내며 $\delta(c_i, c_j)$는 이 두 노드가 같은 클러스터면 1, 아니면 0이 되는 Kronecker 델타 함수이다. 이러한 정의에 따라 특정 클러스터의 modularity는 다음과 같이 정의될 수 있다.

$$Q_c=\frac{\Sigma_{in}}{2m}-\left(\frac{\Sigma_{tot}}{2m}\right)^2 \tag{11.4}$$

여기서, $\sum_{in}$은 클러스터 c내의 모든 노드들 간의 연결 가중치의 합이며 $\sum_{tot}$는 클러스터 c내의 모든 노드들의 연결 가중치의 합으로 후자는 다른 클러스터의 노드들과의 연결 가중치를 포함한다. 한편, i번째 노드를 그 자신의 클러스터에서 새로운 클러스터 c로 옮겼을 때 얻어지는 modularity의 변화는 다음과 같다 [9].

$$\Delta Q=\left[\frac{\Sigma_{in}+k_{i,in}}{2m}-\left(\frac{\Sigma_{tot}+k_i}{2m}\right)^2\right]-\left[\frac{\Sigma_{in}}{2m}-\left(\frac{\Sigma_{tot}}{2m}\right)^2-\left(\frac{k_i}{2m}\right)^2\right]=\frac{k_{i,in}}{2m}-\frac{\Sigma_{tot}k_i}{2m^2} \tag{11.5}$$

여기서, $k_{i,in}$는 i번째 노드와 클러스터 c에 포함된 노드들과의 연결 가중치의 합이다.

Louvain 클러스터링은 이상의 modularity의 정의에 따라 다음과 같은 두 단계의 반복으로 이루어진다.

입력: 연결성 행렬(connectivity matrix) 혹은 인접 행렬(adjacency matrix)로 표현되는 방향 없는 그래프

---

5) 복수의 노드와 이들 노드들 간의 연결로 구성되며 노드간 연결에 대해 연결 가중치가 정의되는 그래프

❑ 단계 1

스텝 1 그래프의 각 노드를 하나의 클러스터로 정의한다. (각 클러스터는 하나의 노드 만을 멤버로 갖는다)

스텝 2 각 노드(i 번째 노드)에 대해 해당 노드를 그 노드가 속한 클러스터에서 그 노드에 연결된 또 다른 클러스터 c로 이동시킬 때 얻어지는 modularity의 증가분을 계산한다.

$$\Delta Q_c = \frac{2k_{i,in}}{2m} - \gamma \frac{\Sigma_{tot} k_i}{2m^2} \tag{11.6}$$

여기서 γ는 해상도를 결정하는 파라미터이다.

스텝 3 위의 스텝 2에서 양의 증분이 얻어질 경우 해당 노드를 클러스터 c로 이동시킨다. 만약 해당 노드에 연결된 모든 클러스터에 대해 양의 증분이 얻어지지 않을 경우는 현재 클러스터에 놔둔다.

스텝 4 모든 노드에 대해 스텝 2와 3을 반복하되 더 이상 modularity의 증가가 얻어지지 않을 때까지 이를 계속한다.

❑ 단계 2:

단계 1에서 얻어진 클러스터를 하나의 노드로 새로 정의하고 집성 인접행렬(aggregated adjacency matrix)를 구한다. 여기서 집성 인접행렬 A의 각 대각선 원소 A_{ii}는 해당 클러스터내 노드들 간의 연결 가중치의 합이며, 비대각선 원소 A_{ij}는 i 번째 클러스터내의 노드와 j 번째 클러스터내 노드들 간의 연결 가중치들의 합으로 주어진다.

출력: 집성 인접행렬(aggregated adjacency matrix) 혹은 집성 연결성 행렬(aggregated connectivity matrix)로 표현되는 방향 없는 그래프와 입력 그래프의 각 노드에 대해 할당된 클러스터

이제 단계 1의 식 (11.6)에 포함된 해상도 파라미터 γ의 효과를 설명할 수 있는데 이 값이 작은 경우 단계 1에서 ΔQ_c가 양수가 되는 경우가 늘어나고 단계 1과 2에서 더 많은 클러스터들이 합쳐지므로 최종적으로 만들어지는 클러스터의 수는 적어진다. 반면 γ값이 큰 경우 최종적으로 만들어지는 클러스터의 수는 많아지며 γ에 따라 군집화의 해상도가 조절되는 것을 알 수 있다.

Leiden 클러스터링 알고리즘[10]은 Louvain 알고리즘의 향상된 버전으로 제안되었다 [10]. 소위 정제 단계(refinement phase)를 추가하여 Louvain 알고리즘의 잘못된 클러스터간 연결성을 갖게 되

는 단점을 보완하고 보다 안정적인 클러스터가 형성되도록 하였다. 또한, fast local move procedure를 도입하여 연산 속도도 빠르게 하였는데 Louvain 알고리즘이 모든 노드에 대해 modularity의 증분을 계산하여 클러스터를 갱신하는 반면 Leiden 알고리즘에서는 이웃(neighbor)이 변경된 노드에 대해서만 modularity의 증분을 계산하여 클러스터를 갱신한다. 이렇게 함으로써 Greedy 탐색을 적용하는 (modularity를 최대화하는 노드를 선택하는) Louvain 알고리즘의 노드 탐색 방식에 비해 연산 복잡도를 줄일 수 있다.

11.5 확률분포 기반 군집화

확률분포 기반 군집화는 *k*-means 군집화와 유사한 형태의 과정으로 군집화를 수행하는데 *k*-means 군집화가 클러스터 중심으로부터의 거리만을 고려하는 반면 확률분포 기반 군집화에서는 클러스터의 분포에 확률 모형을 사용하고 각 클러스터의 확률분포 파라미터를 반복적으로 갱신하여 군집화를 수행한다. 확률분포 기반 군집화에 대해서는 다음 장에서 자세히 다룬다.

참고링크

[1] 군집화(클러스터링): https://en.wikipedia.org/wiki/Cluster_analysis

[2] 구획기반 군집화 (k-mean 방법): https://en.wikipedia.org/wiki/K-means_clustering

[3] DBSCAN: https://en.wikipedia.org/wiki/DBSCAN

[4] OPTICS: https://en.wikipedia.org/wiki/OPTICS_algorithm

[5] 계층적 군집화: https://en.wikipedia.org/wiki/Hierarchical_clustering

[6] SLINK: https://en.wikipedia.org/wiki/Single-linkage_clustering

[7] CLINK: https://en.wikipedia.org/wiki/Complete-linkage_clustering

[8] Louvain method: https://en.wikipedia.org/wiki/Louvain_method

[9] Blondel et. Al., Fast unfolding of communities in large networks, Journal of Statistical Mechanics: Theory and Experiment, Vol.2008, Oct. 2008 https://doi.org/10.1088/1742-5468/2008/10/P10008

[10] Tragg et. al., From Louvain to Leiden: guaranteeing well-connected communities, Scientific Reports, vol.9, 5233, 2019 https://doi.org/10.1038/s41598-019-41695-z

CHAPTER 12 비감독 학습의 기타 주제들

본 장에서는 비감독 학습과 관련한 기타 주제들을 살펴본다. 우선 확률분포 기반 군집화와 이를 위한 EM 알고리즘에 대해 알아보고 비선형 차원 축소 방법의 하나인 t-SNE에 대해 살펴본다.

12.1 가우시안 혼합 모형 (Gaussian mixture model) 기반 군집화

확률분포 기반 군집화를 위해 다양한 확률분포 모형이 사용될 수 있으나 다변량 데이터에 대해 현실적으로 구현 가능한 확률분포 모형은 혼합 가우시안 분포 모형(Gaussian mixture model)이 유일하며 본 절에서는 혼합 가우시안 분포 모형에 기반한 군집화 방법에 대해 살펴본다. 다변량 정규분포는 3장에서 살펴보았지만 평균과 공분산 두 개의 파라미터를 가지는데 **혼합 가우시안 분포 모형 (Gaussian mixture model, GMM)**[1]에서는 다변량 정규분포를 여러 개 사용하여 다음과 같이 데이터의 분포를 모형화 한다.

$$p_X(\boldsymbol{x}) = \sum_{j=1}^{K} p_{X|z}(\boldsymbol{x}|j) \cdot p_z(j) = \sum_{j=1}^{K} N(\boldsymbol{x}; \boldsymbol{\mu}_j, \boldsymbol{C}_j) \cdot q_j \tag{12.1}$$

여기서, K는 클러스터의 개수이며 $q_j = p_z(j)$, 랜덤 변수 z는 클러스터를 나타내는 **숨은 변수(latent or hidden variable)**로 $z \in \{1, 2, \dots, K\}$이다. 숨은 변수라 함은 관측되지 않았음을 의미하며 이는 주어진 데이터 $\boldsymbol{X} = [\boldsymbol{x}_1, \boldsymbol{x}_2, \dots, \boldsymbol{x}_N]$에 대해 특징 벡터 $\boldsymbol{x}_i$의 클러스터가 사전에 주어지지 않았음을 의미한다. 따라서, 문제는 주어진 데이터 $\boldsymbol{X} = [\boldsymbol{x}_1, \boldsymbol{x}_2, \dots, \boldsymbol{x}_N]$에 대해 식 (12.1)의 각 클러스터에 대한 확률 분포 파라미터 q_j, $\boldsymbol{\mu}_j$, $\boldsymbol{C}_j$를 추정하는 것이다. 먼저, 부록 B.2에서 다루었던 최대 우도법을 그대로 이용해서 문제를 공식화해보자. 주어진 데이터 $\boldsymbol{X} = [\boldsymbol{x}_1, \boldsymbol{x}_2, \dots, \boldsymbol{x}_N]$에 대한 우도 함수는 다음과 같다.

$$L(\boldsymbol{\theta}; \boldsymbol{X}) \equiv \prod_{i=1}^{N} \left(\sum_{j=1}^{K} q_j \cdot N(\boldsymbol{x}_i; \boldsymbol{\mu}_j, \boldsymbol{C}_j) \right) \tag{12.2}$$

여기서, 파라미터 θ는 $\{q_j, \boldsymbol{\mu}_j, \boldsymbol{C}_j, j=1,2,...,K\}$로 구성된다. 이를 최대화하는 문제는 확률분포 모형이 여러 개의 분포함수의 합으로 주어지기 때문에 부록 B.3에서처럼 간단히 해결하는 것은 불가능하며 최적화 문제 자체도 볼록 최적화 문제가 아니기 때문에 최적의 해를 얻기는 더더욱 어렵다.

이제 각 표본의 클러스터가 결정되어 있다고 가정해 보자. 즉, $\boldsymbol{x}_i$의 클러스터가 $z \in \{1,2,...,K\}$라 하자. 모든 데이터의 클러스터를 벡터 $\boldsymbol{z} \in \{z_1, z_2, ..., z_N\}^T$라 하면 주어진 $\boldsymbol{z}$와 $\boldsymbol{X}$에 대한 우도 함수는 다음과 같이 단순화된다.

$$L(\boldsymbol{\theta}; \mathbf{z}, \boldsymbol{X}) \equiv \prod_{i=1}^{N} q_{z_i} \cdot N(\boldsymbol{x}_i; \boldsymbol{\mu}_{z_i}, \boldsymbol{C}_{z_i}) = \prod_{i=1}^{N} L(\boldsymbol{\theta}; z_i, \boldsymbol{x}_i) \tag{12.3}$$

여기서 $$L(\boldsymbol{\theta}; z_i, \boldsymbol{x}_i) = q_{z_i} \cdot N(\boldsymbol{x}_i; \boldsymbol{\mu}_{z_i}, \boldsymbol{C}_{z_i}) \tag{12.4}$$

식 (12.3)에서 합이 사라진 이유는 $\boldsymbol{x}_i$의 클러스터가 z_i로 고정되었기 때문인데 식 (12.2)의 경우는 $\boldsymbol{x}_i$의 클러스터를 모르기 때문에 $\boldsymbol{x}_i$의 확률분포는 모든 가능한 클러스터에 대한 조건부 확률의 합으로 주어지는 반면 식 (12.3)에서는 $\boldsymbol{x}_i$의 클러스터가 z_i로 정해져 있으므로 다른 클러스터들은 고려할 필요가 없기 때문에 합이 사라진 것이다.

물론, 현실적으로 각 특징 벡터 $\boldsymbol{x}_i$의 클러스터를 바로 결정할 수는 없지만 소위 **EM(Expectation maximization) 알고리즘**[2]을 이용하여 반복적으로 구하는 것이 가능하다. EM 알고리즘은 가우시안 혼합 모형의 추정에만 적용되는 것은 아니며 상당히 다양한 경우에 적용 가능한 일반화된 방법으로 다음과 같이 기술된다.

❑ EM 알고리즘:

초기화: $\theta^{(0)}$를 적당히 초기화 한다.

루프: $\theta^{(t)}$가 수렴할 때까지 다음을 반복한다.

$$\text{E-step: } Q(\boldsymbol{\theta}|\boldsymbol{\theta}^{(t)}) = E_{\mathbf{z}|\boldsymbol{X},\boldsymbol{\theta}^{(t)}}[\log L(\boldsymbol{\theta}; \mathbf{z}, \boldsymbol{X})] = \sum_{\mathbf{z}} \log L(\boldsymbol{\theta}; \mathbf{z}, \boldsymbol{X}) \cdot p(\mathbf{z}|\boldsymbol{X}, \boldsymbol{\theta}^{(t)}) \tag{12.5}$$

$$\text{M-step: } \boldsymbol{\theta}^{(t+1)} = \underset{\boldsymbol{\theta}}{\operatorname{argmax}}\, Q(\boldsymbol{\theta}|\boldsymbol{\theta}^{(t)}) \tag{12.6}$$

식 (12.5)에서 $\sum_{\boldsymbol{z}} a(\boldsymbol{z}) = \sum_{z_1}\sum_{z_2}\cdots\sum_{z_N} a(z_1, z_2, ..., z_N)$이다. E-step에서는 Expectation 연산을 통해 $\boldsymbol{\theta}$의 함수 $Q(\boldsymbol{\theta}|\boldsymbol{\theta}^{(t)})$를 얻는 단계인데 Expectation 연산을 위해서는 먼저 이전 반복에서의 파라미터 추정치 $\boldsymbol{\theta}^{(t)}$와 데이터 $\boldsymbol{X}$로부터 $p(z|\boldsymbol{X}, \boldsymbol{\theta}^{(t)})$를 구해야 한다. M-step에서는 E-step에서 얻은

$Q(\theta|\theta^{(t)})$를 최대화하는 θ^*를 찾아 파라미터 θ를 갱신하는 단계로 갱신된 $\theta^{(t+1)} = \theta^*$는 다음 번 E-step에서 다시 사용된다. 식 (12.5)과 (12.6)은 다양한 형태로 적용될 수 있는 일반적인 EM 알고리즘인데 이를 가우시안 혼합 모형 $\theta = \{q_j, \boldsymbol{\mu}_j, \boldsymbol{C}_j, j = 1, 2, ..., K\}$의 추정을 위한 알고리즘으로 변형하면 다음과 같다. (이의 유도 과정은 다음 절에서 자세히 다룬다.)

□ 가우시안 혼합 모형의 추정을 위한 EM 알고리즘:

입력: X

초기화: $\theta^{(0)} = \left\{q_j^{(0)}, \boldsymbol{\mu}_j^{(0)}, \boldsymbol{C}_j^{(0)} \text{ for } j = 1, 2, ..., K\right\}$를 적당히 초기화 한다.

루프: $\theta^{(t)}$가 수렴할 때까지 다음을 반복한다.

$$\text{E-step: } T_{ji}^{(t)} = \frac{N\left(\boldsymbol{x}_i; \boldsymbol{\mu}_j^{(t)}, \boldsymbol{C}_j^{(t)}\right)\cdot q_j^{(t)}}{\sum_{j=1}^{K} N\left(\boldsymbol{x}_i; \boldsymbol{\mu}_j^{(t)}, \boldsymbol{C}_j^{(t)}\right)\cdot q_j^{(t)}} \quad \text{for } j = 1,2, \dots K, i = 1,2, \dots, N \tag{12.7}$$

$$\text{M-step: } q_j^{(t+1)} = \frac{\sum_{i=1}^{N} T_{ji}^{(t)}}{\sum_{k=1}^{K}\sum_{i=1}^{N} T_{ki}^{(t)}}, \quad \boldsymbol{\mu}_j^{(t+1)} = \frac{\sum_{i=1}^{N} T_{ji}^{(t)}\boldsymbol{x}_i}{\sum_{i=1}^{N} T_{ki}^{(t)}}, \quad \boldsymbol{C}_j^{(t+1)} = \frac{\sum_{i=1}^{N} T_{ji}^{(t)}(\boldsymbol{x}_i-\boldsymbol{\mu}_j)(\boldsymbol{x}_i-\boldsymbol{\mu}_j)^T}{\sum_{i=1}^{N} T_{ji}^{(t)}} \tag{12.8}$$

$$\text{for } j = 1,2, \dots K$$

출력: $\theta = \{q_j, \boldsymbol{\mu}_j, \boldsymbol{C}_j, \forall\ j = 1, 2, ..., K\}$

위에서 $T_{ji}^{(t)}$는 $T_{ji}^{(t)} \equiv p(z_i = j|\boldsymbol{x}_i, \theta_j^{(t)})$로 정의되는데 이는 표본들에 대한 통계적 독립성 가정에 따라 $p(z|\boldsymbol{X}, \theta^{(t)}) = \Pi_{i=1}^{N} = p(z_i|\boldsymbol{x}_i, \theta_{z_i}^{(t)})$를 가정한 것이다. 이로부터 알 수 있듯이 식 (12.5)의 E-step은 사실상 $p(z|\boldsymbol{X}, \theta^{(t)})$을 얻는 단계이며 M-step은 방정식 $\nabla_\theta Q(\theta|\theta^{(t)}) = 0$으로부터 θ^*을 구하는 단계이다. 한편, 가우시안 혼합 모형의 추정을 위한 EM 알고리즘에서 초기값 $\theta^{(0)}$는 일반적으로 k-means clustering을 통해 얻은 결과를 사용한다.

그림 12.1은 k-means 군집화와 EM 알고리즘 기반 군집화의 결과를 비교하여 보여준다. 그림에서 볼 수 있듯이 k-means 군집화의 경우 클러스터의 크기나 형태가 다를 경우 군집화가 적절히 이루어지지 않으나 EM 알고리즘 기반의 군집화의 경우 클러스터 크기가 다르더라도 적절히 군집화가 이루어지는 것을 볼 수 있다. 다만, 클러스터의 형태가 정규분포와 판이하게 다를 경우 적절한 군집화가 이루어지지 않을 수 있으나 목표 클러스터의 개수를 늘려 하나의 클러스터를 여러 개의 클러스터로 나누어 표현하는 것이 가능하다.

한편 가우시안 혼합 모형의 추정을 위한 EM 알고리즘 역시 사전에 클러스터의 개수 K가 정해져야 하며 이 값이 실제 클러스터의 개수보다 작거나 큰 경우 적절한 동작이 보장되지 않을 수 있다. 최근 이러한 문제의 해결을 위한 방안으로 변분 추론(variational inference)에 기반한 근사화 방식을 통해 클러스터의 개수를 (함축적으로) 추정할 수 있는 **변분 EM(variational EM)** 알고리즘[3]이 제안되었다.

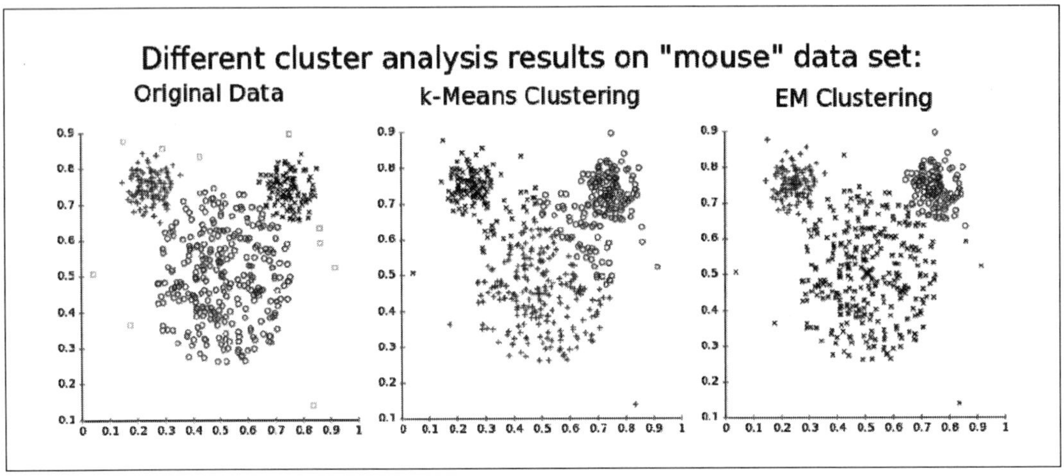

▲ **그림 12.1** means 군집화와 EM 알고리즘 기반 군집화의 비교. 출처 [2]

12.2 가우시안 혼합 모형에 대한 EM 알고리즘

E-step: 먼저 식 (12.4)의 우변에서 $\log L(\boldsymbol{\theta}; z, \boldsymbol{X})$와 $p(z|\boldsymbol{X}, \boldsymbol{\theta}^{(t)})$는 데이터 표본의 통계적 독립성 가정으로부터 다음과 같다.

$$\log L(\boldsymbol{\theta}; \mathbf{z}, \boldsymbol{X}) = \sum_{i=1}^{N} \log L(\boldsymbol{\theta}; z_i, \boldsymbol{x}_i) \tag{12.9}$$

$$p(\mathbf{z}|\boldsymbol{X}, \boldsymbol{\theta}^{(t)}) = \prod_{i=1}^{N} p(z_i|\boldsymbol{x}_i, \boldsymbol{\theta}_{z_i}^{(t)}) \tag{12.10}$$

여기서 $\log L(\boldsymbol{\theta}; z_i, \boldsymbol{x}_i)$는 식 (12.4)로부터 얻어지며 확률의 합은 1이어야 하므로

$$\sum_{z_i=1}^{K} p(z_i|\boldsymbol{x}_i, \boldsymbol{\theta}_{z_i}^{(t)}) = 1 \ \forall i \ \rightarrow \ \sum_{\mathbf{z}} p(\mathbf{z}|\boldsymbol{X}, \boldsymbol{\theta}^{(t)}) = 1 \tag{12.11}$$

이다. 따라서, 식 (12.5)는 다음과 같이 쓸 수 있다.

$$
\begin{aligned}
Q(\boldsymbol{\theta}|\boldsymbol{\theta}^{(t)}) &= \textstyle\sum_{\mathbf{z}} \log L(\boldsymbol{\theta}; \mathbf{z}, \boldsymbol{X}) \cdot p(\mathbf{z}|\boldsymbol{X}, \boldsymbol{\theta}^{(t)}) \\
&= \textstyle\sum_{\mathbf{z}} (\sum_{i=1}^{N} \log L(\boldsymbol{\theta}; z_i, \boldsymbol{x}_i)) \prod_{k=1}^{N} p(z_k|\boldsymbol{x}_k, \boldsymbol{\theta}_{z_k}^{(t)}) \\
&= \textstyle\sum_{i=1}^{N} \sum_{\mathbf{z}} \log L(\boldsymbol{\theta}; z_i, \boldsymbol{x}_i)\, p(z_i|\boldsymbol{x}_i, \boldsymbol{\theta}_{z_i}^{(t)}) \prod_{k\neq i} p(z_k|\boldsymbol{x}_k, \boldsymbol{\theta}_{z_k}^{(t)}) \\
&= \textstyle\sum_{i=1}^{N} \sum_{z_i} \log L(\boldsymbol{\theta}; z_i, \boldsymbol{x}_i)\, p(z_i|\boldsymbol{x}_i, \boldsymbol{\theta}_{z_i}^{(t)}) \cdot \sum_{\mathbf{z}\backslash z_i} \prod_{k\neq i} p(z_k|\boldsymbol{x}_k, \boldsymbol{\theta}_{z_k}^{(t)}) \\
&= \textstyle\sum_{i=1}^{N} \sum_{z_i} \log L(\boldsymbol{\theta}; z_i, \boldsymbol{x}_i)\, p(z_i|\boldsymbol{x}_i, \boldsymbol{\theta}_{z_i}^{(t)}) \\
&= \textstyle\sum_{i=1}^{N} \sum_{j=1}^{K} \log L(\boldsymbol{\theta}; z_i = j, \boldsymbol{x}_i)\, p(z_i = j|\boldsymbol{x}_i, \boldsymbol{\theta}_j^{(t)}) \\
&= \textstyle\sum_{i=1}^{N} \sum_{j=1}^{K} \log L(\boldsymbol{\theta}; z_i = j, \boldsymbol{x}_i)\, T_{ji}^{(t)}
\end{aligned}
\tag{12.12}
$$

여기서 $T_{ji}^{(t)}$의 정의는 $T_{ji}^{(t)} \equiv p(z_i = j|\boldsymbol{x}_i, \boldsymbol{\theta}_j^{(t)})$이며 주어진 파라미터 추정치 $\boldsymbol{\theta}^{(t)} = \left\{q_j^{(t)}, \boldsymbol{\mu}_j^{(t)}, \boldsymbol{C}_{j,}^{(t)} \text{ for } j = 1, 2, ..., K\right\}$으로부터 다음과 같이 얻어진다.

$$
T_{ji}^{(t)} = p(z_i = j|\boldsymbol{x}_i, \boldsymbol{\theta}_j^{(t)}) = \frac{p_{X|Z}^{(t)}(\boldsymbol{x}_i|j) \cdot p_Z^{(t)}(j)}{p_X^{(t)}(\boldsymbol{x}_i)} = \frac{N(\boldsymbol{x}_i; \boldsymbol{\mu}_j^{(t)}, \boldsymbol{C}_j^{(t)}) \cdot q_j^{(t)}}{\sum_{j=1}^{K} N(\boldsymbol{x}_i; \boldsymbol{\mu}_j^{(t)}, \boldsymbol{C}_j^{(t)}) \cdot q_j^{(t)}}
\tag{12.13}
$$

또한, 식 (12.12)의 $\log L(\boldsymbol{\theta}; z_i = j, \boldsymbol{x}_i)$는 다변량 정규분포의 정의를 이용하면

$$
\begin{aligned}
\log L(\boldsymbol{\theta}; z_i = j, \boldsymbol{x}_i) &= \log q_j + \log N(\boldsymbol{x}_i; \boldsymbol{\mu}_j, \boldsymbol{C}_j) \\
&= \log q_j - \tfrac{1}{2}(\boldsymbol{x}_i - \boldsymbol{\mu}_j)^T \boldsymbol{C}_j^{-1}(\boldsymbol{x}_i - \boldsymbol{\mu}_j) - \tfrac{1}{2}\log|\boldsymbol{C}_j| - \tfrac{M}{2}\log(2\pi)
\end{aligned}
\tag{12.14}
$$

이 되며 이를 식 (12.12)에 대입하면 $Q(\theta|\theta^{(t)})$를 다음과 같이 쓸 수 있다.

$$
Q(\boldsymbol{\theta}|\boldsymbol{\theta}^{(t)}) = \textstyle\sum_{i=1}^{N} \sum_{j=1}^{K} T_{ji}^{(t)} \left(\log q_j - \tfrac{1}{2}(\boldsymbol{x}_i - \boldsymbol{\mu}_j)^T \boldsymbol{C}_j^{-1}(\boldsymbol{x}_i - \boldsymbol{\mu}_j) - \tfrac{1}{2}\log|\boldsymbol{C}_j| - \mathrm{c}\right)
\tag{12.15}
$$

여기서 상수 $c = \dfrac{M}{2}\log(2\pi)$이며 q_j는 다음의 구속 조건을 갖는다.

$$
\textstyle\sum_{j=1}^{K} q_j = 1
\tag{12.16}
$$

M-step: 이제 M-step을 살펴보자. 파라미터 $\theta = [q_j, \boldsymbol{\mu}_j, \boldsymbol{C}_j]$에 대한 최대화는 q_j에 대해 식 (12.16)으로 주어지는 등식 구속조건을 가지므로 라그랑주 승수를 적용하여 새로운 목적함수를 정의하면 다음과 같다.

$$
\mathcal{L}(\boldsymbol{\theta}, \lambda) = Q(\boldsymbol{\theta}|\boldsymbol{\theta}^{(t)}) - \lambda(\textstyle\sum_{j=1}^{K} q_j - 1)
\tag{12.17}
$$

여기에 $\lambda, q_j, \boldsymbol{\mu}_j, \boldsymbol{C}_j$ 에 대한 기울기 연산자를 각각 적용하면

$$\frac{\partial}{\partial \lambda}\mathcal{L}(\boldsymbol{\theta},\lambda) = 0 \ \rightarrow \ \sum_{j=1}^{K} q_j = 1 \tag{12.18}$$

$$\frac{\partial}{\partial q_j}\mathcal{L}(\boldsymbol{\theta},\lambda) = 0 \ \rightarrow \ \sum_{i=1}^{N} T_{ji}^{(t)} \frac{1}{q_j} - \lambda = 0 \tag{12.19}$$

$$\nabla_{\mu_j}\mathcal{L}(\boldsymbol{\theta},\lambda) = 0 \ \rightarrow \ \sum_{i=1}^{N} T_{ji}^{(t)} \boldsymbol{C}_j^{-1}(\boldsymbol{x}_i - \boldsymbol{\mu}_j) = \boldsymbol{0} \tag{12.20}$$

$$\nabla_{\boldsymbol{C}_j^{-1}}\mathcal{L}(\boldsymbol{\theta},\lambda) = 0 \ \rightarrow \ \sum_{i=1}^{N} T_{ji}^{(t)} \left(\boldsymbol{C}_j - (\boldsymbol{x}_i - \boldsymbol{\mu}_j)(\boldsymbol{x}_i - \boldsymbol{\mu}_j)^T\right) = \boldsymbol{0} \tag{12.21}$$

이 얻어지며 위 연립 방정식을 풀어 얻어지는 해 $q_j^*, \mu_j^*, \boldsymbol{C}_j^*$는

$$q_j^* = \frac{\sum_{i=1}^{N} T_{ji}^{(t)}}{\sum_{k=1}^{K}\sum_{i=1}^{N} T_{ki}^{(t)}}, \ \boldsymbol{\mu}_j^* = \frac{\sum_{i=1}^{N} T_{ji}^{(t)}\boldsymbol{x}_i}{\sum_{i=1}^{N} T_{ki}^{(t)}}, \ \boldsymbol{C}_j^* = \frac{\sum_{i=1}^{N} T_{ji}^{(t)}(\boldsymbol{x}_i-\boldsymbol{\mu}_j)(\boldsymbol{x}_i-\boldsymbol{\mu}_j)^T}{\sum_{i=1}^{N} T_{ji}^{(t)}} \tag{12.22}$$

이 된다. 따라서 이상의 결과를 종합하면 12.2절의 가우시안 혼합 모형에 대한 EM 알고리즘을얻는다.

12.3 비선형 맵핑을 통한 데이터 분포의 시각화: t-SNE

차원 축소 방법은 3장에서도 주성분 분석을 이용한 방법에 대해 다루었는데 주성분 분석은 기본적으로 선형 변환이며 범주의 개수가 많은 경우 많은 데이터 표본들을 저차원 공간(예를 들면 2차원 공간)으로 맵핑하면 실제로 고차원 공간에서 분리가 가능한 범주 혹은 군집들이 저차원 공간에서는 중첩되어 나타날 수 있다. 따라서 선형 변환보다는 비선형 변환을 사용하는 것이 (데이터의 통계적 속성이 다른) 많은 범주의 데이터를 저차원 공간에서 확인하는데 유리하다.

소위 t-SNE(t-distributed stochastic neighbor embedding)[4]로 알려진 방식은 이전 버전인 SNE의 향상된 방식으로 비선형 차원 축소 방식[5]의 하나이며 각 데이터 벡터에 대해 이에 해당하는 저차원 공간상의 점을 직접 찾는 직접 맵핑 방식이다. 즉, 추정해야 하는 파라미터는 저차원 공간상의 점 자체이며 따라서 확장성이 없다는 단점이 있다. 즉 데이터가 추가되면 다시 최적화 과정을 거쳐 모든 점에 대한 매핑 점을 다시 찾아야 하며 새롭게 찾은 저차원 공간 상의 분포는 이전에 찾은 분포와 다를 수 있다.

t-SNE의 맵핑 과정은 다음의 세 가지 요소로 구성된다.

❶ 원 특징 공간상에서의 데이터 쌍별 유사도: $p_{ij}, i, j \in \{1, 2, \ldots, N\}, i \neq j$

❷ 맵핑된 공간상에서의 쌍별 유사도: $q_{ij}, i, j \in \{1, 2, \ldots, N\}, i \neq j$

❸ 목적 함수 $J(\boldsymbol{Z}; \boldsymbol{p})$

먼저 원 특징 공간상에서의 유사도 지표는 정규분포 함수를 이용하여 다음과 같이 정의한다.

$$p_{ij} = \frac{p_{i|j} + p_{j|i}}{2N} \tag{12.23}$$

여기서

$$p_{j|i} = \frac{\exp\left(-\|\boldsymbol{x}_i - \boldsymbol{x}_j\|^2 / 2\sigma_i^2\right)}{\sum_{k \neq i} \exp\left(-\|\boldsymbol{x}_i - \boldsymbol{x}_k\|^2 / 2\sigma_i^2\right)} \tag{12.24}$$

이다. 위의 식은 파라미터 σ_i^2를 갖는데 이에 대해서는 뒤에 설명하기로 한다. 한편 맵핑된 공간상에서의 쌍별 유사도는 자유도 1인 Student-t 분포[6]를 사용하여 다음과 같이 정의된다.

$$q_{ij} = \frac{\left(1 + \|\boldsymbol{z}_i - \boldsymbol{z}_j\|^2\right)^{-1}}{\sum_{k \neq l} (1 + \|\boldsymbol{z}_k - \boldsymbol{z}_l\|^2)^{-1}} = \frac{\left(1 + \|\boldsymbol{z}_i - \boldsymbol{z}_j\|^2\right)^{-1}}{2\sum_{k > l} (1 + \|\boldsymbol{z}_k - \boldsymbol{z}_l\|^2)^{-1}} \tag{12.25}$$

목적함수는 소위 **Kullback–Leibler divergence(KLD) 혹은 상대 엔트로피**로 알려진 유사도 지표를 사용한다. (Kullback-Leibler divergence와 상대 엔트로피의 정의와 특징은 부록E에서 다룬다) KLD는 정보이론에서 두 개의 확률분포 함수간 유사도를 측정하는 지표로 두 확률분포 함수 $p(x)$와 $q(x)$간 KLD는 $D(p \| q)$로 표기하며 다음과 같이 정의된다.

$$D_{KL}(p \| q) = \sum_{x \in S_X} p(x) \log\left(\frac{p(x)}{q(x)}\right)$$

$D_{KL}(p \| q)$는 항상 0보다 크거나 같으며 두 확률분포 함수가 유사한 형태를 가질수록 0에 가까워지지만 대칭성은 만족되지 않는다. 즉, 일반적으로 $D(p \| q) \neq D(q \| p)$이다. t-SNE에서는 원 공간에서의 유사도 p_{ij}와 맵핑 된 공간에서의 유사도 q_{ij}간의 KLD를 목적함수로 사용하는데 다음과 같이 정의된다.

$$D_{KL}(\boldsymbol{p} \| \boldsymbol{q}(\boldsymbol{Z})) = \sum_{i \neq j} p_{ij} \log\left(\frac{p_{ij}}{q_{ij}(\boldsymbol{Z})}\right) = \sum_{i \neq j} p_{ij} \log p_{ij} - \sum_{i \neq j} p_{ij} \log q_{ij}(\boldsymbol{Z}) \tag{12.26}$$

이 목적함수는 p_{ij}와 q_{ij}간의 평균적인 유사도를 나타내며 최적화 문제는 다음과 같다.

$$\min_{\boldsymbol{Z}} D_{KL}(\boldsymbol{p}||\boldsymbol{q}(\boldsymbol{Z})) \tag{12.27}$$

목적함수 $D_{KL}(\boldsymbol{p}||\boldsymbol{q}(\boldsymbol{Z}))$는 $\boldsymbol{q}$에 대해 볼록 함수이며 따라서 유일한 해 $\boldsymbol{q}^*$와 이에 상응한 유일한 $\boldsymbol{Z}^*$를 갖는다. 그러나 이의 해는 직접 해법으로 얻을 수 없으므로 기울기 강하법을 적용한다. 이를 위해 $D(\boldsymbol{p}||\boldsymbol{q}(\boldsymbol{Z}))$에 ∇_{z_i}를 적용하고 이로부터 $\boldsymbol{Z}_i$의갱신식을 쓰면 다음을 얻는다.

$$\mathbf{z}_i \leftarrow \mathbf{z}_i - \eta \nabla_{\mathbf{z}_i} D(\mathbf{p}||\boldsymbol{q}(\mathbf{Z})) \tag{12.28}$$

여기서, η는 학습율이며 기울기 $\nabla_{z_i} D(\boldsymbol{p}||\boldsymbol{q}(\boldsymbol{Z}))$는 다음과 같다.

$$\nabla_{\mathbf{z}_i} D(\mathbf{p}||\boldsymbol{q}(\mathbf{Z})) = 4\sum_{j\neq i}\left(\frac{p_{ij}-q_{ij}}{1+\|\mathbf{z}_i-\mathbf{z}_j\|^2}\right)(\mathbf{z}_i - \mathbf{z}_j) \tag{12.29}$$

위의 식으로부터 다음을 알 수 있다.

❶ 기울기에 따른 z_i의 이동방향은 z_j쪽(+)이거나 그 반대 방향(-)이다.

❷ 이동 방향의 부호는 $p_{ij} - q_{ij}$에 의해 결정된다. 즉, $q_{ij} < p_{ij}$이면 (맵핑 된 공간에서의 두 점간 거리가 원공간에서의 두 점간 거리 보다 크면) $\boldsymbol{z}_i$를 $\boldsymbol{z}_j$쪽으로 이동시키고 그 반대의 경우 반대방향으로 이동시킨다.

❸ 실제 이동방향은 모든 z_j에 대한 합으로 주어지며 따라서 가능한 한 원공간에서의 유사도 p_{ij}와 맵핑 된 공간에서의 유사도 q_{ij}가 같아지도록 $\boldsymbol{Z}$가 갱신된다.

❹ $\dfrac{1}{1+\|\boldsymbol{z}_i - \boldsymbol{z}_j\|^2} > 0$이며 실효 학습율로 볼 수 있는데 z_i와 z_j가 가까울수록 학습율이 크므로 (이동을 더 많이 하므로) t-SNE는 광역의 분포구조 보다는 지역적 분포 구조를 더 상세히 표현하는 경향이 있다.

이제 σ_i^2의 설정에 대해 살펴보자. t-SNE의 원 논문에서는 각 데이터 $\boldsymbol{x}_i$를 기준으로 perplexity가 사전에 정해진 값이 되도록 설정할 것을 제시하였는데 여기서 perplexity의 정의는 다음과 같다.

$$Perp_i(\sigma) = 2^{H_i(\sigma)} \quad \text{여기서 엔트로피} \quad H_i(\sigma) = -\sum_{i\neq j} p_{j|i}(\sigma)\log p_{j|i}(\sigma) \tag{12.30}$$

여기서 $p_{j|i}(\sigma)$는 식 (12.24)로 주어진다. Perplexity를 이와 같이 설정한 목적은 모든 점에 대해 이로부터 일정 거리 이내의 "실효 인접 점의 개수"를 대체적으로 일정하게 만들기 위한 것인데 실제적으

로는 밀도가 높은 영역의 점들과 밀도가 낮은 영역에 위치하는 점들에 대해 일정 거리 이내의 인접 점의 개수는 판이하게 다르며 이에 따라 (σ_i^2를 모두 동일한 값으로 설정한다면) $p_{j|i}$값들의 분포도 각기 다르게 나타나지만 위와 같이 Perplexity를 정의하여 이를 모든 점들에 대해 일정하게 설정함으로써 일정 거리 이내의 실효 인접 점의 개수를 "대체로" 일정하게 설정할 수 있다. t-SNE의 원 논문에서는 모든 i에 대해 이진 탐색을 이용하여 $Perp_i(\sigma)$가 사전에 정해진 값이 되도록 σ값을 찾아 사용하였다.

실제 t-SNE에서 사용되는 알고리즘에서는 본 절에서 살펴본 내용 이외에 수렴성의 향상을 위한 모멘텀과 군집화와 범주간 분리성의 향상을 위한 추가적인 기능들을 사용하였으나 구체적인 것들은 참고 링크[4]를 참고하기 바란다. 그림 12.2는 8x8 픽셀 흑백 이미지의 필기체 숫자 데이터를 64x1의 1차원 배열로 바꾼 후 PCA와 t-SNE를 이용하여 2차원 특징으로 차원 축소한 산점도를 보여준다.

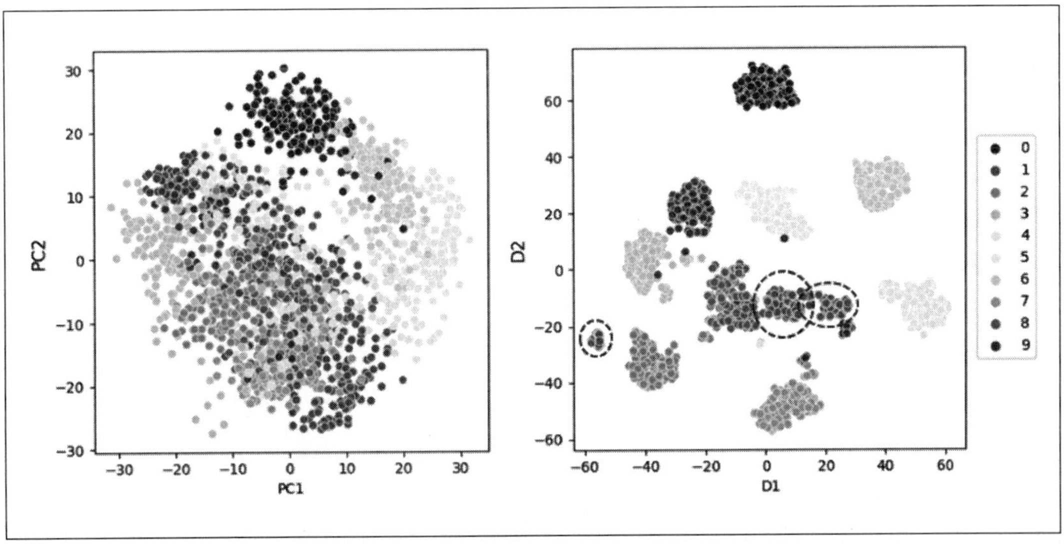

▲ **그림 12.2** 64x1의 배열로 변환한 필기체 숫자 데이터에 대해 2차원으로 차원 축소한 후의 산점도. (좌: PCA, 우: t-SNE) PCA의 경우 각 범주의 데이터들이 중첩되어 나타나지만 t-SNE의 경우 잘 분리되어 있다. t-SNE의 경우 점선으로 표기된 세 클러스터는 원래 하나의 범주('1')에 대한 데이터이지만 세 개의 군집으로 나뉘어 있다.

참고링크

[1] 가우시안 혼합 모형: https://en.wikipedia.org/wiki/Mixture_model#Gaussian_mixture_model

[2] EM 알고리즘: https://en.wikipedia.org/wiki/Expectation-maximization_algorithm

[3] Variational Bayesian methods: https://en.wikipedia.org/wiki/Variational_Bayesian_methods

[4] t-SNE: https://en.wikipedia.org/wiki/T-distributed_stochastic_neighbor_embedding

[5] 비선형 차원축소: https://en.wikipedia.org/wiki/Nonlinear_dimensionality_reduction

[6] Student's t 분포: https://en.wikipedia.org/wiki/Student's_t-distribution

CHAPTER 13

강화학습 소개

강화학습의 역사를 살펴보면, 초기 심리학에 영향을 받아 동물의 학습과정을 모방하여 수식으로 표현하고 컴퓨터 시뮬레이션으로 구현하려는 시도속에서 이뤄졌다. 때문에 특히 딥 러닝이 발전하고 심층 강화학습 (deep reinforcement learning)[1]의 시대에 접어들면서 그 쓰이는 분야가 크게 확장되고 뛰어난 성능으로 주목받고 있다. 바둑기사 이세돌을 상대로 충격적인 승리를 거둔 바둑 인공지능인 알파고 (AlphaGo), 거대 언어 모형을 챗봇의 형태로 학습한 chatGPT 역시도 강화학습 알고리즘을 기반으로 한다. 강화학습 알고리즘이 어떻게 다른 기계학습 알고리즘과 다른지 확인하며 왜 그렇게 다양한 분야의 최적화 문제에서 활용되는지 알아보자.

강화 학습이란 점진적으로 강화되는 형태의 학습 알고리즘을 말한다. 기계학습의 분류에 있어서 지도 학습과 비지도 학습과 같은 출력값의 유무에 따른 분류와는 상이하게, 완전히 다른 종류의 알고리즘이기 때문에 기존의 접근 방식과는 다르게 이해할 필요가 있다. 여기서 말하는 '점진적으로 강화되는 형태' 란, 학습이라는 것이 저장장치에 어떤 값을 저장해 놓는 것과는 달리 지속적으로 예측 오류에 의해 업데이트되는 방식을 의미한다.

❐ 강화학습 문제의 예시

강화학습이 다른 기계학습 알고리즘들과 크게 구분되는 것은 데이터 기반의 학습이 아니라는 점이다. 데이터 기반의 학습은 데이터를 잔뜩 취득하고 모아 놓은 데이터로부터 기계학습 모형을 학습시키는, 전통적인 기계학습의 접근방법을 말하는 반면, 강화학습은 풀어야 하는 문제상황이 주어 졌을 때 로봇을 어떻게 학습시킬지에 대한 이론을 기반으로 문제를 풀어가는 접근방법을 말한다. 즉, 이론 기반으로 학습하는 원리를 갖고 있다. 이런 과정을 그림으로 표현하면 그림 13.1과 같다.

강화학습 문제의 정의는 환경을 기준으로 내릴 수 있다. 환경은 우리가 문제를 풀기 위해서 상호

작용하는 대상을 말한다. 예를 들어 알파고의 경우 바둑이라는 게임이 환경이 되고, 컴퓨터 게임을 하는 경우엔 게임이 환경이 된다. (1) 먼저 환경에 대한 정보가 현재 상태 (State) s_t로 주어진다. (2) 이 환경에서 강화학습 에이전트는 어떤 행동 a_t이 가장 좋은지 결정하여 수행한다. 여기서 강화학습 에이전트라는 개념은 학습의 대상이 되는 강화학습 모형이라고 볼 수 있다. 다만 강화학습에서는 행동을 하는 객체라는 의미로 에이전트 (Agent)라 부른다. 마지막으로, (3) 주어진 에이전트의 행동 결과로 환경은 다시 다음 상태와 보상 값을 받는다. 당연하겠지만 에이전트는 이러한 보상을 많이 받는 것을 목적으로 하며 다음 상태에서도 동일하게 어떤 행동을 해야 보상값이 최대가 될 지 고민하여 행동을 결정하는 과정을 반복한다. 게임에서 동전을 먹으면 올라가는 점수가 보상값이며, 장애물에 걸려 넘어져서 깎이는 점수 (보상은 항상 + 가 아닐 수 있다) 들이 전부 보상 값이다.

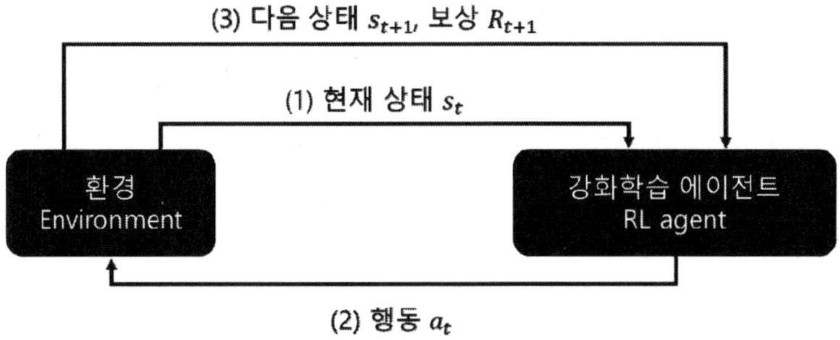

▲그림 13.1 강화학습의 구성. (1)–(2)–(3) 순으로 일어난다. 현재의 상태에서 최적의 행동을 취해야 '좋은' 다음 상태로 이동하고 또한 '좋은' 보상을 받을 수 있다.

13.1 강화학습의 목표: 리턴, 행동 정책과 가치 함수

이러한 과정은 단순하게 보상을 최대화하는 방식의 선택을 내리도록 학습하는 것이 아닌, 미래의 누적 보상, 리턴 (return)을 최대화하는 방식으로 이뤄진다. 이는 강화학습의 기본 원리이므로 매우 중요하니 잘 기억해두자. 이를 정리하여 수식화 하면 다음과 같다.

강화학습의 목표

강화학습은 미래의 누적 보상, 즉 리턴 (return)을 최대화한다.

$$\max G_t,$$

이때 $G_t = R_{t+1} + R_{t+2} + R_{t+3} + \cdots$

혹은 리턴이 무한하게 증가하지 않기를 원한다면

$$G_t = R_{t+1} + \gamma R_{t+2} + \gamma^2 R_{t+3} + \cdots \text{, (이때 } 0 \le \gamma < 1)$$

왜 즉각적인 보상이 아니라 미래의 누적 보상에 초점을 맞춰야 할까? 예를 들어 다음과 같은 강화학습 상황을 가정해보자. 강화학습 에이전트는 희귀한 광물을 채취하기 위해서 보내진 화성 탐사로봇이다. 가장 가능성이 높은 5개의 위치가 우리가 갈 수 있는 '상태'라고 했을 때, s_1은 흙을 1kg 퍼냈을 때 약 1g의 희귀 광물이 나온다고 해보자. 이는 +1의 보상이라 생각할 수 있다. 그 옆의 s_2, s_3, s_4는 아무리 파도 희귀 광물이 나오지 않으므로 +0의 보상 값을 주지만, 만약 s_5가 1kg을 팠을때 100 g의 희귀 광물이 나오는 노다지라면, 당연하게도 s_5로 가야한다.

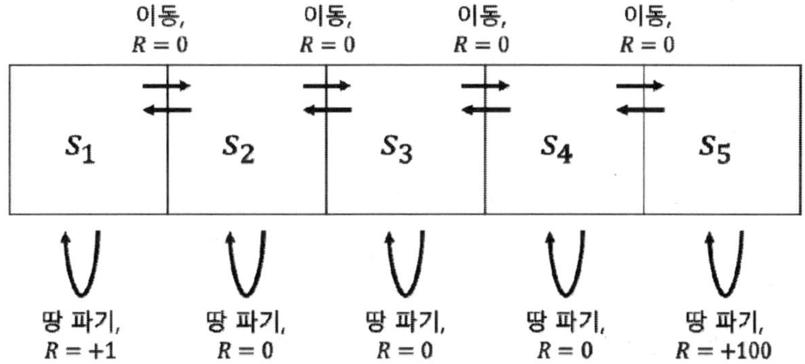

▲ **그림 13.2** 화성 탐사 로봇 환경 예시. 최저의 행동은 당연히 제일 오른쪽으로 이동해 땅을 파는 행동이다.

만약 여러분의 로봇에게 어떤 행동을 해야 할지 알려주기 위해서 s_1부터 s_5까지 한 번씩 모든 땅을 파보고 s_1으로 돌아오도록 했다고 생각해보자. 한 칸씩 이동하면서 모든 땅에서 나오는 보상을 다 경험해본 강화학습 에이전트는 다시 s_1에서 어떤 행동을 해야 할까? 즉각적인 보상을 최대화하는 강화학습 에이전트는 지금 당장 보상을 받는게 최선이다. 주어진 선택지인 이동과 현재의 땅을 파는 것 중에 고르라면 당연히 현재의 땅 s_1을 파는 것을 선택할 것이다. 반면, 미래의 보상을 최대화시키는 학습을 하게 되면 4 칸을 오른쪽으로 이동한 다음에 s_5에서 땅을 파면 +100 이라는 정보가 리턴에 반영이 되어 있으니 s_5로 이동해 땅을 파는 선택을 할 수 있다. 이런 경우 s_1에서의 리턴은 $G = 0 + 0 + 0 + 0 + 100 + 100 \cdots$과 같이 쓸 수 있다. 움직임 자체에는 보상이 없기 때문에 +0이 되지만, 맨 마지막에 s_5에 도착하고 나서는 계속 보상을 받는 것이다!

13.2 강화학습 에이전트의 학습: 행동 정책과 가치 함수

리턴을 최대화시키는 방식으로 학습해야 한다는 것이 이해가 되었다면, 한 가지 의문이 생길 수 있다. 리턴은 어떻게 계산할까? 우리에게 마법 같은 능력이 있지 않은 한, 미래에 어떤 행동을 하고 어떤 보상을 얻을지 알 수 없다. 위의 예시에서는 어떻게 리턴을 계산하였는가?

위의 예시에서 $G = 0 + 0 + 0 + 0 + 100 + 100 \cdots$를 계산하기 위해서 우리는 로봇이 s_5까지 이동한 다음에 제 자리를 팠을 것이라 생각했다. 이와 같이 리턴을 예측하기 위해서는 어떤 행동을 할지를 미리 알고 있음을 가정한다. 우리는 '이 로봇은 오른쪽으로 이동해 s_5에 도착하고, 그 땅을 파는 행동을 반복할거야'라는 일종의 행동에 대한 정해진 규칙 혹은 방책 같은 것을 가정한다는 것을 알 수 있다. 이러한 행동 정책(policy)이 정해지면 그 때의 리턴 역시도 결정되는 관계를 갖는다. 즉, 이전의 강화학습의 목표 수식을 다시 행동 정책으로 고쳐 쓰면 아래와 같이 쓸 수 있다.

강화학습의 목표

행동 정책을 현재 상태 s_t를 입력으로, 행동 a_t를 출력으로 갖는 함수 $a_t \sim \pi(s_t)$로 표현할 때

$$\max_{\pi} G_t(\pi(s_t))$$

강화학습의 목표는 행동 정책을 조절하여 리턴을 최대화시키는 문제가 된다.

이 행동 정책은 크게 두가지, 확률적 행동 정책 (stochastic policy)과 결정론적 행동 정책(deterministic policy)으로 구분된다. 말 그대로 행동 정책이 확률 분포로 구성되어 있으면 확률적 행동 정책이며 '현재 상태에서는 어떤 행동을 해라' 라는 식으로 명확하게 구분되어 있으면 결정론적 행동 정책이 된다.

예를 들어 위의 화성 탐사 로봇의 예시에서 s_1에 있는 강화학습 agent 에게는 2개의 행동 선택지가 있다 ($a_t = \rightarrow$ 또는 $a_t = \cup$). 여기서 확률적 행동 정책은 아래 표와 같은 확률 분포를 통해서 행동을 선택한다.

	$a_t = \rightarrow$	$a_t = \circlearrowright$
s_1	0.9	0.1

당연하겠지만, 결정론적 행동 정책을 표로 나타내면 아래와 같이 표현된다.

	$a_t = \rightarrow$	$a_t = \circlearrowright$
s_1	1	0

그렇다면 이러한 행동 정책은 어떻게 '배울' 수 있을까? 리턴으로부터 배워야 한다. '앞에서 실컷 리턴은 행동 정책이 정해져야 구할 수 있는 값이라고 해놓고 어떻게 리턴으로 배우냐?'고 한다면, 그것이 강화학습 에이전트가 강화하며 학습하는 대상이라고 할 수 있다. 강화학습 에이전트는 리턴에 대한 예측치, **가치 함수 $V(s_t)$를 학습하는 것을 목표로 한다** (가치(value) 함수이기 때문에 V라고 한다). 선형 회귀를 예를 들자면, 선형회귀 함수 $\hat{y} = \boldsymbol{\theta}^T\boldsymbol{x}$가 실제 정답에 해당하는 출력값 y를 정확하게 알지는 못하지만, 그래도 선형회귀 함수를 통해서 y에 가까운 값으로 예측하는 것과 유사하다. 우리는 리턴 G_t에 대해서 정확히 알지 못하지만, 그것에 대한 예측치를 가치 함수 $V(s_t)$로 학습한다. 즉 $G_t = \mathbb{E}[V(s_t)]$ 로 표현할 수 있다.

가치 함수는 현재 상태에 더해 현재 행동에 대해서도 정의할 수 있다. 이는 행동 가치 함수 (action value function) $Q(s_t, a_t)$ 라고 부른다. 이때 상태에 대해서 정의된 가치 함수는 행동 가치 함수의 기대값으로 다음과 같이 표현할 수 있다.

$$V(s_t) = \sum_a \pi(a|s_t) \cdot Q(s_t, a) = \mathbb{E}_{a\sim\pi}[Q(s_t, a)] \quad (13.1)$$

이때 행동 정책 π는 확률적 행동 정책이므로 각 행동을 할 확률에 해당하며, 기대값은 이 행동 정책 π에 기반하여 계산된다. 강화학습의 핵심 원리는 이러한 가치 함수를 점진적으로 리턴값에 가까워지도록 강화학습하고 행동 정책을 업데이트하는 과정에 있다. 이 과정은 차차 보게 될 것이다.

이렇게 강화학습의 과정을 하나씩 해체하며 소개하였다. 요약하자면, 강화학습은 미래 받을 보상의 합, 즉 리턴을 최대화하는 것을 목표로 하는 알고리즘이다. 그러나 리턴은 행동 정책에 따라서 (다시 말해 어떻게 행동하느냐에 따라서) 달라지는 값이기 때문에 우리는 행동 정책을 잘 학습할 필요가 있다. 행동 정책을 학습하기 위해서 우리는 다시 리턴이 필요한데, 그것은 구할 수 없으므로 대신 강화학습 알고리즘이 갖고 있는 리턴에 대한 예측치에 해당하는 가치 함수를 통해서 행동 정책을 업데이트 하는 과정이 수반된다. 다시 말해, 강화학습의 제일 중요한 목표는 리턴의 최대화요, 그를 위해서 우리는 리턴의 예측치인 가치 함수를 배우고 그 가치함수를 통해 적절한 행동정책을 학습하는 과정이 강화학습의 실제 작동 원리라 할 수 있다.

13.3 강화학습 알고리즘의 학습 방법 및 구분

강화학습 알고리즘은 다양한 기준을 나누어 그 종류를 구분할 수 있다. 그러나 일반적으로 그 종류와 분류 기준과 관계없이 대부분의 강화학습 에이전트의 학습 과정은 크게 2 단계로 나누어 이뤄진다.

❶ **가치 예측(Prediction):** 현재의 행동 정책을 기반으로 리턴의 예측 값인 가치 함수를 학습.

❷ **행동 조정(Control):** 현재의 가치 함수를 기반으로 행동 정책을 업데이트.

이 두 과정이 어떻게 이뤄지는지에 따라서 다양한 강화학습 알고리즘으로 구분될 수 있다. 가치 함수를 학습하는 과정이 특이할 수도, 행동 정책을 업데이트 하는 과정이 특이할 수도 있다. 이는 차차 보도록 하자.

강화학습 알고리즘의 종류는 다양하게 나눌 수 있지만, 크게 나누자면 모델-기반 (model-based) 과 모델-프리 (model-free) 강화학습으로 구분할 수 있다. 당연하게도, 모델-기반 강화학습은 모델을 활용하여 강화학습을 한다는 뜻이고, 모델-프리는 모델을 사용하지 않는 경우를 의미한다 (글루텐-프리, 락토-프리 같은 것들을 생각해보면 -프리가 무슨 의미로 쓰였는지 알 수 있다!).

여기서 모델이 의미하는 바는 환경에 대한 모델을 의미한다. 환경에서 무슨 일이 일어나는지 100% 알지 못하는 것은 당연하지만, '어떤 일이 일어날 것이다'와 같은 예측으로 행동하는 것이 모델-기반 강화학습이다. 다시 말해서, **모델-기반 강화학습 알고리즘은 행동 a_t의 결과로 얻는 다음 상태 s_{t+1}가 무엇인지 그 상태 전이 확률 (state transition probability)를 기반으로** 가치 함수를 학습한다. 반면 모델-프리 강화학습은 그런 과정이 포함되어 있지 않다.

13.4 강화학습의 정의: 마르코프 결정과정 (Markov decision process)

앞서 배운 강화학습의 목표와 과정은 수학적으로 마르코프 결정과정[2]으로 정의된다. 이는 환경이 마르코프 속성[3]을 가진다는 기본 가정을 전제로 하는데, 이러한 정의가 생소하고 어려울 수 있으나 차근차근 따라와보면 용어가 생소할 뿐 강화학습 에이전트가 문제를 풀기 위해서 당연하게 전제되어야 하는 내용임을 알 수 있다.

'환경이 마르코프 속성을 가져야 한다' 에서 마르코프 속성이란 **미래의 상태가 오직 현재의 상태와 행동에만 의존한다는 것**을 의미한다. 다시 말해서, 매 상태는 이미 미래의 상태를 결정짓기 위한 모든 정보를 포함하고 있다는 것을 의미한다. 이는 매 상태에서 리턴을 최대화시키는 행동을 찾는 것이 결과적으로 환경에서 리턴을 최대화시키는 과정과 동일하게 되기 위해 필수적이다. 그러한 마르코프 속성에 더해 마르코프 결정과정은 강화학습에 필요한 요소들로 정의된다.

- **상태(State)** S : 강화학습 에이전트가 관찰할 수 있는, 환경에 존재하는 모든 상태의 집합이다.
- **행동(Action)** $\mathcal{A}$: 에이전트가 취할 수 있는 행동들의 집합이다.
- **전이 확률(Transition Probability)** P : 상태 s에서 행동 **a를** 취했을 때 다음 상태 s'로 이동할 확률에 해당한다. $P(s'|s, a)$ 로 표현된다.
- **보상(Reward)** R : 에이전트가 특정 상태에서 특정 행동을 취했을 때 받는 보상 $R(s, a)$으로, 문제에 따라서는 상태에 대해서만 정의 ($R(s')$) 될 때도 있다.
- **할인율(Discount Factor)** γ : 할인율은 리턴을 구할 때 미래 보상에 대한 감가율을 의미한다 ($G_t = R_{t+1} + \gamma R_{t+2} + \gamma^2 R_{t+3} + \dots$, 이때 $0 \le \gamma < 1$). 리턴은 미래 보상의 누적합이기 때문에 미래가 무한한 경우엔 그 리턴값도 무한해진다. 할인율은 이러한 리턴을 유한한 값으로 수렴하도록 만들어 문제를 풀게 만들며, 얼마나 즉각적인 보상에 큰 가중치를 줄지 여부를 결정한다. 예를 들어 $\gamma = 0$ 이라면 강화학습 에이전트는 즉각적인 보상에 대해서만 학습하는 리턴을 갖게 된다.

이러한 마르코프 결정 과정의 요소들을 이용해 강화학습의 목표는 다음과 같이 정의 된다.

가치 함수 $V^{\pi}(s)$가 행동 정책 π하에서 주어진 상태 s로 부터의 기대 리턴을 나타낼 때,

$$V^{\pi}(s) = \mathbb{E}[\sum_{k=0}^{\infty} \gamma^k R_{k+t+1} | S_t = s] \tag{13.2}$$

으로 표현할 수 있다.

만약 이를 행동 가치 함수 $Q^{\pi}(s, a)$에 대해서 표현하면 다음과 같다.

$$Q^{\pi}(s,a) = \mathbb{E}[\sum_{k=0}^{\infty} \gamma^k R_{k+t+1} | S_t = s, A_t = a][\sum_{k=0}^{\infty} \gamma^k R_{k+t+1} | S_t = s] \tag{13.3}$$

이때 강화학습의 목표는 최적 정책을 찾는 것이다

최적 정책의 정의는 모든 상태에 대해, 최대 가치를 갖는 것으로 이때의 최적 가치 함수는 다음과 같이 정의한다.

$$\begin{gathered} V^*(s) = \max_{\pi} V^{\pi}(s), \quad Q^*(s,a) = \max_{\pi} Q^{\pi}(s,a) \\ \pi^* = \arg\max_{\pi} V^{\pi}(s) = \arg\max_{\pi} Q^{\pi}(s,a) \end{gathered} \tag{13.4}$$

이때 둘 사이에는 다음과 같은 관계가 성립한다 .

$$V^*(s) = \max_{a} Q^*(s,a) \tag{13.5}$$

13.5 강화학습 알고리즘의 예시 1: 행동 정책 반복 (policy iteration)

위의 수식들을 통해서 우리는 가치 함수가 리턴에 대한 예측치임을 보았다. 그러면 이러한 리턴은 어떻게 학습할 수 있을까? 강화학습에서 리턴에 대한 학습은 벨만(Bellman) 방정식이라는 수식을 이용해서 이뤄지게 된다. 벨만 방정식에는 크게 두가지가 존재하지만, 예측 과정에서는 벨만 기대 방정식이 주로 쓰이게 된다.

$$V(s) = R + \gamma \sum_{s'} p(s'|s,a,) V(s'), \quad Q(s,a) = R + \gamma \sum_{s'} p(s'|s,a,) \sum_{a'} \pi(s',a') Q(s',a') \tag{13.6}$$

식 (13.6)에서 알 수 있듯 이는 기대값으로 구성되어 있다. 상태 가치함수 의 경우에는 상태 전이 확률을 기반으로 한 기대값이 업데이트가 되며 행동 가치함수의 경우에는 이에 더해 어떤 행동을 할지에 대한 확률, 즉 행동정책 π을 기반으로 한 기대값 분포로 계산된다.

이러한 벨만 기대값 수식을 이용해서 가치 예측, 즉 현재 가치 함수를 계산할 수 있다. 또한 이렇게 가치 함수가 업데이트 되어 특정 값으로 수렴되면 그때는 다시 행동 조정, 즉 배운 가치함수를 기반

으로 행동 정책을 업데이트하는 과정을 거친다. 이러한 방식으로 진행되는 강화학습 알고리즘을 행동 정책 반복 (policy iteration) 이라 부른다. 이 알고리즘은 다이나믹 프로그래밍 (dynamic programming) 알고리즘의 일종이므로 다른 책 등에서 다이나믹 프로그래밍이라 소개되었을 수도 있다.

행동 정책 반복 (policy iteration)	
가지 예측(Prediction)	**행동 조정(Control)**
k 번째 가치 함수 업데이트 라고 했을 때, 벨만 기대 방정식을 이용해 가치함수 업데이트 $Q_k(s,a) = R + \gamma \sum_{s'} p(s'\|s,a,) \sum_{a'} \pi(s',a')\, Q_{k-1}(s',a')$ 이를 $Q_k = Q_{k-1}$이 되면 수렴, 가치 예측 종료.	수렴된 가치 함수 값을 기반으로 행동 정책을 업데이트 한다. 예시: 그리디(greedy, 탐욕적) 행동 정책 업데이트 $\pi(s, a^*) = 1$ 만약 $a^* \arg\max_a Q(s, a)$ $\pi(s, \text{otherwise}) = 0$ 즉, 다른 모든 행동에 대해서는 0으로 만든다.

여기서 벨만 기대 방정식으로 업데이트 하는 과정을 다음과 같이 고쳐 쓸 수 있다.

$$Q_k(s,a) = R + \gamma \sum_{s'} p(s'|s,a,) \max_{a'} Q_{k-1}(s',a') \tag{13.7}$$

이 벨만 방정식을 벨만 최적 방정식 (Bellman optimality equation)이라 부른다. 기존에 벨만 기대 방정식으로 기대값을 계산하여 가치함수를 업데이트하는 부분에서, 기대값을 계산하는 것이 아닌 $\max_{a'} Q(s', a')$ 값을 구하는 방식으로 업데이트한다.

정상적으로 행동 정책 반복 알고리즘을 수행하는 경우 벨만 기대 방정식은 수렴하기 전까지의 학습 방법이며, 벨만 최적 방정식은 가치함수가 수렴해서 최대와 최소가 정해졌을 때 적용하기 좋은 방법이다.

이러한 강화학습 알고리즘을 모델 기반(model-based)라 부른다. 이는 상태 전이 확률, 그리고 특정 상태에서 어떤 행동을 할 수 있는지에 대한 정보 등 환경에 대한 모델을 완벽하게 갖고 (혹은 그것에 기반해서) 학습한다는 점에서 후술할 모델 프리 (model-free) 강화학습 알고리즘과 큰 차이를 보인다.

모델 프리 강화학습의 경우 매번 상태에서 어떤 행동을 해야 리턴을 최대화하는지만 고민하며, 이 과정에서 다음 상태가 어떤게 나올지 등은 고민하지 않는다. 당연하겠지만, 주로 환경에 존재하는 상태가 너무 많거나 일일히 모든 상태에 대해서 배울 수 없는 경우에 모델 프리를 사용하게 된다. 아니, 오히려 모델 기반 강화학습을 쓸 만큼 간단한 환경이 없다고 이야기하는 편이 나을수도 있겠다.

13.6 강화학습 알고리즘의 예시 2: Q-learning, SARSA

모델 프리 강화학습의 경우 델타 학습 규칙 (delta learning rule)에 해당한 학습 방법을 사용한다. 이 델타 학습 규칙은 쉽게 말해 편차 (델타)를 줄여 나가는 방식의 학습 방법이다. 예를 들어 우리가 현재의 행동 정책 π을 사용해서 가질 수 있는 리턴 값이 G_π라고 했을 때, 이 리턴에 대한 강화학습 에이전트의 기대값은, 리턴과의 편차를 줄이는 방식으로 학습할 수 있다.

$$V(s) \leftarrow V(s) + \alpha(G - V(s)) \tag{13.8}$$

만약 α가 적당히 작은 값이라면 이는 실제 리턴값에 수렴하게 된다.

이는 모델 프리 강화학습에서 시간차 학습 (temporal difference learning) 혹은 TD 학습이라는 방식으로 쓰인다. 이는 델타 학습의 식 (13.8)을 행동 가치함수의 형태로, 그리고 한 타임 스텝에 대해서 풀어 쓴 형태로 자주 사용된다.

$$Q(s,a) \leftarrow Q(s,a) + \alpha(R + Q(s',a') - Q(s,a)) \tag{13.9}$$

강화학습의 기본적인 학습 목표는 리턴이고, 우리가 학습하는 가치함수는 $G = \mathbb{E}[R + Q(s',a')]$라고 할 수 있기 때문에, 리턴을 한 스텝 미래의 상태 s'와 그때의 행동 a'으로 풀어썼다. 이렇게 한 스텝 미래에 대한 시간차로 학습하기 때문에 TD 학습이라 부른다.

모델 프리 강화학습은 모델 기반 강화학습 대비 특별한 점을 고려해야할 필요가 있다. 모델 기반 강화학습의 경우 앞서 말한대로 "특정 상태에서 어떤 행동을 할 수 있는지에 대한 정보 등 환경에 대한 모델을 완벽하게 갖고 (혹은 그것에 기반해서) 학습한다" 이는 가치 함수를 업데이트 하는 과정에서 모든 상태에서 특정 행동이 어떤 결과로 이어지는지를 알 수 있음을 의미한다. 즉, 앞서 봤던 로봇의 화성탐사 예시에서 우리는 로봇이 실제로 상태 s'에 가지 않더라도 그림을 보고 그 상태에서 땅을 파면 보상이 얼마가 나오는지 알 수 있다. 우리가 모델 기반 학습을 통해서 반영하고자 하는 것은 그러한 우리의 직관이 가치 함수에 반영되도록 만드는 것이다.

모델 프리 강화학습의 경우는 반대로 환경에 대한 지식이 전혀 없기 때문에, 에이전트의 행동으로부터만 환경에 대한 정보를 얻을 수 있다. 이게 큰 차이를 만든다. 다시 앞의 예시를 기준으로 설명하면, 어떻게 행동을 하는지에 따라서 받을 수 있는 보상이 달라진다. 로봇 1번의 경우 왼쪽 이동과 땅 파기 둘 중 하나를 랜덤으로 선택하는 행동 정책을 가지고 있고, 로봇 2번의 경우 오른쪽 이동과 땅 파기 둘 중 하나를 랜덤으로 선택하는 행동 정책을 가지고 있다고 했을 때, 로봇 1번은 아무리 많은 경험이 누적 된다 해도 환경에서 제공하는 최적의 행동, 또는 가치함수를 학습할 수 없다 (즉 오른쪽으로 이동해 땅을 파는 행동에 대한 가치함수를 절대 배울 수가 없다). 반면 로봇 2번은 그런 최적의 행동 및 가치함수를 쉽게 배울 수 있다. 다시 말해, 모델 프리는 행동 정책에 따라서 배울 수 있는 것과 배우지 못하는 것이 달라질 수 있다.

때문에 모델 프리 강화학습에서는 모델 기반 강화학습의 행동 정책 반복(policy iteration)에서의 행동 조정과는 다른 방식으로 행동 정책을 업데이트한다. 행동 정책 반복(policy iteration)의 경우 그리디(greedy) 행동 정책 업데이트로, 말 그대로 탐욕적인 승자 독식 방식의 업데이트를 수행하지만, 이는 모델 기반처럼 모든 상태의 정보가 반영 될 수 있는, 즉 가치 함수의 기대값이 완벽하게 환경에 대한 정보를 반영할 수 있는 문제에서나 가능하다. 모델 프리 강화학습에서는 위의 로봇 1번과 같은 행동 정책으로 수집한 행동 데이터를 기반으로 가치함수를 학습하고, 그리디 행동 정책 업데이트를 취하는 경우 절대로 오른쪽으로 가는 행동을 할 수 없다. 이런 경우 우리는 입실론-그리디(e-greedy) 행동 정책 업데이트 방식을 사용해 랜덤하게 오른쪽으로 가는 행동을 취득할 수 있게 만든다.

입실론-그리디 행동 정책 업데이트
$a^{*}\underset{a}{\arg\max}\, Q(s,a)$ 일 때 $\pi(s,a^{*})=1-\epsilon$ 또한 의 확률로 랜덤하게 행동

그러나 입실론-그리디 행동 정책 업데이트 방법을 쓰더라도 한 가지 문제가 있다. 로봇 1의 경우, 랜덤하게 오른쪽으로 가는 행동이 들어갈 수는 있지만, 이는 여전히 매우 낮은 확률의 희귀한 경험이다. 이때 지속적으로 업데이트 되는 가치 함수는 매우 보편적이고 일반적인 행동에 대해서 업데이트가 되어있을 것이므로 여전히 오른쪽으로 가는 일이 거의 없을 것이다.

따라서 모델 프리 강화학습의 경우는 가치함수를 업데이트하고 이 업데이트한 가치함수를 행동을 취득하는데 사용하는, 즉 온라인 행동 정책 (on-policy)이 아닌 오프라인 행동 정책 (off-policy)을 사용하는 경우들이 종종 있다. 가장 간단한 알고리즘 예시로는 SARSA 와 Q-learning 알고리즘이 있는데, 여기서 SARSA는 on-policy 알고리즘이고 Q-learning은 off-policy 알고리즘이다.

Off-policy 알고리즘인 Q-learning은 행동을 할 때는 입실론-그리디 행동 정책을 활용하지만, 가치 함수를 업데이트할 때, 즉 식 (13.9)의 다음 상태에서의 행동 을 취득할 때는 그리디 행동 정책을 쓴다는 점이 다르다. 이는 학습하는 행동 가치 함수가 정확히 행동으로부터 취득되는 리턴과 다르게 학습되기 때문에 행동 정책과 행동 가치 함수에 차이가 발생한다. 반면 on-policy 알고리즘은 다음 상태에서의 행동 역시도 입실론 그리디 행동 정책을 취한다.

어떤 것이 더 말이 되는 강화학습 방법처럼 보이는가? 일반적으로 더 직관적으로 다가오는 것은 on-policy일 것이다. 우리가 어떤 가치함수를 업데이트한다면, 그것을 내 행동을 결정하는데 그대로 활용할 것으로 생각한다. 그러나 모델 프리 강화학습의 경우 off-policy 방식을 많이 사용한다. 이는 취득된 행동의 다양성뿐 아니라 (입실론-그리디 행동 정책), 이에 기반해 학습하는 가치 함수의 다양성을 통해 더욱 다양한 행동을 경험하게 함으로써 최적의 학습을 하도록 한다.

참고링크

[1] 강화학습: https://en.wikipedia.org/wiki/Deep_reinforcement_learning

[2] 마르코프 결정 과정: https://en.wikipedia.org/wiki/Markov_decision_process

[3] 마르코프 특성: https://en.wikipedia.org/wiki/Markov_property

인공신경망

PART

2

CHAPTER 14

퍼셉트론과 인공신경망

1960년을 전후로 제안된 퍼셉트론(perceptron)은 인간의 신경구조를 모방한 하드웨어로 2진 분류 문제에 적용되었다. 퍼셉트론은 기본적으로 1계층으로 제안되었으며 이에 따라 선형 분류만 가능했기 때문에 (소위 XOR문제라고 하는 간단한 문제도 해결하지 못했기 때문에) 한동안 기억에서 사라졌다가 1980년대 중반 다층(multi-payer) 퍼셉트론이 도입되고 이를 효과적으로 최적화할 수 있는 역전파 알고리즘이 제안되면서 다시 빛을 보게 되었고 이후 1990년 중반까지 많은 연구가 진행되었다. 그러나 당시의 컴퓨팅 자원 과 속도가 많은 연산을 필요로 하는 인공신경망의 학습에 병목으로 작용하면서 계층 수의 제한과 다양한 양상의 문제에 대한 해결책 부재로 큰 성공을 거두지는 못했다. 이후 컴퓨팅 기술의 진보에 따른 컴퓨팅 자원의 확대로 계층수를 대폭적으로 확대한 심층신경망(deep neural network)이 도입되면서 음성 및 비젼 분야에서 큰 폭의 성능향상과 함께 매우 많은 응용에 적용되기 시작하였다.

인공 신경망은 기본적으로 비선형 모형이며 분류, 회귀 및 군집화 등 대부분의 기계학습 문제에 적용 가능하나 인공 신경망 자체가 가지고 있는 특징들 때문에 이의 학습 시 세심한 고려가 필요하다. 본 절에서는 로지스틱 회귀에 기초한 초기 퍼셉트론의 구조와 다층 신경망의 구조, 그리고 최적화의 관점에서 본 기본적인 학습 방법에 대해 소개하고, 이에 기초하여 인공 신경망의 학습 시 고려되어야 할 몇 가지 특징들을 소개한다.

14.1 Perceptron과 인공신경망

퍼셉트론은 1957년 Cornell대학교의 Rosenblatt에 의해 개발되었는데 퍼셉트론의 학습은 전술한 로지스틱 회귀와 사실상 동일하다. (참고로 로지스틱 회귀분석 방법은 1958년 영국의 통계학자였던 David Cox에 의해 개발되었으며 두 연구팀간 상호 교류가 있었는지는 확실하지 않다.) 실제로 퍼셉트론은 SW적인 알고리즘으로 구현되지 않고 생물학적 신경을 모형화하여 Mark-I perceptron이라는 하드웨어로 구현되었으며 이에 연결된 카메라를 통해 입력된 영상 인식 시스템으로 만들어졌다. 그림 14.1은 인공 신경망을 보여주며 그림 14.2는 이를 모형화한 퍼셉트론의 구조와 이를 다층으로 확장한 인공신경망 구조를 보여준다.

그림 14.2에 나타내었듯 각 계층의 입력은 결정 경계(활성 함수의 천이 값)을 위한 추가적인 입력노드가 표기되어 있으며 이의 값은 항상 1로 고정되지만 학습과정을 통해 이에 연결된 가지의 가중치가 변경되어 활성 함수의 천이 값이 최적화될 수 있다.

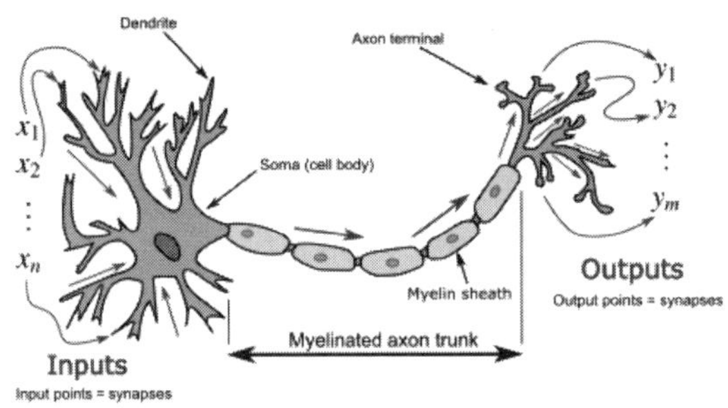

▲ **그림 14.1** 생물학적 뉴런. 출처: https://en.wikipedia.org/wiki/Biological_neuron_model

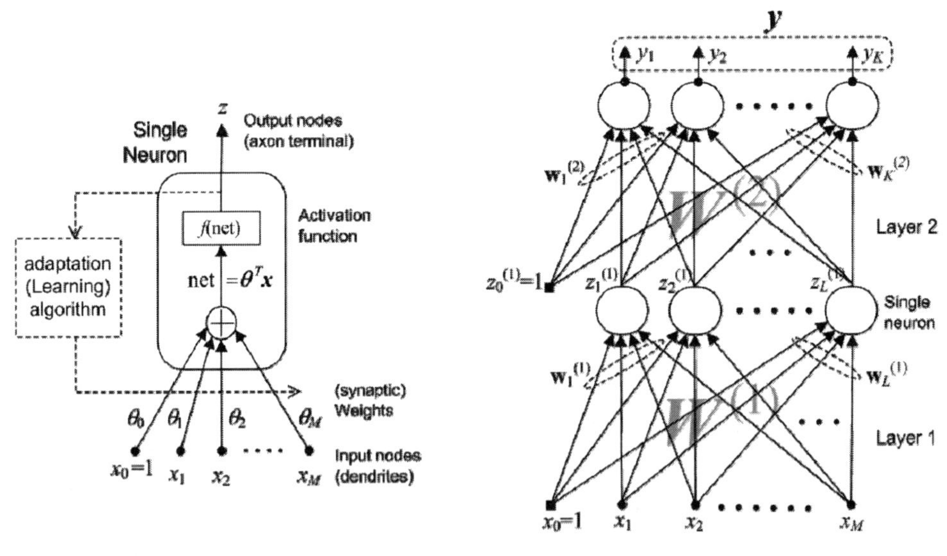

▲ **그림 14.2** (단층) 퍼셉트론의 신경 모형과 인공신경망 구조(다층 퍼셉트론)

14.2 인공 신경망의 학습: 역전파 알고리즘

인공 신경망의 학습은 파라미터 최적화의 문제로 이해될 수 있다. 실제로 단층 퍼셉트론의 학습은 로지스틱 회귀에서의 최적화 문제의 해법과 완전히 동일하며 기울기 강하법을 이용하여 전체 데이터에 대해 일괄적으로 최적화하거나 통계적 기울기 강하법을 이용하여 각 표본$\boldsymbol{x}_i$와 이의 목표값 y_i에 대해 순차적으로 최적화하는 것이 가능하다. 그러나 대부분의 경우는 후자의 경우를 적용하는데 특히 하드웨어로 구현할 경우 각 인공 뉴런에서의 분산처리가 용이하기 때문이며 본 절에서도 후자의 경우를 고려한 인공 신경망의 학습에 대해 살펴본다. 따라서 학습 데이터 표본의 인덱스를 제거하고 입력 벡터 $\boldsymbol{x}$와 이에 대한 목표 값 y에 대해 인공 신경망의 파라미터 갱신 규칙을 기술한다.

우선 인공 신경망은 L개의 계층으로 구성되며 각 계층에서의 뉴런의 수를 $M_l, l = 1, 2, ..., L$이라 가정하고 다음의 변수들을 정의하자.

- **입력(벡터)** : $\boldsymbol{x} = [x_1, x_2, ..., x_M] \rightarrow \tilde{\boldsymbol{x}} = [x_0, x_1, x_2 \cdots, x_M]$ 여기서 $x_0 = 1$이다. $\tilde{\boldsymbol{x}}$를 정의한 이유는 로지스틱 회귀에서와 마찬가지로 결정 경계 파라미터를 신경망의 학습에 포함시키기 위한 것이며 인공신경망의 실제 입력은 $\boldsymbol{x}$이다.
- **목표 값(벡터)** : $\boldsymbol{y} = [y_1, y_2, ..., y_{M_L}]$ 여기서 M_L은 출력단 노드의 개수이다. (인공 신경망의 경우 출력단의 뉴런이 여러 개가 사용될 수 있으므로 목표값은 벡터로 표현한다.)
- **가중치 행렬** : $\boldsymbol{W}^{(l)}, l = 1, 2, ..., L$. 여기서, $\boldsymbol{W}^{(l)}$의 (j, k)번째 요소 $w_{jk}^{(l)}$은 l번째 계층의 k번째 입력 노드와 j번째 출력 노드 간 가중치를 나타내며 $w_{jk}^{(L)}$는 최종 출력단의 가중치이다. 각 계층의 입력단에 결정 경계 파라미터 설정을 위한 추가 입력 노드(항상 값이 1인 0번째 노드)를 가정하므로 $\boldsymbol{W}^{(l)}$은 크기가 $M_l \times (M_{l-1} + 1)$이며 $w_{jk}^{(l)}$에서 $j = 1, 2, ..., M_l, k = 0, 1, 2, ..., M_{l-1}$이다.

인공 신경망을 포함하여 일반적인 분류기/추정기의 동작은 사전 학습과정과 사후 실행과정(실제 입력에 대한 분류 혹은 추정 과정)으로 구분하며 사전 학습과정은 기본적으로 학습 데이터에 대한 실행과정을 포함한다. 즉, 실행과정에서 나온 결과를 목표 값과 비교하여 이의 오차를 줄이는 방향으로 파라미터를 갱신한다. 인공 신경망의 경우 실행과정과 학습과정에 대해 각각 순방향 동작과 역방향 동작이란 용어를 사용한다. 전자는 현재의 가중치 행렬을 이용하여 입력 $\boldsymbol{x}$에 대한 출력을 생성하는 단계이며 후자는 생성된 출력과 목표 값 $\boldsymbol{y}$를 비교하여 이의 오차가 최소화되는 방향으로 가중치 행렬을 갱신하는 단계이다. 순방향과 역방향 단계에서의 동작은 다음과 같다.

순방향 연산: l번째 계층의 출력을 $\boldsymbol{z}^{(l)} = [z_1^{(l)}, z_2^{(l)}, ..., z_{M_l}^{(l)}], l = 1, 2, ..., L$라 하자. 여기서 $z_j^{(l)}$는 다음과 같이 계산된다.

$$z_j^{(l)} = f\left(a_j^{(l)}\right) \tag{14.1}$$

$$a_j^{(l)} = \sum_{k=0}^{M_{l-1}} w_{jk}^{(l)} z_k^{(l-1)} \tag{14.2}$$

$f(\cdot)$는 활성함수로 비선형이며 단조 증가함수이다. 정의에 의해 $\boldsymbol{z}^{(0)} = \boldsymbol{x}$이며 $\boldsymbol{z}^{(L)}$은 최종 계층의 출력 벡터이다. 한편, 입력 벡터와 마찬가지로 $\tilde{\boldsymbol{z}}^{(l)}$를 $\tilde{\boldsymbol{z}}^{(l)} = [1, z_1^{(l)}, z_2^{(l)}, ..., z_{M_l}^{(l)}]$로 정의하며 따라서 $\tilde{\boldsymbol{z}}^{(0)} = \tilde{\boldsymbol{x}}$이다.

역전파에 의한 가중치 행렬의 갱신: 일단 입력 $\boldsymbol{x}$에 대한 순방향 연산이 완료되면 역방향 단계에서의 가중치 행렬의 갱신은 다음과 같이 표기한다.

$$\boldsymbol{W}^{(l)} \leftarrow \boldsymbol{W}^{(l)} - \eta \Delta \boldsymbol{W}^{(l)}, \text{ from } l = L \text{ to } 1 \tag{14.3}$$

여기서 η는 **학습율(learning rate)**로 $0 < \eta \ll 1$이며 역전파에 의한 가중치의 갱신은 출력단 L번째 계층부터 아래쪽으로 단계적으로 이루어진다. 역전파 알고리즘은 $\Delta \boldsymbol{W}^{(l)}$를 어떻게 획득할 것인가의 문제이며 결론만 먼저 얘기하면 다음과 같다.

$$\Delta w_{jk}^{(l)} = \delta_j^{(l)} \tilde{z}_k^{(l-1)} \tag{14.4}$$

여기서, $\delta_j^{(l)}$은 다음과 같다.

출력 계층: $$\delta_k^{(L)} = f'\left(a_k^{(L)}\right)\left(y_k - z_k^{(L)}\right) \tag{14.5.a}$$

중간 계층: $$\delta_k^{(l)} = f'\left(a_k^{(l)}\right) \sum_{j=1}^{M_{l+1}} w_{jk}^{(l+1)} \delta_j^{(l+1)} \quad \text{for } l = L-1, ..., 2, 1 \tag{14.5.b}$$

여기서, $f'\left(a_k^{(l)}\right)$는 임의의 활성함수 $f(a)$에 대해 다음과 같이 얻어진다.

$$f'\left(a_k^{(l)}\right) = \frac{\partial}{\partial a} f(a)\Big|_{a=a_k^{(l)}} \tag{14.6}$$

식 (14.3)에서 (14.6)으로 주어지는 신경망 가중치의 갱신은 역방향으로(최상위 계층에서 시작하여 하위계층의 방향으로) 진행되기 때문에 **역전파(backpropagation)** 알고리즘이라고 한다.

역전파 알고리즘의 유도: 이제 식 (14.3)부터 (14.6)으로 정의되는 역전파 학습규칙이 어떻게 얻어지는지 확인해보자. 역전파 알고리즘은 입력단부터 최종 출력단까지 이루어지는 순방향 연산 과정을 꺼꾸로 따라가면서 비용함수를 감소하는 방향으로 각 계층의 파라미터를 순차적으로 갱신하며 이때 미분의 연쇄법칙이 적용된다. 우선, 비용함수를 정의하고 이를 최소화하는 방향으로 파라미터 갱신이 어떻게 이루어질 수 있는지 확인해 보자.

다양한 비용함수가 고려될 수 있으나 여기서는 비용함수가 출력 값과 목표 값의 차(오차)의 제곱으로 주어지는 제곱오차비용을 고려해 보자. 이는 다음과 같다.

$$E = \frac{1}{2}\sum_{k=1}^{M_L}\left(y_k - z_k^{(L)}\right)^2 = \frac{1}{2}\sum_{k=1}^{M_L} E_k \tag{14.7}$$

여기서, ½는 편의상 추가한 것이며 $z_k^{(L)}$ 은 최종단의 출력으로 식 (14.1)과 (14.2)로 얻어진다. 물론, 위의 제곱오차 합으로 주어지는 비용함수 대신 9.2절 및 9.3절에서 보았던 음의 로그-가능도(negative log-likelihood) 혹은 교차 엔트로피로 정의되는 비용함수를 사용하는 것도 가능하며 실제로 많은 인공신경망 오픈소스 패키지는 교차 엔트로피 비용을 포함한 다양한 비용함수를 제공하고 있지만 여기서는 문제의 단순화를 위해 제곱오차 합으로 주어지는 비용함수를 고려한다. 위의 비용함수에 따라 최종단의 가중치 $w_{jk}^{(L)}$는 식 (14.7)의 제곱오차를 줄이는 방향으로 갱신해야 하므로 다음과 같이 얻어질 수 있다.

$$\Delta w_{jk}^{(L)} = \frac{\partial E}{\partial w_{jk}^{(L)}} = \frac{\partial E}{\partial a_j^{(L)}} \cdot \frac{\partial a_j^{(L)}}{\partial w_{jk}^{(L)}} \tag{14.8}$$

여기서, 식 (14.7), (14.1) 및 (14.2)로부터 다음을 얻는다.

$$\delta_j^{(L)} \equiv \frac{\partial E}{\partial a_j^{(L)}} = \frac{\partial E}{\partial z_j^{(L)}} \cdot \frac{\partial z_j^{(L)}}{\partial a_j^{(L)}} = \left(y_j - z_j^{(L)}\right) f'\left(a_j^{(L)}\right) \tag{14.9}$$

$$\frac{\partial a_j^{(L)}}{\partial w_{jk}^{(L)}} = \tilde{z}_k^{(L-1)} \quad \forall j \tag{14.10}$$

식 (14.9), 및 (14.10)을 (14.8)에 대입하면 식 (14.4)와 (14.5.a)로 주어지는 최종단 가중치의 갱신 값이 얻어진다. 이제 중간 계층의 가중치 갱신을 확인해 보자. 이의 갱신 역시 식 (14.7)의 제곱오차를 줄이는 방향으로 갱신되어야 하며 식 (14.8)과 동일하게 다음에서 시작한다.

$$\Delta w_{jk}^{(l)} = \frac{\partial E}{\partial w_{jk}^{(l)}} = \frac{\partial E}{\partial a_j^{(l)}} \cdot \frac{\partial a_j^{(l)}}{\partial w_{jk}^{(l)}} \tag{14.11}$$

여기서, 우변의 둘째 항과 셋째 항은 다음과 같다.

$$\delta_j^{(l)} \equiv \frac{\partial E}{\partial a_j^{(l)}} = \frac{\partial E}{\partial z_j^{(l)}} \cdot \frac{\partial z_j^{(l)}}{\partial a_j^{(l)}} = \frac{\partial E}{\partial z_j^{(l)}} \cdot f'\left(a_j^{(l)}\right) \tag{14.12}$$

$$\frac{\partial a_j^{(l)}}{\partial w_{jk}^{(l)}} = \tilde{z}_k^{(l-1)} \ \forall j \tag{14.13}$$

여기서, 식 (14.13)의 $\partial a_j^{(l)}/\partial w_{jk}^{(l)}$와 식 (14.12)의 $\partial z_j^{(l)}/\partial a_j^{(l)}$는 (14.1) 및 (14.2)로부터 바로 얻어지지만 식 (14.12)의 $\partial E/\partial z_j^{(l)}$는 $l < L$에 대해 E와 $z_j^{(l)}$이 직접 연결되지 않으므로 바로 구할 수는 없다. 다만, $l = L-1$ 계층에 대해서는 $z_j^{(L-1)}$이 각 가지 $w_{ij}^{(L)}$를 통해 E_i에 영향을 주므로 $z_j^{(L-1)}$의 변동에 따른 전체 제곱오차 $E = \frac{1}{2}\sum_{i=1}^{M_L} E_i$의 변동은 다음과 같이 얻을 수 있다.

$$\frac{\partial E}{\partial z_j^{(L-1)}} = \sum_{i=1}^{M_L} \frac{\partial E}{\partial a_i^{(L)}} \cdot \frac{\partial a_i^{(L)}}{\partial z_j^{(L-1)}} \tag{14.14}$$

여기서, 합 연산 내의 둘째 항인 $\partial a_j^{(L)}/\partial z_j^{(L-1)}$은 식 (9.2)로부터 $\partial a_j^{(L)}/\partial z_j^{(L-1)} = w_{ij}^{(L)}$이며 첫째 항의 경우 최종 단에서의 연산 결과인 식 (14.9)를 이용하면 $\delta_t^{(L)}$임을 알 수 있다. 따라서, 식 (14.12)부터 (14.14)를 종합하면 $l = L-1$에 대해 식 (14.11)은 다음과 같다.

$$\delta_j^{(L-1)} = f'\left(a_j^{(L-1)}\right) \cdot \left(\sum_{i=1}^{M_L} \delta^{(L)} w_{ij}^{(L)}\right) \tag{14.15.a}$$

$$\Delta w_{jk}^{(L-1)} = \delta_j^{(L-1)} \cdot \tilde{z}_k^{(L-2)} \tag{14.15.b}$$

즉, $L-1$번째 계층에서 가중치의 갱신은 상위 계층에서 얻은 $\delta_i^{(L)}$을 이용할 수 있으며 $L-1$번째 계층에서 식 (14.12)에 의해 정의된 $\delta_j^{(L-1)}$을 다음 계층의 학습에 동일한 방법으로 사용할 수 있다. 실제로 식 (14.15.a)와 (14.15.b)에서 $L-1 \rightarrow l$로 치환하면 식 (14.4)와 (14.5.b)로 주어지는 중간 계층의 가중치 갱신 식을 얻으며 이러한 갱신 방식은 최종단인 L번째 계층부터 아래쪽으로 순차적으로 연산 되어야 하기 때문에 역전파 알고리즘이라는 명칭이 붙게 되었다.

활성 함수의 선택과 $f'(a_k^{(l)})$의 계산: 다양한 형태의 활성함수가 인공신경망 모형에 적용될 수 있으며 응용 분야와 연산복잡도(미분이 정의되어야 하므로 이에 대한 고려가 필요함)에 따라 적당한 것을 선택하여 사용하면 된다. 다만 활성함수는 (최종단을 제외하고는) 필히 비선형이어야 한다. 8장에서 언급한 로지스틱 시그모이드 함수 외에 hyperbolic tangent(tanh) 등이 적용되기도 하며 최근에 많이 활용되는 함수로는 다음과 같이 정의되는 ReLU(rectified linear unit)가 있다.

ReLU: $$f(a) = \max(0, a) = (a)^+ \tag{14.16}$$

정의에 따라 ReLU의 미분은 0이거나 1이다. 물론 엄밀히 말하자면 $a = 0$에서는 기울기가 정의되지 않으나 확률적으로 $a = 0$는 거의 발생하지 않으며 그런 경우가 발생한다 해도 이의 미분을 단순히 0 혹은 1로 놓거나 0과 1사이의 적당한 랜덤 값을 선택하여 학습을 수행하더라도 별 문제는 없다. 다만, $a < 0$인 경우 미분이 0이므로 신경망의 학습이 일어나지 않기 때문에 ReLU의 변형인 leaky ReLU를 사용하기도 한다. 이의 정의는 다음과 같다.

Leaky ReLU: $$f(a) = \begin{cases} x & \text{if } a \geq 0 \\ cx & \text{otherwise} \end{cases} \tag{14.17}$$

여기서 $0 < c \ll 1$이며, $c = 0$면 ReLU가 된다. 그림 14.3에 인공신경망에 사용되는 다양한 활성 함수의 예를 나타내었다.

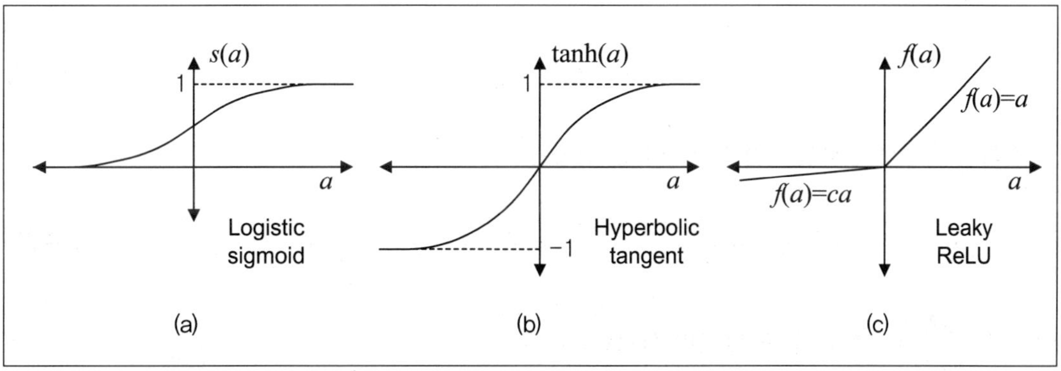

▲**그림 14.3** 인공신경망에 사용되는 다양한 활성 함수의 예. (a) 로지스틱 시그모이드 함수. (b) 하이퍼볼릭 탄젠트 함수, (c) leaky ReLU 함수.

가중치의 초기화: 앞서 설명한 인공신경망의 학습규칙은 학습 시작 전에 가중치 행렬의 초기화가 필요하다. 일반적으로 초기값에 대한 최선의 설정에 대한 규칙은 없으며 적당한 범위의 균일 분포

를 이용하여 무작위 값을 생성하여 설정하는 것이 일반적이다.

14.3 역전파 알고리즘의 벡터/행렬 표현 (선택 사항)

인공신경망의 순방향 동작과 역전파 학습은 벡터-행렬 표현을 사용하면 보다 간편하고 직관적인 이해를 제공해 주는데 먼저 순방향 동작을 보면 다음과 같다.

순방향 연산: 식 (14.1)과 (14.2)

$$\mathbf{z}^{(l)} = f\left(\boldsymbol{W}^{(l)}\mathbf{z}^{(l-1)}\right),\ \ l = 1,2,\dots,L \tag{14.18}$$

또는

$$\boldsymbol{a}^{(l)} = \boldsymbol{W}^{(l)} f\left(\boldsymbol{a}^{(l-1)}\right),\ \ l = 1,2,\dots,L \tag{14.18}$$

여기서, $\boldsymbol{z}^{(l)} = f(\boldsymbol{a}^{(l-1)})$이며 벡터 $\boldsymbol{a} = [a_1, a_2, \dots, a_M]^T$에 대해 $f(\boldsymbol{a}) = [f(a_1), \dots, f(a_M)]^T$이다.

역전파 학습: 먼저 식 (14.4) 및 (14.5)는 다음과 같이 쓸 수 있다.

$$\Delta\boldsymbol{W}^{(l)} = \boldsymbol{\nabla}_{\boldsymbol{W}^{(l)}} E = \frac{\partial E}{\partial \boldsymbol{W}^{(l)}} = \frac{\partial E}{\partial \boldsymbol{a}^{(l)}}\frac{\partial \boldsymbol{a}^{(l)}}{\partial \boldsymbol{W}^{(l)}} = \boldsymbol{\delta}^{(l)}\frac{\partial \boldsymbol{a}^{(l)}}{\partial \boldsymbol{W}^{(l)}} \tag{14.19}$$

여기서, $\dfrac{\partial E}{\partial \boldsymbol{a}^{(l)}}$는 식 (14.12)의 정의에 준하여 $\delta^{(l)}$을 정의하여 재귀적으로 구할 수 있다. 즉,

$$\boldsymbol{\delta}^{(l)} \equiv \boldsymbol{\nabla}_{\boldsymbol{a}^{(l)}} E = \frac{\partial E}{\partial \boldsymbol{a}^{(l)}} \tag{14.20}$$

을 정의하고 연쇄 법칙을 적용하면 다음을 얻는다.

$$\boldsymbol{\delta}^{(l)} = \frac{\partial E}{\partial \boldsymbol{a}^{(L)}}\frac{\partial \boldsymbol{a}^{(L)}}{\partial \boldsymbol{a}^{(L-1)}}\cdots\frac{\partial \boldsymbol{a}^{(l+1)}}{\partial \boldsymbol{a}^{(l)}} = \frac{\partial \boldsymbol{a}^{(l+1)}}{\partial \boldsymbol{a}^{(l)}}\cdots\frac{\partial \boldsymbol{a}^{(L)}}{\partial \boldsymbol{a}^{(L-1)}}\frac{\partial E}{\partial \boldsymbol{a}^{(L)}} \tag{14.21}$$

여기서, $\dfrac{\partial E}{\partial \boldsymbol{a}^{(L)}} = \nabla_{\boldsymbol{a}^{(L)}} E$는 벡터이며 식 (14.12)로부터

$$\boldsymbol{\delta}^{(L)} = f'\left(\boldsymbol{a}^{(L)}\right) \odot \left(\boldsymbol{y} - \mathbf{z}^{(L)}\right) \tag{14.22}$$

임을 알 수 있다. 여기서, $\boldsymbol{a}\odot\boldsymbol{b}$는 동일한 크기의 두 벡터 $\boldsymbol{a}$와 $\boldsymbol{b}$의 요소 별 곱(element-wise product)이

다. 한편, $\dfrac{\partial \boldsymbol{a}^{(l+1)}}{\partial \boldsymbol{a}^{(l)}}$은 행렬로 이의 (i, j)번째 요소는 $\partial a_j^{(l+1)}/\partial a_i^{(l)}$이다. 앞 절의 식 (14.15.a)로부터 유추해 보면 $l < L$에 대해 $\delta^{(l)}$은 다음과 같이 쓸 수 있음을 알 수 있다.

$$\boldsymbol{\delta}^{(l)} = f'\left(\boldsymbol{a}^{(l)}\right) \odot \left(\left(\boldsymbol{W}^{(l+1)}\right)^T \boldsymbol{\delta}^{(l+1)}\right) \tag{14.23.a}$$

$$= \text{diag}\left(f'\left(\boldsymbol{a}^{(l)}\right)\right)\left(\boldsymbol{W}^{(l+1)}\right)^T \boldsymbol{\delta}^{(l+1)} \tag{14.23.b}$$

$$= \left(\prod_{k=l}^{L-1} \text{diag}\left(f'\left(\boldsymbol{a}^{(k)}\right)\right)\left(\boldsymbol{W}^{(k+1)}\right)^T\right)\boldsymbol{\delta}^{(L)} \tag{14.23.c}$$

식 (14.23.c)와 (14.21)을 비교해 보면 다음을 확인할 수 있다.

$$\frac{\partial \boldsymbol{a}^{(l+1)}}{\partial \boldsymbol{a}^{(l)}} = \text{diag}\left(f'\left(\boldsymbol{a}^{(l)}\right)\right)\left(\boldsymbol{W}^{(l+1)}\right)^T \tag{14.24}$$

이제 식 (14.19)의 $\dfrac{\partial \boldsymbol{a}^{(l)}}{\partial w^{(l)}}$을 확인해 보자. $\boldsymbol{a}^{(l)}$는 벡터이고 $\boldsymbol{W}^{(l)}$는 행렬이므로 연산이 잘 정의되지는 않는다. 그러나, 식 (14.13)으로 주어지는 요소 별 편미분 $\partial a_j^{(l)}/\partial w_{jk}^{(l)}$이 j에 무관하게 $\partial a_j^{(l)}/\partial w_{jk}^{(l)} = \tilde{z}_k^{(l-1)}$ 이므로 식 (14.19)는 다음과 같이 쓸 수 있다.

$$\begin{aligned} \frac{\partial E}{\partial \boldsymbol{W}^{(l)}} &= \frac{\partial E}{\partial \boldsymbol{a}^{(l)}}\frac{\partial \boldsymbol{a}^{(l)}}{\partial \boldsymbol{W}^{(l)}} = \boldsymbol{\delta}^{(l)}\left(\tilde{\mathbf{z}}^{(l-1)}\right)^T \\ &= \left(\prod_{k=l}^{L-1} \text{diag}\left(f'\left(\boldsymbol{a}^{(k)}\right)\right)\left(\boldsymbol{W}^{(k+1)}\right)^T\right)\boldsymbol{\delta}^{(L)}\left(\tilde{\mathbf{z}}^{(l-1)}\right)^T \end{aligned} \tag{14.25}$$

다음의 그림 14.4는 순방향 연산과 역전파 학습 과정을 도식적으로 보여준다.

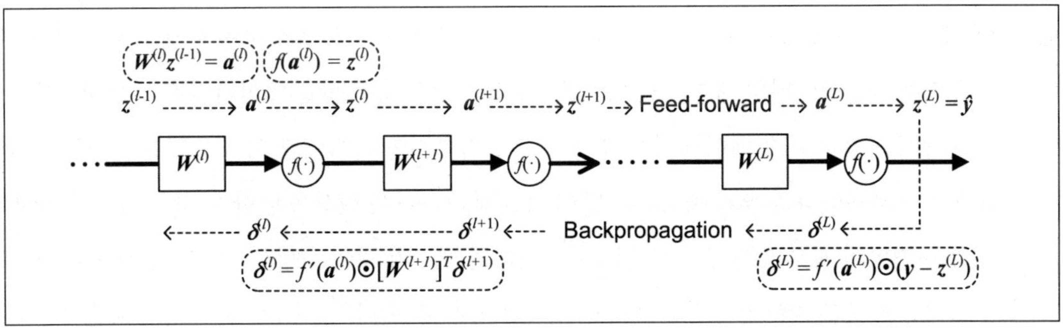

▲그림 14.4 인공신경망 동작 및 학습의 개념도

14.4 역전파 알고리즘의 한계와 이의 극복을 위한 방안들

인공신경망은 기본적으로 비선형 모형이며 비선형 분류(패턴 인식)의 문제, 비선형 회귀의 문제에 광범위하게 적용 가능하다. 특히, 다중 클래스 분류 문제의 경우 9장 9.2절에서 설명한 2진 부호화 기법을 적용하여 학습할 수 있으며 회귀 문제의 경우는 최종 계층의 활성 함수를 선형으로 적용하는 등 다양한 재구성이 가능하다. 다만, 인공 신경망의 적용 시 다음과 같은 문제점들에 대한 고려가 필요하다.

❶ **지역 극소점으로의 수렴:** 인공신경망 모형은 기본적으로 비선형 모형이며 비선형 분류와 비선형 회귀문제 모두에 적용 가능하다. 그러나 비선형 모형에 기반한 비용함수 혹은 목적함수는 다수의 (일반적으로 몇 개인지 확인도 안되는 개수의) **지역 극소점(local minima)** 혹은 **지역 극대점(local maxima)**를 가지며 따라서 기울기 강하법에 근거한 학습이 비선형 비용함수 혹은 목적함수의 **전역 최적점 (global optimum)**에 도달하는 것을 보장하지 못한다는 것이다. 실제로 인공신경망 파라미터의 초기값에 따라 최종적인 도달 점이 달라지는 문제가 있으며 한동안 **simulated annealing** 이나 **genetic 알고리즘**과 같은 직관적인 접근방법이 적용되기도 하였다. 이러한 문제를 부분적으로나마 해결하기 위해서 가장 흔하게 적용되는 것은 배치 학습법 (batch training)으로 학습에 사용하는 데이터를 작은 갯수의 데이터로 구성된 여러 개의 배치로 나누어 기울기 강하법을 시행한다. 이러한 과정은 랜덤한 배치의 샘플링에 기반하기 때문에 통계적 기울기 강하법(stochastic gradient descent; SGD)이라 부른다. 이 경우 배치마다 다른 손실 함수를 가지므로 얕은 극소점에 멈추는 것을 부분적으로 피할 수 있으나 근본적인 해결방안으로 볼 수는 없다.

❷ **과적합 문제(overfitting problem)** : 과적합은 다른 회귀 기법에서도 발생하는 문제로 파라미터의 개수에 비해 학습데이터의 개수가 (상대적으로) 적을 경우 혹은 학습 데이터의 분포가 모집단의 분포와 상이한 경우 학습 데이터에 대해서는 잘 동작하지만 학습에 참여하지 않은 "새로운" 데이터에 대해 추정이나 분류가 예상과는 많이 다르게 나타나는 현상을 말한다. 특히 계층 수가 많은 심층 신경망의 경우 모형에 포함되는 파라미터의 개수가 많아 상당한 량의 학습데이터가 있어야 과적합 현상을 피하면서 활용 가능한 성능을 얻을 수 있다. 그림 14.5는 분류문제에서의 과적합 현상을 보여준다 (그림에서 꼬불꼬불한 곡선은 과적합된 경우의 분류 경계를 나타낸다).

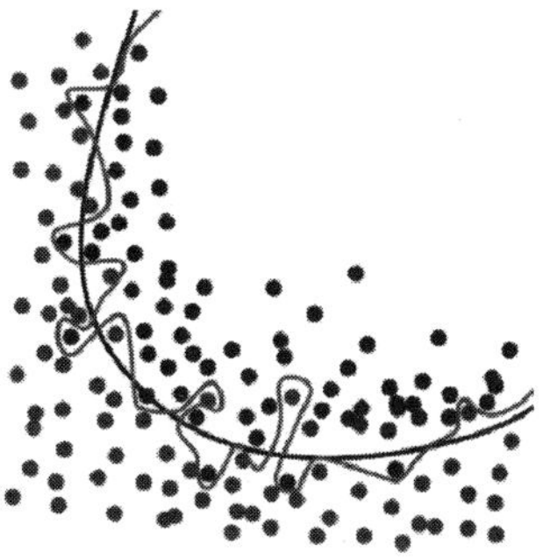

▲ **그림 14.5** 비선형 분류 문제에서의 과적합 현상(출처: https://en.wikipedia.org/wiki/Overfitting)

인공 신경망에서 과적합을 피하기 위한 방법으로는 **잡음인가(noise injection)를 통한 데이터 개수의 확장과 regularization** 등이 있다. 잡음 인가를 통한 데이터 개수의 확장은 듬성하게 존재하는 표본의 주변에 잡음인가를 통해 새로운 데이터를 추가함으로써 과적합을 피하는 방법이며 regularization은 목적함수의 변형을 통해 실효적으로 학습 데이터의 개수를 늘리는 역할을 한다. 특히 regularization의 경우 6장에서 다루었던 Ridge회귀와 유사하게 식 (14.7)의 비용함수를 다음과 같이 변형한다.

$$E = \frac{1}{2}\sum_{k=1}^{M_L}\left(y_k - z_k^{(L)}\right)^2 + \lambda\left(z_k^{(L)}\right)^2 \tag{14.26}$$

다만, 실효적으로 확장된 데이터 집합이 모집단의 분포를 대변하지는 않을 수 있으므로 이에 의한 성능개선은 제한적일 것으로 예상된다.

한편, 인터넷을 검색해 보면 종종 dropout을 과적합의 한 해결 방안으로 보는 견해가 있으나 이는 각 계층의 뉴런 중 일정 비율을 무작위적으로 선택하여 동작을 시키지 않는 방식으로 엄밀히는 매우 많은 뉴런이 사용되는 심층 신경망에서 뉴런들이 유사한 패턴에 대해 **동조화(co-adaptation)**되는 것을 방지하는 역할을 한다.

❸ **사라지는 기울기 문제(vanishing gradient problem)** : 이 문제는 특히 심층 신경망에서 문제가 된다. 식 (14.5.b)를 보면 각 계층의 가중치 변동분은 활성함수의 기울기 $f'(a)$와 $\delta_k^{(l)}$에 비례하는데 이는 다시 상위 계층의 δ값 $\delta_k^{(l+1)}$에 비례한다. 여기서, $f'(a)$는 0과 1/4사이의 값이므로 이 값이 각 계층을 내려오면서 (역전파 되면서) 연속적으로 곱해지면 하위 계층의 실효적인 δ값들이 매우 작아져 하위 계층은 적절한 학습이 이루어지는데 매우 많은 시간이 걸리게 된다. 물론 Leaky

ReLU의 경우 다른 활성 함수에 비해 Vanishing gradient 문제에 덜 민감할 수 있으나 이는 단지 활성 함수만의 문제는 아니며 특히 심층 신경망에서 하위계층의 학습에 엄청난 시간을 소모하도록 만든다. 이러한 문제의 해결을 위한 방식 중의 하나는 하위 계층에 대한 사전 학습(pre-training)인데 먼저 비감독 학습으로 하위 계층의 뉴런을 학습시키고 이후 감독 학습을 통해 상위 계층을 학습시켜 튜닝을 하는 방식이다.

상술한 인공 신경망의 문제는 대부분의 인공 신경망 구조에서 나타나는 일반적인 문제이며 특히 과적합 문제와 사라지는 기울기 문제는 많은 계층 수를 사용하는 심층 신경망에서 자주 나타나므로 인공 신경망의 학습 시 이들에 대한 고려와 세심한 관찰이 요구된다.

참고링크

[1] 인공신경망: https://en.wikipedia.org/wiki/Artificial_neural_network

[2] 활성 함수: https://en.wikipedia.org/wiki/Activation_function

[3] 과적합 문제: https://en.wikipedia.org/wiki/Overfitting

[4] Dropout: https://en.wikipedia.org/wiki/Dropout_(neural_networks)

[5] Vanishing gradient 문제: https://en.wikipedia.org/wiki/Vanishing_gradient_problem

[6] Backpropagation의 이해: http://neuralnetworksanddeeplearning.com/chap2.html

CHAPTER 15

회귀 신경망(RNN)

본 장에서는 시계열 데이터의 분석에 광범위하게 적용되는 **회귀 신경망(Recurrent neural network, RNN)**[1]을 소개한다. 먼저 여기서의 회귀(recurrence)는 4장에서 다룬 회귀(regression)와는 전혀 다른 용어이며 불필요한 혼동을 피하기 위해 미리 밝혀 둔다. 회귀(recurrence)라는 명칭에서 알 수 있듯 RNN은 특정 계층(출력 계층 혹은 임의의 은닉 계층)의 출력(시스템의 현재 상태)이 시간 지연을 가지고 그 계층의 입력으로 되먹임 되는 구조이며 (그림 15.1 참조) 임의의 시점에서의 시스템의 출력은 현재의 입력뿐 아니라 시스템의 이전 상태에 의해서도 결정되는 특징을 갖는다. 물론 시스템의 이전 상태는 그 이전의 입력들에 의해 영향을 받으며 회귀 신경망의 동작과 학습을 이해하기 위해서는 필연적으로 시간의 개념이 도입되어야 한다. 회귀 신경망이 갖는 "메모리" 특성은 시계열 데이터 (시간적으로 연관성을 갖는 데이터)의 분석에 효과적으로 적용될 수 있어 시계열 데이터 예측을 포함하여 음성인식, 언어 모형화, 물체 추적 등 다양한 분야에 적용되고 있다. 다음 장에서 소개하는 CNN도 그렇지만 RNN은 다양한 변형들이 존재하는데 본 서에서는 전형적인 구조를 기준으로 이들의 동작과 학습을 이해하는데 요구되는 핵심적인 요소들을 중심으로만 설명한다.

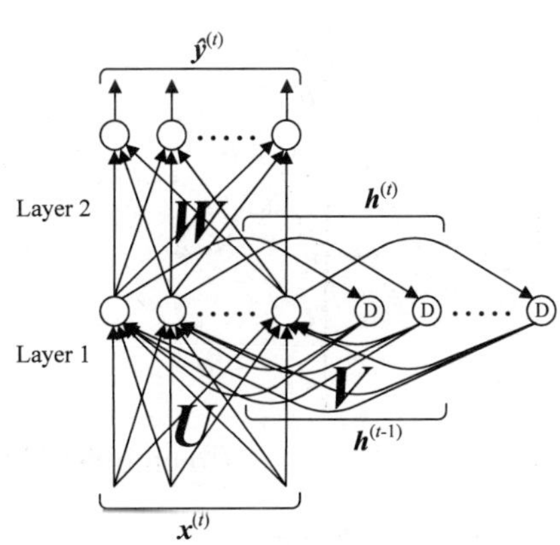

▲ **그림 15.1** 회귀 신경망의 구조

15.1 회귀 신경망의 구조와 동작

초기의 RNN은 그림 15.1에 나타낸 바와 같이 2계층 구조로 소개되었으며 시스템의 상태로 정의되는 1계층의 출력($h^{(t)}$)이 다음 시간 스텝에서 입력단으로 되먹임 되는 형태이다. 그림 15.1의 RNN의 동작을 요약하면 다음과 같다.

$$\boldsymbol{h}^{(t)} = f_h\left(\boldsymbol{U}\boldsymbol{x}^{(t)} + \boldsymbol{V}\boldsymbol{h}^{(t-1)}\right) \tag{15.1}$$

$$\hat{\boldsymbol{y}}^{(t)} = f_o\left(\boldsymbol{W}\boldsymbol{h}^{(t)}\right) \tag{15.2}$$

여기서 $\boldsymbol{x}^{(t)}$, $\hat{\boldsymbol{y}}^{(t)}$, $h^{(t)}$는 각각 시간 스텝 t에서의 입력, 출력 및 **시스템 상태(벡터)**이며 f_h와 f_o는 각각 1계층 및 2계층의 활성 함수를 나타낸다. 또한, 실제로는 바이어스 항이 포함되나 이는 앞에서 보았듯이 첨가 벡터 및 첨가 행렬을 정의하여 동일한 수식으로 표현할 수 있으므로 위에서는 이를 생략하였다. 위 구조에서 2계층은 일반적인 신경망에서의 은닉 계층이나 출력 계층과 동일하기 때문에 대부분의 오픈 소스 패키지에서 제공되는 RNN은 단일 계층으로 제공되며 필요에 따라 은닉 계층과 출력 계층을 추가하여 구성하는 것이 일반적이다.

그림 15.2는 단일 계층으로 구성된 회귀 신경망의 단순화된 모형으로 여기서의 실선은 입력과 상태 벡터의 각 변수간 완전연결을 나타내며 변수들간 연결 강도는 행렬 $\boldsymbol{U}$와 $\boldsymbol{V}$로 나타내었다. 단일 계층의 회귀 신경망의 동작은 식 (15.1)만으로 나타낼 수 있으며 이는 $h^{(t)} = f(g^{(t)})$을 만족하는, 활성 함수를 통과하기 전의 상태 벡터 $g^{(t)}$를 정의하여 다음과 같이 다시 나타낼 수 있다.

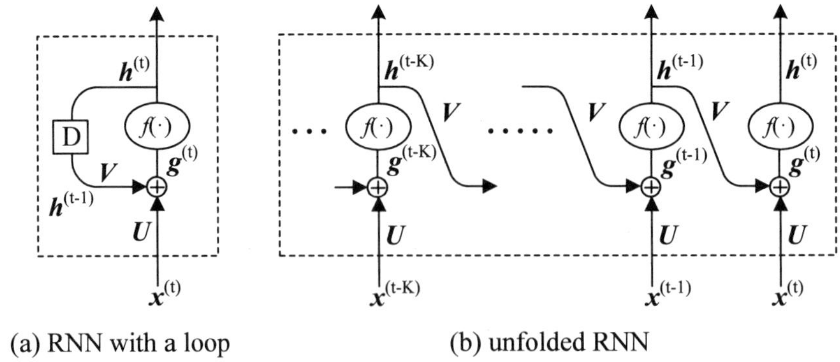

▲ **그림 15.2** 단일 계층 회귀 신경망의 단순화된 모형 (실선은 입력과 상태 벡터의 각 변수간 완전연결을 나타내며 변수들간 연결 강도는 행렬 U와 V로 나타내었다.)

$$g^{(t)} = Ux^{(t)} + Vf\left(g^{(t-1)}\right) = Ux^{(t)} + Vh^{(t-1)} \quad (15.3)$$

여기서, 편의상 활성함수의 아래 첨자를 생략하였다.

초기 상태: RNN은 이전 상태를 다시 입력으로 받아야 하므로 이의 (최초) 동작을 위해서는 초기 상태가 필요하며 초기 상태가 $h^{(0)} = 0$이라면 $h^{(t)} = f(Ux^{(1)})$이 된다.

15.2 회귀 신경망의 학습 (선택사항)

그림 15.2(a)의 RNN은 단일 계층이긴 하지만 회귀 루프가 있어 그림 15.2(b)처럼 시간적으로 펼쳐 놓고 보면 실제로는 많은 계층을 갖는 것으로 볼 수 있다. 다만 모든 계층, 즉 그림 15.2(b)의 각 시간 스텝에서의 뉴런들(일반적으로 Cell이라고 함)이 동일한 학습 파라미터 U와 V를 공유한다. 한편, RNN의 학습도 앞장에서 기술한 역전파 학습 알고리즘을 적용하는데 회귀 루프가 존재하기 때문에 조금 다른 점이 있다. 우선, 비용함수를 다음과 같이 모든 시점에서의 비용들의 합으로 정의하자.

$$E = \sum_{t=1}^{T} E^{(t)}\left(y^{(t)}, h^{(t)}\right) = \sum_{t=1}^{T} E^{(t)}\left(y^{(t)}, f\left(g^{(t)}\right)\right) \quad (15.4)$$

여기서, $y^{(t)}$는 t번째 시간 스텝에서의 목표 벡터이다. 파라미터에 대한 기울기를 얻기 위해 편미분을 취하고 연쇄 법칙을 적용하면 다음을 얻는다. 우선 V에 대한 비용함수 E의 기울기는 다음과 같다.

$$\frac{\partial E}{\partial V} = \sum_{t=1}^{T} \frac{\partial E^{(t)}}{\partial V} \quad (15.5)$$

여기서, 미분의 연쇄법칙을 이용하면 $\frac{\partial E^{(t)}}{\partial V} = \frac{\partial E^{(t)}}{\partial g^{(t)}} \frac{\partial g^{(t)}}{\partial V}$ 이며 14.3절의 논의를 보면 두 번째항 $\frac{\partial g^{(t)}}{\partial V}$는 $f(g^{(t-1)})$ 로부터 얻어진다. 문제는 $g^{(t-1)}$이 독립변수가 아니라 $g^{(t-1)} = Ux^{(t-1)} + Vf(g^{(t-2)})$이며 $g^{(t-2)}, g^{(t-3)}, \ldots$ 역시 V의 함수이다. 이러한 회귀 루프에 따른 연쇄는 $t = 1$까지 이어지며 따라서 연쇄법칙을 이용하면 $\frac{\partial E^{(t)}}{\partial V}$는 다음과 같이 전개된다.

$$\frac{\partial E^{(t)}}{\partial V} = \frac{\partial E^{(t)}}{\partial g^{(t)}} \frac{\partial g^{(t)}}{\partial g^{(t-1)}} \cdots \frac{\partial g^{(2)}}{\partial g^{(1)}} \frac{\partial g^{(1)}}{\partial V} = \frac{\partial E^{(t)}}{\partial g^{(t)}} \left(\prod_{j=2}^{t} \frac{\partial g^{(j)}}{\partial g^{(j-1)}}\right) \frac{\partial g^{(1)}}{\partial V} \quad (15.6)$$

여기서, $\frac{\partial \boldsymbol{g}^{(j)}}{\partial \boldsymbol{g}^{(j-1)}}$는 정방 행렬로 14.3절의 벡터-행렬 표현을 이용하면 $\frac{\partial \boldsymbol{g}^{(j)}}{\partial \boldsymbol{g}^{(j-1)}} = \mathrm{diag}(f'(\boldsymbol{g}^{(j)}))\boldsymbol{V}^T$가 되며 따라서 다음을 얻는다.

$$\frac{\partial E^{(t)}}{\partial \boldsymbol{V}} = \frac{\partial E^{(t)}}{\partial \boldsymbol{g}^{(t)}}\left(\prod_{j=2}^{t} \boldsymbol{V}^T \mathrm{diag}\left(f'\left(\boldsymbol{g}^{(j)}\right)\right)\right)\frac{\partial \boldsymbol{g}^{(1)}}{\partial \boldsymbol{V}} \tag{15.7}$$

한편, $\boldsymbol{U}$에 대한 비용함수 E의 기울기는 조금 더 복잡한데 연쇄법칙을 적용하면 다음을 얻는다.

$$\frac{\partial E^{(t)}}{\partial \boldsymbol{U}} = \sum_{k=1}^{t}\frac{\partial E^{(t)}}{\partial \boldsymbol{g}^{(t)}}\frac{\partial \boldsymbol{g}^{(t)}}{\partial \boldsymbol{g}^{(k)}}\frac{\partial \boldsymbol{g}^{(k)}}{\partial \boldsymbol{U}} = \frac{\partial E^{(t)}}{\partial \boldsymbol{g}^{(t)}}\sum_{k=1}^{t}\left(\prod_{j=k+1}^{t} \boldsymbol{V}^T \mathrm{diag}\left(f'\left(\boldsymbol{g}^{(j)}\right)\right)\right)\frac{\partial \boldsymbol{g}^{(k)}}{\partial \boldsymbol{U}} \tag{15.8}$$

식 (15.7)과 (15.8)을 보면 $\boldsymbol{V}$와 $\boldsymbol{U}$의 갱신을 위해서는 현재 시간 스텝 $t = T$로부터 시간을 거슬러 역전파 연산을 $t = 1$까지 수행해야 하기 때문에 **Backpropagation through time (BPTT)**이라는 명칭이 붙었다.

우선, 식 (15.7)에 포함된 곱 항 $\prod_{j=k+1}^{t} \boldsymbol{V}^T\mathrm{diag}(f'(\boldsymbol{g}^{(j)}))$을 보면 RNN의 학습에서 나타나는 두 가지 문제인 **사라지는 기울기 문제(vanishing gradient problem)**와 **폭발하는 기울기(exploding gradient) 문제**가 설명된다. 우선 인공신경망에서 사용되는 모든 활성함수 f에 대해 $0 \le f'(a) \le 1$이며 따라서 $\|\mathrm{diag}(f'(\boldsymbol{g}^{(j)}))\| < 1$ 이다. 한편 임의의 두 행렬 $\boldsymbol{A}$와 $\boldsymbol{B}$에 대해 $\|\boldsymbol{AB}\| \le \|\boldsymbol{A}\|\,\|\boldsymbol{B}\|$ (matrix norm [2] 참조)이므로 다음을 알 수 있다.

$$\left\|\prod_{j=k+1}^{t} \boldsymbol{V}^T \mathrm{diag}\left(f'\left(\boldsymbol{g}^{(j)}\right)\right)\right\| \le \eta^{t-k} \tag{15.9}$$

여기서 $\eta = \|\boldsymbol{V}^T\|$. 따라서, t가 증가함에 따라 $\|\prod_{j=k+1}^{t} \boldsymbol{V}^T\mathrm{diag}(f'(\boldsymbol{g}^{(j)}))\|$은 0에 수렴하거나 (사라지는 기울기) 지수적으로 커질 수 있다 (폭발하는 기울기). 사실상 두 가지 경우 모두 RNN의 학습에 문제가 되며 RNN이 1986년에 제안된 이래 이 문제를 해결하기 위한 다양한 트릭들이 제안되어 왔다. ([3] 참고)

한편 식 (15.9)에도 이 곱 항이 포함되어 있으며 $\boldsymbol{V}$의 갱신 식과는 달리 곱 항들의 합으로 주어진다. 임의의 두 행렬 $\boldsymbol{A}$와 $\boldsymbol{B}$에 대해 $\|\boldsymbol{A}+\boldsymbol{B}\| \le \|\boldsymbol{A}\| + \|\boldsymbol{B}\|$이므로 다음을 얻을 수 있다.

$$\left\|\sum_{k=1}^{t}\left(\prod_{j=k+1}^{t} \boldsymbol{V}^T \mathrm{diag}\left(f'\left(\boldsymbol{g}^{(j)}\right)\right)\right)\frac{\partial \boldsymbol{g}^{(k)}}{\partial \boldsymbol{U}}\right\| \le \sum_{k=1}^{t}\eta^{t-k}\left\|\frac{\partial \boldsymbol{g}^{(k)}}{\partial \boldsymbol{U}}\right\| \tag{15.10}$$

따라서, η의 값에 따라 $\boldsymbol{V}$의 갱신에서만큼 심각하지는 않지만 사라지거나 폭발하는 기울기 문제는 여전히 발생할 수 있으며 $\eta < 1$인 경우라 하더라도 시스템이 입력 데이터를 그리 오랜 동안 기억하지 못한다는 것도 확인할 수 있다.

15.3 LSTM (long-short term memory)

RNN의 특징: 앞 절의 내용을 종합하여 RNN의 특징을 요약해 보면 다음과 같다.

❶ RNN의 학습은 회귀 루프를 갖는 특징으로 시간을 거슬러 올라가며 역전파 연산이 수행되어야 한다. (Backpropagation through time, BPTT)

❷ 이론적으로 BPTT는 초기시간 스텝 $t = 1$까지 거슬러 올라가야 하며 회귀 루프의 전달 행렬 V에 따라 기울기가 사라지거나 폭발할 수 있으므로 학습 규칙의 세심한 튜닝이 요구된다.

❸ 많은 경우 기울기의 폭발 보다는 사라짐이 더 자주 발생할 수 있는데 $f'(a) \leq 1$이긴 하지만 ReLU이외의 활성함수에 대해서 대부분의 경우 $f'(a) \ll 1$이기 때문이다.

❹ 이러한 이유로 현실적으로는 적당한 <u>윈도우 길이</u>를 설정하여 유한 시간 지연까지만 BPTT를 수행하는 것이 일반적이다. 윈도우 길이는 RNN의 메모리 길이이므로 너무 작을 경우 긴 메모리를 필요로 하는 시계열 패턴에 대해 성능상 손해를 볼 수 있으며 너무 길 경우 사라지는 기울기 문제나 폭발하는 기울기 문제에 취약해질 수 있다

LSTM (Long-short term memory): 소위 LSTM[4]으로 알려진 RNN의 변형은 RNN의 기억이 생각보다 매우 짧다는 문제를 해결하고 부분적으로 사라지는 기울기 문제를 해결하기 위해 1997년 처음 제안되었다. LSTM의 아이디어는 BPTT 연산 시 기울기를 크게 변화시키기 않고 다음 cell로 넘겨줄 수 있는 기제의 적용이며 이는 추가적인 상태벡터의 도입으로 이루어진다. 그림 15.3은 기존의 vanilla RNN과 LSTM의 cell 구조를 비교하여 보여준다.

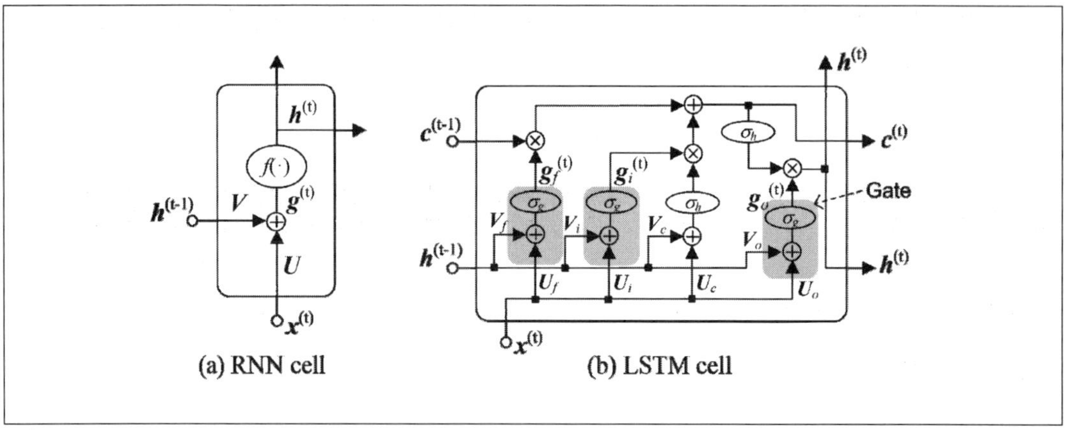

▲ **그림 15.3** RNN 셀과 LSTM 셀의 구조

소위 vanilla RNN이라고 부르는 일반적인 RNN의 구조에 비하면 LSTM의 구조는 매우 복잡한 것으로 보이나 3개의 게이트(망각 게이트, 입력 게이트, 출력 게이트)와 하나의 주 경로를 나누어 보면 어렵지 않게 동작을 이해할 수 있다. 물론 가장 큰 차이점은 기존 RNN에서는 하나의 상태벡터 $\boldsymbol{h}^{(t)}$만 정의되는 반면 LSTM에서는 두 개의 상태 벡터가 사용되며 따라서 좌우의 입/출력단에 2개의 경로가 존재한다. 한편, 3개의 게이트는 그림 15.3에 음영으로 나타내었으며 이들은 주경로와 마찬가지로 모두 단일 계층 신경망으로 구성된다. LSTM의 순방향 동작은 다음과 같다.

Gating function 갱신:

$$\boldsymbol{g}_f^{(t)} = \sigma_g\left(\boldsymbol{U}_f \boldsymbol{x}^{(t)} + \boldsymbol{V}_f \boldsymbol{h}^{(t-1)}\right) \text{ (망각 게이트 벡터)} \tag{15.11}$$

$$\boldsymbol{g}_i^{(t)} = \sigma_g\left(\boldsymbol{U}_i \boldsymbol{x}^{(t)} + \boldsymbol{V}_i \boldsymbol{h}^{(t-1)}\right) \text{ (입력 게이트 벡터)} \tag{15.12}$$

$$\boldsymbol{g}_o^{(t)} = \sigma_g\left(\boldsymbol{U}_o \boldsymbol{x}^{(t)} + \boldsymbol{V}_o \boldsymbol{h}^{(t-1)}\right) \text{ (출력 게이트 벡터)} \tag{15.13}$$

Cell의 상태 벡터 갱신:

$$\boldsymbol{c}^{(t)} = \boldsymbol{g}_f^{(t)} \odot \boldsymbol{c}^{(t-1)} + \boldsymbol{g}_i^{(t)} \odot \sigma_h\left(\boldsymbol{U}_c \boldsymbol{x}^{(t)} + \boldsymbol{V}_c \boldsymbol{h}^{(t-1)}\right) \text{ (장기기억)} \tag{15.14}$$

$$\boldsymbol{h}^{(t)} = \boldsymbol{g}_o^{(t)} \odot \sigma_h\left(\boldsymbol{c}^{(t)}\right) \text{ (단기기억)} \tag{15.15}$$

기존의 RNN에서는 출력 $\boldsymbol{h}^{(t)}$가 되먹임 되는 구조로 $\boldsymbol{h}^{(t)}$만으로 셀의 현재 상태를 나타내는 반면 LSTM에서는 추가적인 상태 벡터 $\boldsymbol{c}^{(t)}$를 도입하고 있다. 그림에서 알 수 있듯이 게이트 $\boldsymbol{g}_f^{(t)}$와

$g_i^{(t)}$의 효과를 무시한다면 이전 상태 값 $c^{(t-1)}$을 그대로 받고 새로운 입력 $\sigma_h(\boldsymbol{U}_c\boldsymbol{x}^{(t)} + \boldsymbol{V}_c\boldsymbol{h}^{(t-1)})$을 더하여 다음 단으로 넘기기 때문에 일반 RNN과 달리 쉽게 망각이 일어나지 않는다. 또한, 망각 게이트 $g_f^{(t)}$와 입력 게이트 $g_i^{(t)}$의 역할로 이전 상태 $c^{(t-1)}$에서 어느 요소를 얼마만큼 버리고 새로운 입력에서 어느 요소를 얼마만큼 반영할지 조절이 가능하다. 물론 이들 게이트 역시 신경망 구조를 갖기 때문에 입력 데이터에 따라 학습된다. 결국, LSTM은 두 개의 상태 벡터 $\boldsymbol{h}^{(t)}$와 $\boldsymbol{c}^{(t)}$로 구성되는 두 가지의 메모리를 갖고 있으며 여기서 $\boldsymbol{h}^{(t)}$는 과거 입력에 대한 단기 기억을, $\boldsymbol{c}^{(t)}$는 그에 대한 장기 기억을 제공하여 vanilla RNN에 비해 월등한 성능을 제공할 수 있다[5].

참고링크

[1] RNN: https://en.wikipedia.org/wiki/Recurrent_neural_network

[2] Matrix norm: https://en.wikipedia.org/wiki/Matrix_norm

[3] Pascanu, Razvan, Mikolov, Tomas, and Bengio, Yoshua. On the difficulty of training recurrent neural networks. In Proceedings of the 30th International Conference on Machine Learning, ICML 2013, Atlanta, GA, USA, 16- 21 June 2013, pp. 1310–1318, 2013.

[4] LSTM: https://en.wikipedia.org/wiki/Long_short-term_memory

[5] LSTM의 이해: http://colah.github.io/posts/2015-08-Understanding-LSTMs/

CHAPTER 16

콘볼루션 신경망(CNN)

일반적으로 CNN이라는 약어로 불리는 **콘볼루션 신경망**(Convolutional neural network, CNN)[1]은 이미지나 비젼(vision) 데이터를 다루기 위해 개발된 신경망 구조이다. 이미지 데이터는 픽셀 단위로 나타내는 크기(높이와 넓이)를 가지며 2차원 공간상에서 각 픽셀이 갖는 값은 대개 높은 상관관계를 갖는다. 따라서, 이미지가 갖는 패턴의 분석을 위해서는 인접 픽셀들을 묶어 해당 영역에 존재하는 패턴(특징)을 갭쳐할 수 있어야 하며 다양한 지역적 특징을 그룹화하고 최종적으로 전체 영역에서 나타나는 패턴들을 병렬로 처리하여 분류가 수행되어야 한다.

16.1 콘볼루션 신경망의 특징

그림 16.1은 이미지 분류를 위한 전형적인 심층 신경망의 구성도를 보여주는데 두 가지의 망구성이 혼합되어 있으며 이 경우에는 하위(그림에서는 좌측의) 2개의 **콘볼루션 계층**(C1, C3)과 상위(우측) 2개의 완전 연결을 갖는 일반 신경망 계층(C5 및 F6)으로 구성되어 있다. 그림에 나타난 사각형은 (공간 정보가 유지되는) 특징 맵(feature map)을 나타내며 2차원의 뉴런 배열을 나타낸다. 하나의 콘볼루션 계층은 여러 개의 특징 맵들(사각형의 슬라이스들)을 가지므로 전체적으로 하나의 콘볼루션 계층의 뉴런 배열은 3차원 배열을 갖는다. 콘볼루션 계층은 소위 **풀링(pooling) 계층**이라고하는 추가적인 부계층이 연결될 수 있는데 그림 16.1에서 C1과 C3의 출력단에 연결된 S2 및 S4가 풀링 계층이다. 본 서에서는 풀링 계층을 콘볼루션 계층의 일부로 보고 (C1, S2), (C3, S4)를 각각 하나의 콘볼루션 계층으로 간주하여 CNN의 동작을 기술하기로 한다.

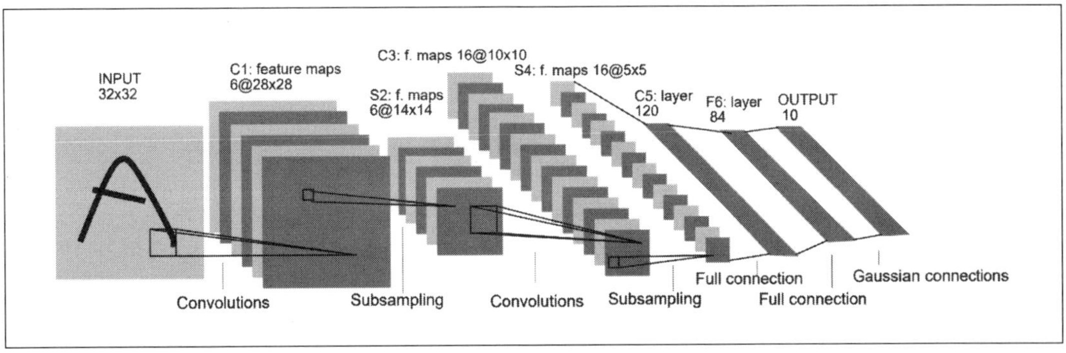

▲ **그림 16.1** 콘볼루션 신경망을 이용한 전형적인 이미지 분류기의 구성도

출처: Proc. of IEEE, Nov. 1998 by Y. LeCun, et.al.

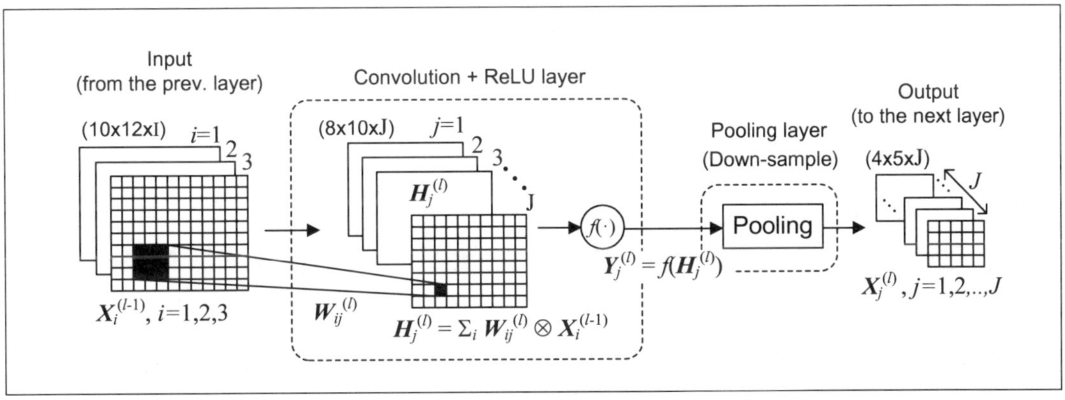

▲ **그림 16.2** 일반적인 콘볼루션 계층의 구성: CNN에서 하나의 계층은 활성함수를 포함하는 콘볼루션 (부)계층과 풀링 (부)계층으로 구성된다.

그림 16.2는 하나의 콘볼루션 계층의 구성을 개략적으로 보여준다. 그림에 나타낸 콘볼루션 계층을 일반 신경망 계층과 비교하여 설명하면 다음과 같다.

❶ 일반적인 신경망은 하나의 계층을 구성하는 신경이 1차원으로 배열된 구조를 갖지만 CNN은 하나의 계층이 3차원의 신경 배열을 갖는다. 입력단 역시 일반적으로 3차원 배열 구조을 갖는데 컬러 이미지의 경우 RGB 세 가지의 색상으로 표현되기 때문에 (픽셀수로 나타내는) 높이와 넓이 외에 깊이(일반적으로 깊이라는 용어 대신에 "**채널**"이라는 용어를 사용한다.)를 가지며 RGB 세가지 색상으로 표현할 경우 깊이(채널 수)는 3이 된다. 흑백 이미지의 경우 (높이와 넓이) 2차원이지만 깊이가 1인 3차원 뉴런 배열로 볼 수 있다. 그림 16.2는 콘볼루션 계층의 구성도을 보여주는데 모든 콘볼루션 계층은 상세 규격(배열의 크기)만 다를 뿐 이와 동일한 형태로 구성된다. 그림 16.2의 입력단은 높이 9, 넓이 11, 채널 3인 (9×11×3)뉴런 배열

을 가지며 출력단은 (8×10×J)의 뉴런 배열을 갖고 있다.

❷ 일반적인 신경망은 두 인접 계층간 뉴런들이 완전 연결(한 계층의 하나의 뉴런은 이전 계층의 모든 뉴런과 연결됨을 의미)을 이루지만 CNN에서는 한 계층의 하나의 뉴런은 이전 계층의 일부 뉴런과만 연결되며 이들은 **수용영역 (receptive field)**로 정의되는 공간상의 일정 영역(대개 4각형 영역) 내에 존재한다. 여기서, 수용영역은 그 계층에서의 상대적인 위치가 이와 연결된 뉴런의 해당 계층에서의 상대적인 위치와 대응된다. 즉, 두 인접 뉴런에 연결된 수용영역은 상당 부분 중첩되어 있다. 그림 16.2에 보여준 바와 같이 콘볼루션(+ReLU) 계층에 음영으로 표시된 뉴런은 입력단에 음영으로 표기된 크기 3×3인 수용영역내에 존재하는 9개 뉴런과 연결을 가지며 이들간 가중치는 (3×3) 행렬로 나타낸다. 한편, 입력단은 동일한 크기의 여러 채널을 가지기 때문에 콘볼루션(+ReLU) 계층의 한 뉴런은 모든 입력 채널의 동일한 영역에 존재하는 뉴런들과 완전 연결을 가지며 I개의 입력단 채널을 가정하면 가중치는 크기 (3×3×I)인 3차원 텐서로 표현된다.

❸ 콘볼루션(+ReLU) 계층의 뉴런은 해당 수용영역의 각 채널에 분포하는 특정 패턴에 반응하도록 학습되며 이러한 콘볼루션 계층을 다중으로 쌓음으로써 특징들을 종합하는 것이 가능하다. 즉, 콘볼루션 계층은 그림 16.1에도 보였듯이 이미지에 포함된 패턴의 특징을 지역적인 패턴부터 이들을 묶어 나가면서 종합하는 것이 가능하며 이는 학습과정을 통해 자동으로 이루어진다.

❹ 한편, 콘볼루션(+ReLU) 계층의 모든 뉴런은 동일한 하나의 가중치 텐서를 공유한다. 이는 평행 이동에 대한 불변성(translation invariance)를 제공하기 위한 기제로 이렇게 함으로써 특정한 지역적 패턴이 전체 이미지의 어느 위치에 있더라도 검출이 가능하면서 파라미터의 수를 줄여 과적합 문제를 부분적으로 해결할 수 있다.

❺ 콘볼루션(+ReLU) 계층의 출력 값(텐서)은 활성함수가 적용된 후 풀링 계층으로 전달되는데 풀링 계층의 기능은 일종의 다운 샘플링이다. 3차원 배열로 구성되는 원본 이미지는 너무 많은 정보를 포함하고 있어 이들을 완전 연결을 갖는 일반 신경망으로 처리하기는 매우 부담스럽다. 풀링 계층은 인접한 수용영역 간의 높은 상관관계를 가정하고 콘볼루션(+ReLU) 계층 출력단의 정해진 (사각형) 영역 내에서의 값들을 하나의 값으로 "요약"한다. 본 서에서는 이를 풀링 영역으로 정의한다.

16.2 콘볼루션 신경망의 동작

이제 위에서 설명한 CNN의 특징에 기초하여 콘볼루션 부계층의 순방향 연산을 기술해 보자. l 번째 콘볼루션 계층의 입력과 출력을 각각 $\boldsymbol{X}_i^{(l-1)}$과 $\boldsymbol{X}_j^{(l)}$이라 하자. 여기서, $i = 1, 2, ..., I^{(l-1)}$, $j = 1, 2, ..., I^{(l)}$이며 $I^{(l)}$는 l번째 콘볼루션 계층의 채널 수이다. 그림 16.2로부터 하나의 콘볼루션 계층의 연산은 다음의 3단계로 기술된다.

❶ 콘볼루션 연산: $$\boldsymbol{H}_j^{(l)} = \sum_{i=1}^{I^{(l-1)}} \boldsymbol{W}_{ij}^{(l)} \otimes \boldsymbol{X}_i^{(l-1)} \tag{16.1}$$

❷ 활성함수 적용: $$\boldsymbol{Y}_j^{(l)} = f\left(\boldsymbol{H}_j^{(l)}\right) \tag{16.2}$$

❸ 풀링(Pooling): $$\boldsymbol{X}_j^{(l)} = P\left(\boldsymbol{Y}_j^{(l)}\right) \tag{16.3}$$

여기서, $\otimes$는 2차원 콘볼루션(엄밀히는 상호상관) 연산자이며 $\boldsymbol{W}_{ij}^{(l)}$는 i번째 입력단 채널과 j번째 출력단 채널 간의 가중치 행렬로 간단히 "**필터**"라고 부르는데 이는 출력단 뉴런이 수용영역 상의 특정 패턴에 반응하도록 학습된다. $P(\cdot)$는 풀링 연산을 나타내며 위 식에 명시적으로 나타나 있지는 않으나 콘볼루션 연산 $\otimes$와 풀링 연산 $P(\cdot)$에 대해서 각각 스트라이드(stride) S와 다운 샘플비를 d를 정의해야 한다.

콘볼루션 연산: 2차원 콘볼루션의 결과로 얻어지는 j번째 채널의 행렬 $\boldsymbol{H}_j^{(l)}$의 (r, s)번째 요소를 $h_{j,rs}^{(l)}$라 하면 이는 다음과 같이 얻어진다.

$$h_{j,rs}^{(l)} = \sum_{i=1}^{I} \sum_{n=1}^{L} \sum_{m=1}^{L} w_{ij,nm}^{(l)} x_{i,((r-1)S+m)((s-1)S+n)}^{(l-1)} \tag{16.4}$$

여기서, $r = 1, 2, ..., h^{(\text{out})}$, $s = 1, 2, ..., w^{(\text{out})}$이고 $h^{(\text{out})}$와 $w^{(\text{out})}$는 각각 출력단의 높이와 넓이, L은 필터의 크기, S는 스트라이드이다. 그림 16.3은 $L = 3$, $S = 1$인 경우에 대한 콘볼루션 연산을 개략적으로 나타내며 그림 16.4는 5×5 필터의 몇 가지 예를 보여준다.

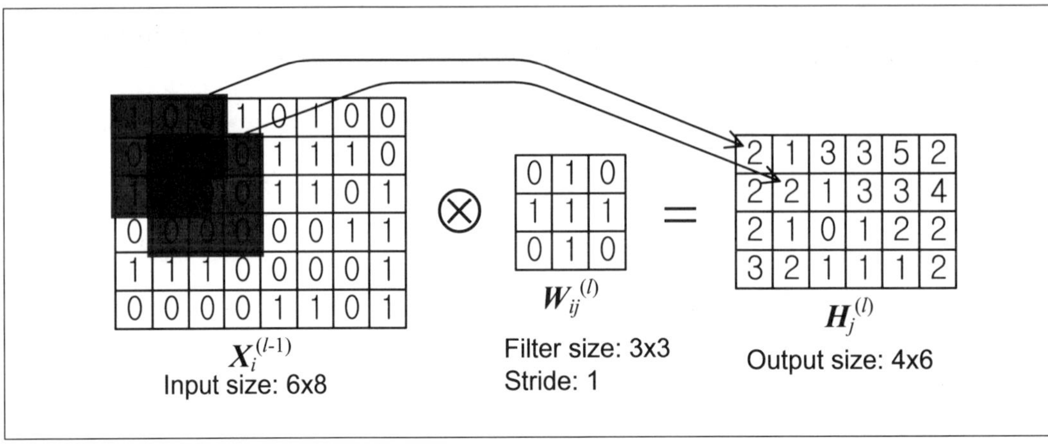

▲ **그림 16.3** 2차원 콘볼루션 (상호상관) 연산. 각 입력 채널에 대해 합하는 부분은 편의 상 생략하였다.

0	0	1	0	0
0	1	0	1	0
1	0	0	0	1
0	1	0	1	0
0	0	1	0	0

1	1	1	1	1
0	0	1	0	0
0	0	1	0	0
0	0	1	0	0
0	0	1	0	0

0	0	0	1	1
0	0	1	1	1
0	1	1	1	0
1	1	1	0	0
1	1	0	0	0

▲ **그림 16.4** 필터 가중치의 예. 필터의 계수는 신경망의 학습을 통해 획득되며 일반적으로 실수 행렬이다. 각각 ◇, T, / 패턴에 반응하는 필터의 예이다.

물론, 필터의 계수는 일반적으로 실수이며 신경망의 학습을 통해 획득되어 수용영역의 특정한 패턴에 반응한다. 그림으로부터 알 수 있듯이 필터의 크기 L (정사각형 필터 가정), 스트라이드 S, 입력과 출력의 크기 $(h^{(\mathrm{in})}, w^{(\mathrm{in})})$ 및 $(h^{(\mathrm{out})}, w^{(\mathrm{out})})$는 임의로 설정될 수 없으며 값들이 서로 맞아 떨어져야 한다. 그림 16.5는 2개의 입력채널, 3개의 출력채널, 필터크기 (3x3), 스트라이드 1인 콘볼루션 부계층의 구성을 보여준다.

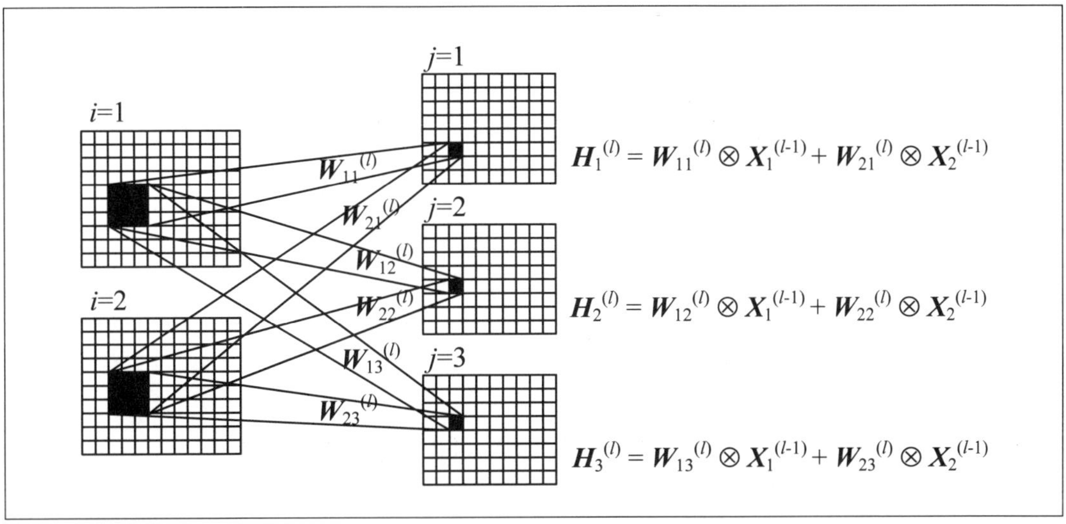

▲ **그림 16.5** 2개의 입력채널, 3개의 출력채널, 필터크기 (3×3), 스트라이드 1인 콘볼루션 부계층의 구성 예.

문제 16.1

입력단의 한 채널의 크기가 (64×84)이고 필터 크기는 (5×5), 스트라이드가 2라면 출력단 특징 맵의 크기는 몇인가?

■

활성함수의 적용: 활성함수의 적용은 일반 신경망과 동일하게 출력 텐서의 요소 별로 적용되며 CNN에서는 대개 ReLU 계열을 사용한다.

$$y_{j,kl}^{(l)} = f\left(h_{j,kl}^{(l)}\right) \tag{16.5}$$

풀링(pooling) 연산: 풀링 연산은 기본적으로 다운 샘플링이지만 이외에 "데이터의 요약"이 포함된다. 일반적으로 사용되는 풀링은 최대 풀링과 평균 풀링이 있다. 우선 입력 이미지를 크기 $d \times d$인 영역들로 구획(partitioning)한 후 각 영역에서 최대값을 구하거나 평균을 내서 하나의 값으로 요약하는 형태로 이루어진다. 여기서, d는 **다운 샘플링비**가 되는데 풀링 계층 입력 이미지의 크기를 $h^{(\text{in})}, w^{(\text{in})}$라 할 때 출력 이미지의 크기는 $(h^{(\text{in})}/d) \times (w^{(\text{in})}/d)$이며 이는 정수 쌍이어야 한다. 따라서, 예제 16.1에서와 유사하게 주어진 다운 샘플링비에 대해 입력과 출력 이미지(특징 맵) 크기를 적절히 맞춰주어야 한다. 그림 16.6은 최대 풀링 연산을 개략적으로 보여준다. 한편, 풀링 연산은 각 채널에 대해 따로 수행되므로 출력단 채널 수는 입력단 채널 수와 동일하게 유지된다.

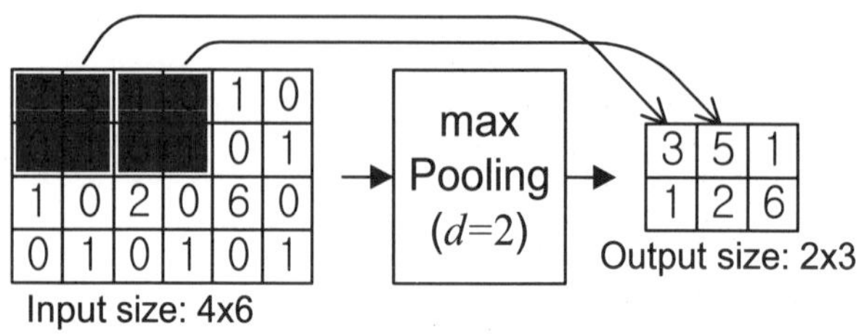

▲**그림 16.6** 최대 풀링 연산의 개념도

식 (16.3)을 구체적으로 표현하면 $\boldsymbol{X}_j^{(l)}$의 각 요소는 다음과 같이 얻어진다.

$$x_{j,mn}^{(l)} = \begin{cases} \max\limits_{(p,q)\in P^{(l)}(m,n)} y_{j,pq}^{(l)} & \text{(max pooling)} \\ \sum_{(p,q)\in P^{(l)}(m,n)} y_{j,pq}^{(l)} & \text{(ave. pooling)} \end{cases} \tag{16.6}$$

여기서, $P^{(l)}(n,m)$은 풀링 블록 출력단의 (n,m)번째 뉴런에 대한 입력단의 풀링 영역이며 그림 16.6의 동작을 참고해 보면 다음과 같이 정의될 수 있다.

$$P^{(l)}(m,n) = \{((m-1)d + r, (n-1)d + s);\ 1 \le r, s \le d\} \tag{16.7}$$

일반적으로 원본 이미지가 포함하는 정보량은 픽셀 수에 비례하므로 완전연결을 갖는 인공신경망에 바로 적용하기는 매우 부담스럽다. 따라서, 정보의 손실을 최소화하면서 공간상의 상호관계를 유지하기 위해 풀링 계층이 적용되며 한번에 큰 다운 샘플비로 정보를 줄이는 것 보다는 작은 다운 샘플비를 여러 단으로 적용하는 것이 성능상의 손실을 줄이는데 도움이 될 것이다.

16.3 콘볼루션 신경망의 학습 (선택 사항)

콘볼루션 신경망의 학습은 14장에서 보았던 역전파 알고리즘을 적용한다. 연쇄 규칙을 적용하여 식 (16.3)에서 (16.1)까지의 연산과정을 거슬러 올라가면서 비용 함수에 대한 기울기를 찾아 갱신하면 된다. 물론, CNN의 연산이 일반 인공신경망과 다른 점이 있으므로 이에 대한 반영이 필요하다. 특히, 모든 뉴런이 (수용역역만 달리하여) 하나의 가중치 행렬(필터 계수)을 공유한다는 점과 풀링이라는 새로운 연산이 추가되었으므로 이들에 대한 고려가 필요하며 각 계층과 그 내부의 부계층이 3차원 배열의 뉴런을 가지므로 수식은 좀 더 복잡하다.

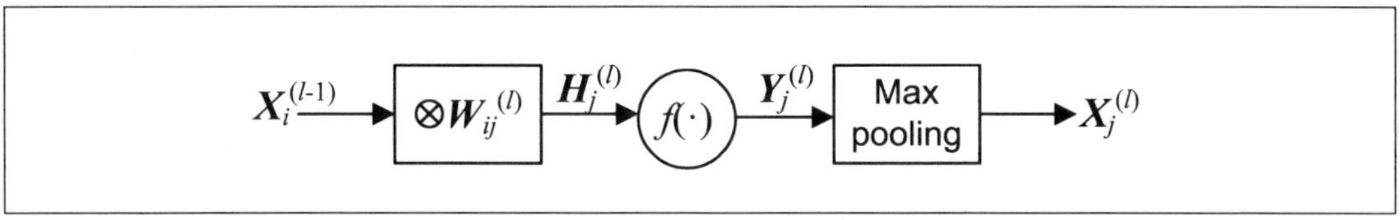

▲**그림 16.7** 콘볼루션 계층의 간략화된 연산 모형

그림 16.7에 l번째 콘볼루션 계층의 간략화 된 연산 모형을 보였으며 위 모형을 참고하여 역전파 학습 과정을 알아보자. 학습 파라미터는 $\boldsymbol{W}_{ij}^{(l)}$이며 이는 4차원 텐서이다. $[\boldsymbol{W}_{ij}^{(l)}]_{pq} = w_{ij,pq}^{(l)}$로 놓고 $w_{ij,pq}^{(l)}$에 대한 비용 E의 기울기는 다음과 같다.

$$\frac{\partial E}{\partial w_{ij,pq}^{(l)}} = \sum_{n,m} \frac{\partial E}{\partial x_{j,mn}^{(l)}} \frac{\partial x_{j,mn}^{(l)}}{\partial w_{ij,pq}^{(l)}} = \sum_{n,m} \delta_{j,mn}^{(l)} \frac{\partial x_{j,mn}^{(l)}}{\partial w_{ij,pq}^{(l)}} \tag{16.8}$$

여기서, $\delta_{j,mn}^{(l)}$는 14장에서 정의한 $\delta_j^{(l)}$과 유사하게 다음과 같이 정의한다.

$$\delta_{j,mn}^{(l)} := \frac{\partial E}{\partial x_{j,mn}^{(l)}} \tag{16.9}$$

이는 14장에서 기술한 바와 같이 상위 계층의 역전파 과정에서 연산 되어 하위 계층으로 전달된다. 차이점은 1차원 뉴런 배열을 갖는 일반 신경망과 달리 CNN의 뉴런 배열은 3차원이므로 $\delta_j^{(l)}$ 대신 $\delta_{j,mn}^{(l)}$을 정의하였으며 j는 채널 인덱스, (m,n)은 주어진 채널의 2차원 공간상에서의 뉴런의 위치이다. 식 (16.9)을 어떻게 얻는지는 잠시 뒤로 미루고 식 (16.8)의 맨 마지막 항 $\partial x_{j,mn}^{(l)} / \partial w_{ij,pq}^{(l)}$을 확인해 보자. 이를 다시 전개하면 다음과 같다.

$$\frac{\partial x_{j,mn}^{(l)}}{\partial w_{ij,pq}^{(l)}} = \sum_{(r,s)\in P^{(l)}(m,n)} \frac{\partial x_{j,mn}^{(l)}}{\partial y_{j,rs}^{(l)}} \frac{\partial y_{j,rs}^{(l)}}{\partial h_{j,rs}^{(l)}} \frac{\partial h_{j,rs}^{(l)}}{\partial w_{ij,pq}^{(l)}} \tag{16.10}$$

여기서, 풀링 영역 $P^{(l)}(m,n)$의 정의는 식 (16.7)과 같다. 식 (16.10) 우변의 각항은 상술한 콘볼루션 연산식 (16.4), 활성함수 (16.5) 및 풀링 연산식 (16.6)으로부터 다음과 같이 얻어진다.

$$\frac{\partial x_{j,mn}^{(l)}}{\partial y_{j,rs}^{(l)}} = \begin{Bmatrix} 1 \text{ if } (r,s) = \text{argmax}_{(p,q)\in P^{(l)}(m,n)} y_{j,pq}^{(l)} \\ 0 \text{ otherwise} \end{Bmatrix} := P'\left(y_{ji,rs}^{(l)}\right) \tag{16.11}$$

$$\frac{\partial y_{j,rs}^{(l)}}{\partial h_{j,rs}^{(l)}} = f'\left(h_{ji,rs}^{(l)}\right) \tag{16.12}$$

$$\frac{\partial h_{j,rs}^{(l)}}{\partial w_{ij,pq}^{(l)}} = x_{i,(r+p-1)(s+q-1)}^{(l-1)} \tag{16.13}$$

식 (16.11)은 최대 풀링에 대한 식이며 평균 풀링의 경우 다음과 같이 보다 간단히 표현된다.

$$\frac{\partial x_{j,mn}^{(l)}}{\partial y_{j,rs}^{(l)}} = P'\left(y_{ji,rs}^{(l)}\right) = \begin{Bmatrix} 1 \text{ if } (r,s) \in P^{(l)}(m,n) \\ 0 \text{ otherwise} \end{Bmatrix}$$

이제 $\delta_{j,mn}^{(l)}$의 역전파를 확인해 보자. 식 (16.8)과 유사하게 다음을 얻을 수 있다.

$$\delta_{i,pq}^{(l-1)} := \frac{\partial E}{\partial x_{i,pq}^{(l-1)}} = \sum\nolimits_{j,m,n} \frac{\partial E}{\partial x_{j,mn}^{(l)}} \frac{\partial x_{j,mn}^{(l)}}{\partial x_{i,pq}^{(l-1)}} = \sum\nolimits_{j,m,n} \delta_{j,mn}^{(l)} \frac{\partial x_{j,mn}^{(l)}}{\partial x_{i,pq}^{(l-1)}} \tag{16.14}$$

여기서, 맨 마지막 항은 다시 다음과 같다.

$$\frac{\partial x_{j,mn}^{(l)}}{\partial x_{i,pq}^{(l-1)}} = \sum\nolimits_{r,s\in P^{(l)}(m,n)} \frac{\partial x_{j,mn}^{(l)}}{\partial y_{j,rs}^{(l)}} \frac{\partial y_{j,rs}^{(l)}}{\partial h_{j,rs}^{(l)}} \frac{\partial h_{j,rs}^{(l)}}{\partial x_{i,pq}^{(l-1)}} \tag{16.15}$$

$\delta x_{j,mn}^{(l)}/\partial y_{j,rs}^{(l)}$와 $\delta y_{j,rs}^{(l)}/\partial h_{j,rs}^{(l)}$은 식 (16.11) 및 (16.12)과 동일하며 맨 마지막 항은 다음과 같이 얻어진다.

$$\frac{\partial h_{j,rs}^{(l)}}{\partial x_{i,pq}^{(l-1)}} = \begin{cases} w_{ij,(p-r+1)(q-s+1)}^{(l)} & \text{if } (p,q) \in R^{(l)}(r,s) \\ 0 & \text{otherwise} \end{cases} \tag{16.16}$$

여기서, $R^{(l)}(r,s)$는 l번째 계층의 (r,s)번째 뉴런의 수용영역이며 이는 모든 입출력 채널 쌍에 대해 동일하게 적용된다. 식 (16.16)에서 스트라이드 $S=1$로 가정하였으나 임의의 S에 대해서도 쉽게 확장해볼 수 있으며 이는 독자에게 맡긴다.

참고링크

[1] CNN: https://en.wikipedia.org/wiki/Convolutional_neural_network

CHAPTER 17 생성 모형 소개

생성 모형[1]은 다른 기계학습 알고리즘들과 크게 구분된다. 굳이 기계학습의 분류 기준을 따지자면 최대우도추정(MLE, maximum likelihood estimation) 기반의 학습은 지도학습이라고 볼 수 있다. 그러나 지도학습의 대표적인 주제인 분류(classification)와 회귀(regression)는 모두 입력 데이터(특징 벡터) $\boldsymbol{x}$를 출력 데이터y 로 맵핑 하는 $\boldsymbol{\theta}$로 파라미터화되어 있는 함수 f를 학습하는 과정에 해당하는 $(y = f(\boldsymbol{x};\boldsymbol{\theta}))$ 반면, 생성 모형은 파라미터화된 데이터 확률 분포를 학습한다는 점이 크게 다르다.

생성 모형의 학습은 실제 입력 데이터 x 의 분포 $p_{data}(\boldsymbol{x})$ 생성해 내기 위해 파라미터화 된 확률 분포 $p_{\mathrm{model}}(\boldsymbol{x};\boldsymbol{\theta})$ 를 학습한다 (그림 17.1). 생성 모형은 이렇게 파라미터화 된 확률 분포로부터 데이터를 샘플링 하는 방식을 통해 데이터를 생성한다. $\boldsymbol{x} \sim p_{\mathrm{model}}(\boldsymbol{x};\boldsymbol{\theta})$

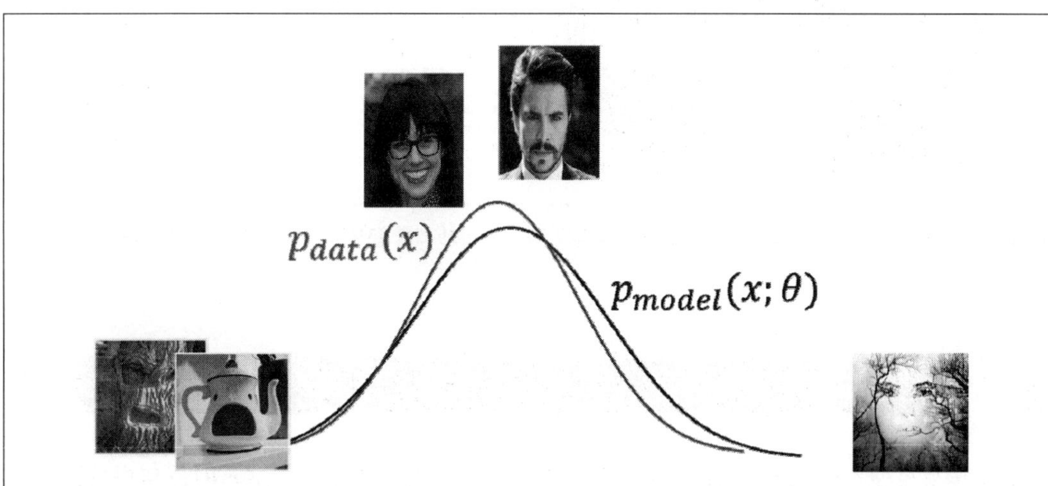

▲ **그림 17.1** 생성 모형. 실제 사람의 얼굴 분포 (초록색)과 유사하도록 파라미터화 된 확률 분포를 학습하는 것이 생성 모형의 목표다. 사람 얼굴과 유사해보이지만 실제 사람의 얼굴은 아닌 나무 가지가 만들어낸 착시 (오른쪽), 또는 주전자와 나무가 만들어내는 착시 (왼쪽)는 실제 사람의 얼굴 분포와 유사해 보이더라도 실제 사람의 얼굴이 아니기 때문에 분포의 꼬리 부분에 존재한다. 이보다 더 먼 곳에는 아예 상관없는 이미지들이 있을 수 있다.

예를 들어, 생성 모형이 학습하고자 하는 분포 p_{data}가 사람의 얼굴 사진 $\boldsymbol{x}$의 분포라 하자. 사람의 얼굴 사진은 대부분 일정한 범위에 있다. 사진 가운데에 사람의 얼굴이 있고, 얼굴은 대부분 동그란 모양새를 하고 있으며, 그 동그란 원의 위에서부터 눈-코-입의 순서대로 배치되어 있는 분포가 일반적인 분포로 나타나게 된다.

이미지 생성의 예시에 대해서 더 자세히 살펴보자. 이미지 데이터는 그림 17.2와 같이 표현될 수 있다. 각각의 얼굴 사진 데이터는 나타나는 모든 픽셀들을 일렬로 만든 벡터 $\boldsymbol{X} = [x_1, x_2, \ldots, x_{m*n}]$ (이때 m과 n은 각각 가로와 세로의 픽셀 수) 로 표현되며, 이 벡터의 분포는 다음과 같이 나타날 수 있다: $p(\boldsymbol{x}) = p(x_1, x_2, \ldots, x_{m*n})$. 이는 모든 픽셀에 대한 결합 확률분포 (joint probability)를 의미한다. 즉, 왼쪽 눈에 해당하는 픽셀 x_{left}이 까맣다면 $x_{left} = 0$ 임을 의미하며, 이는 곧 그 오른쪽에는 콧대에 해당하는 부분의 픽셀 x_{nose}은 0보다는 큰, 밝은 값을 가질 것이라 생각할 수 있다. 그리고 거기서 조금 더 오른쪽으로 간다면, 오른쪽 눈이 나와야 하므로 해당 픽셀 x_{right} 는 0이 될 것이다. 이런 식으로 전체 픽셀은 서로 영향을 주고 받으며 하나의 이미지를 만들기 위해서 생성 모형은 적절한 결합 확률 분포를 추정도록 학습된다.

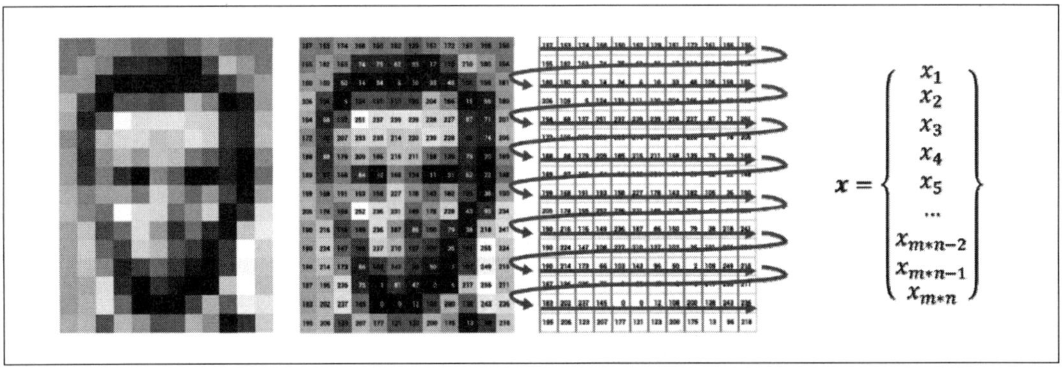

▲ **그림 17.2** 이미지의 벡터화. 이 때 생성 모형은 각각의 픽셀에 대한 확률 분포를 전부추론하는 것이 목표가 된다.

17.1 생성 모형의 주요 응용

이와 같이 생성 모형의 목표는 실제 데이터 분포를 모방한 확률분포 $p_{\mathrm{model}}(\boldsymbol{x};\boldsymbol{\theta})$를 알아내는 것이기 때문에 그 과정에서 다양한 방향으로 응용될 수 있다. 실제 데이터 분포를 잘 학습한다면 확률밀도 추정(density estimation)을 통한 이상치 탐지(anomaly detection)에 쓰일 수도 있고, 일종의 비지도 학습 과정을 통해 데이터를 생성해 내기 위해 필요한 잠재 변수(latent variable)을 추출하는 일종의 특징 추출기 (feature extractor)로 학습될 수도 있다.

이러한 다양한 응용 외에도, 생성 모형은 그 주제가 특이적이니만큼 기계학습 중에서도 다양한 아이디어가 범람하는 분야라 할 수 있다. 앞으로 이어지는 몇 개의 장에서 주요한 생성 모형에 대해서 배우고 어떤 새롭고 신기한 아이디어들이 활용되었는지 확인해보자. 저명한 물리학자, 리처드 파인만의 명언을 인용하며 생성 모형에 대한 소개를 마무리한다.

"만들 수 없다면 이해하지 못한 것이다" - 리차드 파인만

17.2 생성 모형의 분류

다양한 생성 모형이 있지만, 그 핵심이 되는 아이디어는 몇 가지로 구분 지어 나눠진다. 크게는 AR, VAE, Energy-based model, GAN, Diffusion model, Flow-based model의 6개 족(族)으로 나눌 수 있으며 (그림 17.3), 특히 이중에서도 GAN은 최대우도추정(MLE, maximum likelihood estimation) 방식의 학습이 아니라는 점이 특징이다. GAN의 분류가 최대우도추정에 속한다고 분류하는 학자들도 더러 있다. 그러나 다른 생성모형의 최대우도추정 기반 학습과 명확하게 구분되는 장점과 단점을 갖는다. 이는 이후 GAN에 대해 다루면서 더 자세히 설명하게 될 것이다.

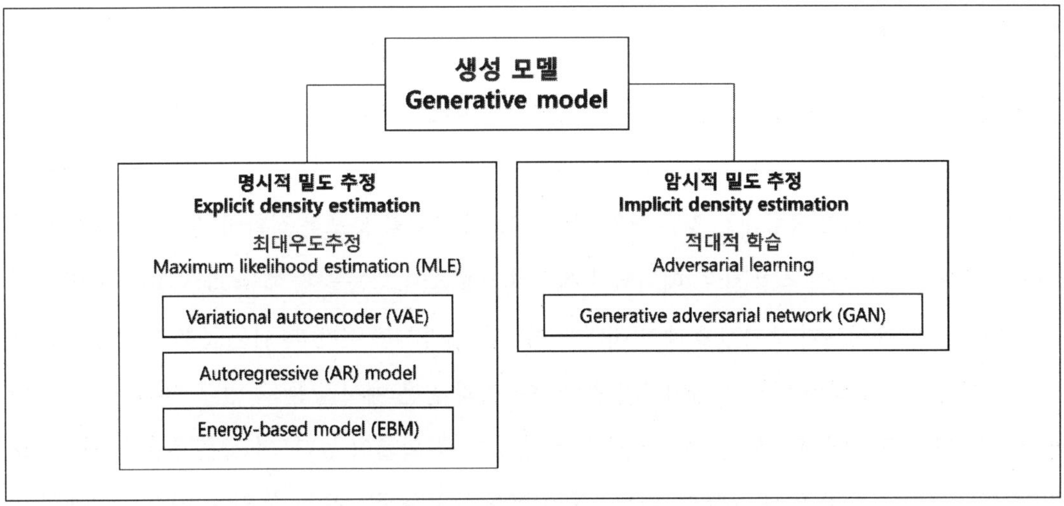

▲ **그림 17.3** 생성 모형의 분류. Diffusion model 과 Flow–based model 은 최대우도추정을 이용한 명시적 밀도 추정에 해당하지만, 여기서 다루지 않는 만큼 그림에는 포함하지 않았다.

생성 모형의 목적에 따라 실제 데이터 분포를 추정하기 위한 방법에는 명시적으로 접근하는 방법과 암시적으로 접근하는 방법이 있다. 명시적 접근 방법은 말 그대로 명시적으로 확률 분포를 정의하고, 그 분포와 추정한 분포 사이의 차이를 기반으로 학습하는 과정이다. 실제 모집단의 분포를 알 수 없기에 표본의 분포를 이용한다. 반면 암시적 밀도 추정의 경우 확률 분포를 명시적으로 계산하지는 않지만, 생성 모형이 학습하는 과정에서 제대로 된 데이터, 즉 실제 데이터 분포로부터 나왔을 법한 데이터를 생성하도록 목적 함수를 정의하고 학습하는 과정을 통해 암시적으로 생성 모형으로 하여금 실제 데이터 분포를 학습하도록 한다.

본 장에서는 기초적인 확률론에 기반해 가장 간단하면서도 그 활용이 직관적인 자기 회귀 모형을 중심으로 생성 모형의 기본 학습 과정을 공부하고, 다음 장부터 VAE, EBM, GAN 모형을 순서대로 학습한다.

17.3 Autoregressive (AR) model [2]

AR은 한국어로는 자기 회귀(autoregressive) 모형이라고도 부른다. 회귀라는 것은 일반적으로 입력값과 연속 변수인 출력값 사이의 관계를 학습하는 과정이지만, 자기회귀라 하는 것은 데이터 자기 자신으로 회귀하는 것을 의미하며, 이 과정을 확률 분포로 학습하여 데이터의 일부가 주어졌을 때 전체를 생성해내는 모형을 학습하도록 구성된 생성 모형이 바로 AR이다.

예를 들어 다음과 같은 상황을 생각해보자. 선글라스로 눈을 가리고 있다고 하더라도, 마스크로 입과 코를 가리고 있더라도, 일반적으로 그것이 사람이라는 것을 인식하지 못하는 일은 없다. 데이터의 일부를 알 때 전체를 알아내는 것은 쉽기 때문이다. 이는 확률 분포를 정확히 예측하고자 하는 생성 모형에서도 동일하게 적용된다. 데이터가 시간 순으로 들어오는 순차적 (sequential) 데이터의 경우 과거의 일부 데이터가 주어졌을 때 미래의 데이터를 예측하는 것은 더 쉬운 문제가 된다. 대표적으로는 자연어로 구성된 텍스트 데이터의 빈칸 채우기와 같은 예시를 들 수 있다. "대한○○"의 빈칸을 채우라는 질문에 대부분은 '대한 다음에는 민국이 올 확률이 높다' 와 같은 추론을 기반으로 "대한민국"이라는 답변을 내 놓는다. 이는 이미지에도 동일하게 적용될 수 있다. 마스크 아래의 코와 입이 정확히 어떻게 생겼을 지는 몰라도 적어도 코와 입이 있을 확률이 높다는 것은 알 수 있다.

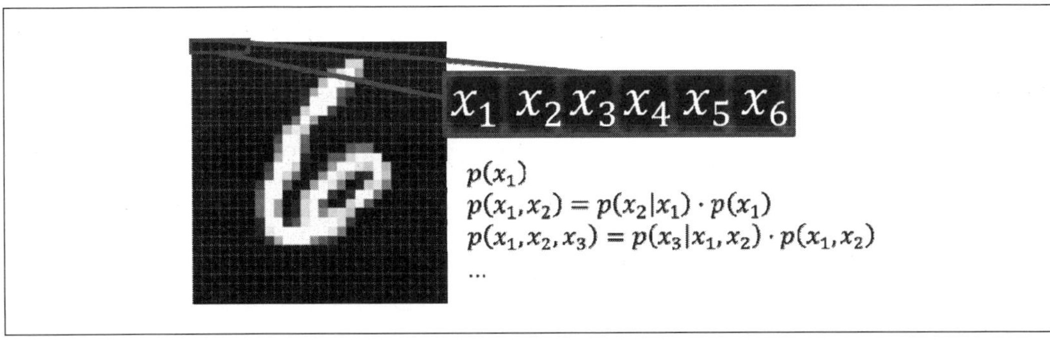

▲그림 17.4 AR 모형의 작동 원리. 좌상단부터 픽셀의 확률값을 순차적으로 조건부 확률과 연쇄법칙을 이용하여 전체 이미지의 결합확률 분포를 추정한다. 그림에는 6개 픽셀만을 확대해서 보였다.

AR은 이와 같이 데이터의 일부분이 주어졌을 때 남은 부분을 추론하는 것을 확률 분포로 모형화하여 생성 모형을 학습시킨다. 다음과 같은 예제를 생각해보자. MNIST 이미지를 벡터화 했을 때 이미지는 784 (=28*28) 차원의 벡터로 표현된다. $\boldsymbol{x} = [x_1, x_2, x_3, ..., x_{784}]$ (수학적 편의를 위해서 $x_i \in \{0, 1\}$, 즉 0 또는 1임을 가정한다). 이때 앞서 설명된 바와 같이 이 784개의 픽셀 전체에 적절한 결합 확률 분포를 추정해 내는 것이 생성 모형의 목표가 된다. AR은 여기서 연쇄 법칙 (chain rule)을 이용해 확률 분포를 예측한다.

예를 들어, 첫 번째 픽셀 x_1이 1일 확률 값을 이라 하고 이를 추정해보자. 대부분의 MNIST 이미지에서 좌상단에 해당하는 첫 번째 픽셀은 검은색이므로 (숫자는 대부분 중앙에 그려지기 때문에 코너 쪽은 거의 항상 검은색이다) $p(x_1) = 0.001$ 과 같이 표기할 수 있다. (그림 17.4)

이렇게 첫 번째 픽셀에 대한 확률 값을 알 때, 두번째 픽셀의 확률 값은 첫번째 픽셀 값에 대한 조건부 확률로 표현할 수 있다: $p(x_2|x_1)$. 이는 이를 테면 x_1이 0 또는 1일 때 x_2의 값이 1이 될 확률 분포를 의미한다. 예를 들어서, $x_1 = 0$ 이라면 x_2 역시도 0일 가능성이 높다. 이는 MNIST 데이터가 글씨이기 때문에 이웃하는 픽셀이 같은 색으로 칠해져 있을 가능성이 높다는 것을 떠올려보면 당연하다 (글씨를 점묘화와 같은 기법으로 쓰는 사람은 없다!). 이렇게 x_2의 확률 분포를 조건부 확률로 나타냈을 때, 우리는 연쇄법칙을 이용해 두 픽셀의 결합확률 분포를 얻어낼 수 있다.

$$p(x_1, x_2) = p(x_2|x_1) \cdot p(x_1) \tag{17.1}$$

이와 같은 방식으로, 첫 두 개의 픽셀 값을 안다고 가정할 때, 세 번째 픽셀의 확률 역시도 조건부 확률로 표현할 수 있다.

$$p(x_1, x_2, x_3) = p(x_3|x_1, x_2) \cdot p(x_1, x_2) = p(x_3|x_1, x_2) \cdot p(x_2|x_1) \cdot p(x_1) \tag{17.2}$$

이는 마지막 픽셀까지 반복되어 결과적으로 28 × 28 = 784개에 해당하는 모든 픽셀들의 결합확률 분포 $p(x_1, x_2, x_3, \ldots, x_{784})$를 구할 수 있게 된다. 다만 이를 위해서, AR 모형은 이 확률 분포를 파라미터화 하여 학습할 수 있도록 만들어야 한다. 다시 말해, 인공 신경망의 가중치를 학습시키는 과정과 같이, 회귀문제에서 파라미터를 최적화하는 것과 동일하게 목적함수를 설정하고 학습하는 과정이 필요하다.

예를 들어 위의 예시에서 $p(x_1, x_2, x_3)$를 구하기 위해서 우리는 다음과 같은 확률을 알아야 한다.

$$p(x_1),\ p(x_2|x_1),\ p(x_3|x_1, x_2) \tag{17.3}$$

이는 다음과 같은 선형 회귀의 형태로 파라미터화 할 수 있다.

$$\begin{aligned} &p(x_1) = \alpha, \\ &p(x_2|x_1) = \beta_0 + \beta_1 x_1, \\ &p(x_3|x_1, x_2) = \gamma_0 + \gamma_1 x_1 + \gamma_2 x_2 \end{aligned} \tag{17.4}$$

즉, $p(x_1)$는 아무런 조건이 없기 때문에 입력값이 없는 형태의 일종의 0차 함수(상수 함수)를 이용한 선형 회귀의 형태이며, $p(x_2|x_1)$와 $p(x_3|x_1, z_2)$는 각각의 입력값에 대한 선형 회귀의 형태로 나타낼 수 있다.

이는 아래와 같이 표현할 수 있다.

$$p(x_1, x_2, x_3) = \alpha(\beta_0 + \beta_1 x_1)(\gamma_0 + \gamma_1 x_1 + \gamma_2 x_2) \tag{17.5}$$

물론 이 예시에서 모든 픽셀값은 0 또는 1의 이진 값이므로 로지스틱 회귀를 이용하는 것이 더 적절하다.

$$\begin{aligned} &p(x_1) = \alpha, \\ &p(x_2|x_1) = \sigma(\beta_0 + \beta_1 x_1), \\ &p(x_3|x_1, x_2) = \sigma(\gamma_0 + \gamma_1 x_1 + \gamma_2 x_2), \\ &p(x_1, x_2, x_3) = \alpha\, \sigma(\beta_0 + \beta_1 x_1)\sigma(\gamma_0 + \gamma_1 x_1 + \gamma_2 x_2) \end{aligned} \tag{17.6}$$

이것을 반복해서 얻은 $p(x_1, x_2, x_3, \ldots, x_{784})$는 각 픽셀에서 조건부 확률에서 결합 확률 분포로 변환시키는 과정에서 여러 개의 파라미터로 표현될 수 있다. 이러한 전체 파라미터의 집합을 $\boldsymbol{\theta}$라고 할 때, AR 모형을 통해서 예측한 확률 분포는 생성 모형에 대한 정의에서 배웠던 실제 데이터 분포 $p_{data}(\boldsymbol{x})$ 에 대한 파라미터 화 된 모형의 확률 분포 $p_{\mathrm{model}}(\boldsymbol{x};\boldsymbol{\theta})$로 표현될 수 있다.

이때, 학습 과정은 최대우도추정 방식을 그대로 이용한다. 만약 학습 데이터로 N개의 데이터를 가지고 있고 i번째 데이터를 $\boldsymbol{x}_i$라고 표현한다면, 학습 데이터 표본들에 대한 우도 (likelihood)는 모든 데이터에 대한 확률 값을 곱한 것과 같으므로 $L(\boldsymbol{\theta};\boldsymbol{X}) = \Pi_{i=1}^{N} p(\boldsymbol{x}_i;\boldsymbol{\theta})$ 로 표현할 수 있다. 로그를 이용하여 더 간단한 방식으로 표현하고, 최종적으로 최적화 문제를 풀어 쓰면 다음과 같은 방식으로 최적의 파라미터 $\boldsymbol{\theta}^*$를 찾을 수 있다.

$$\theta^* = \arg\max_{\theta} \sum_i^N \log\left(p(\boldsymbol{x}_i;\boldsymbol{\theta})\right) \tag{17.7}$$

물론, 위의 로지스틱 회귀보다 더 복잡한 방식으로 많은 파라미터를 활용하여 학습할 수도 있다. MLP를 사용할 수도 있고, 순차적 데이터이니 만큼 RNN 을 사용할 수도 있으며 1D CNN 을 사용할 수도 있다. 그러나 그러한 응용은 위의 수식에서 함수를 파라미터화 하는 방식에 있어서 조금 차이가 있는 것일 뿐 큰 차이는 없으므로 부록에서 간단하게 설명하는 것으로 대신한다.

17.4 Energy-based model (EBM)

EBM은 VAE와 같은 잠재 변수 모형 (latent variable model)의 일종으로 EBM (energy-based model)이 있다. EBM 은 RBM (Restricted Boltzmann machine)이라는 모형이 대표적인데, 최근에는 많이 활용되고 있지 않다. 그럼에도 불구하고, 이상치 탐지 (anomaly detection)와 같은 분야에서는 그 특장점을 보이므로 문제 상황에 따라 최근에도 널리 쓰인다. 재밌는 주제지만 최근의 생성 모형에 비해서는 성능이 부족하고 유행이 지난 모형이라 할 수 있다. 따라서 여기서는 부록으로 짧게 다루고자 한다.

EBM 도 역시 VAE와 같이 latent variable model 이므로 그 학습 방법이 크게 다르지 않다. 다만 에너지라고 하는 개념이 새롭게 등장하므로 그에 대해 이해해야 할 필요가 있다. 에너지라고 하면 무엇이 떠오르는가? 에너지라는 용어는 다양한 학문 분야에서 쓰이고 있지만, 여기서 말하는 에너지는 특히 화학과 물리학에서 활용되는 개념을 의미한다. 특히 전자의 확률 분포에서 쓰이는 것이 유명한데, 에너지가 낮을수록 그 위치에 존재할 확률이 높다는 것이 잘 알려져 있다. 즉, 에너지함수는 확률 분포로 전환이 가능하다는 뜻이다.

여기서 EBM의 장점은 확률 분포를 예측하는데 있어서 에너지 함수와 같이 임의의, 어떠한 함수로부터도 확률분포를 배울 수 있게 만든다는 것이다. 이를 통해서 분포 자체를 학습하도록 만들어져 있는 EBM은 이상치 탐지와 같은 분야에서 좋은 성능을 보인다.

17.5 요약

이번 장에서는 생성 모형의 학습 방법과 그 첫 번째 방법으로서 AR 모형을 살펴보았다. 물론, AR 모형은 딥러닝이 득세하는 요즘 같은 시대에 자주 쓰이는 방법론은 아니다. 그러나 이렇게 간단한 AR 모형에도 장점이 있기 때문에 종종 사용되곤 한다. 실제로 AR 모형들은 딥러닝 초기에 개발되었던 알고리즘임에도 불구하고 비교적 최근까지도 순차적 데이터 (주로 오디오)의 생성 모형에 사용되어 왔다. 혹시 누가 아는가. 나중에 이 AR 방법론을 활용해 새로운 알고리즘이 개발될 지. 이번 장은 AR 모형의 장점을 요약하면서 마무리하고자 한다. 크게 나눠보자면 두 가지로 구분 지을 수 있다:

❶ 연쇄 법칙에 기반하는 간단한 이론적 배경: 연쇄 법칙을 통해서 확률 분포를 비교적 간단하게 모형화할 수 있다.

❷ 순차적 데이터에 대한 직관적인 구성: 만약 데이터가 시간에 따라서 순차적으로 들어오는 데이터라면, 과거의 정보를 통해 미래를 예측하는 과정은 직관적이며 효과적이다.

참고링크

[1] 생성 모형: https://en.wikipedia.org/wiki/Generative_model

[2] 자기회귀 모형: https://en.wikipedia.org/wiki/Autoregressive_model

CHAPTER 18 Variational Autoencoder(VAE)

우리는 앞서 AR 모형을 살펴보았다. AR 모형은 순차적으로 들어오는 데이터의 일부 분포를 이용해 데이터의 전체 분포를 예측하는 형태로 구성되어 있다. 그러나 이는 순차적으로 들어오는 데이터에 대해서는 직관적인 모형화 방법이지만 성능도 뛰어나지 않을 뿐 더러 당연하게도 순차적이지 않은 데이터에 대해서는 직관적이라는 장점도 딱히 없는 셈이나 다름 없다. 이미지에 대해서 들었던 예시를 생각해보라. AR 모형은 좌상단부터 우하단으로 각각의 픽셀이 마치 순차적으로 들어오는 것으로 생각하고 모형화했다. 옛날 옛적 전화기로 인터넷을 하던 시절 (아마 여러분들은 모르겠지만) 이미지를 그런 식으로 읽어왔기 때문에 이런 방식의 접근이 일부 사람들에게는 직관적일 수 있지만, 곰곰이 생각해보면 픽셀을 읽는 이 순서가 아무런 근거 없는 것임을 쉽게 알 수 있다.

VAE는 이러한 문제없이 분포를 한번에 예측할 수 있는 모형으로 2013년 처음으로 제안되었다. AR이 직관적이고 간단하게 이해하기 좋다고 했지만, 이는 확률론의 관점에서 생성 모형이라는 문제를 처음 이해하는 입장에서 직관적이며 간단한 것이고, 실제로 인공신경망을 어느정도 공부했다면 VAE가 더 쉽게 다가올 수 있다.

VAE는 기본적으로 다변량 정규 분포로 구성되어 있는 잠재 변수가 존재하며 그 잠재 변수로부터 이미지가 생성되었음을 가정하고 있다(그래서 VAE는 엄밀한 의미에서 latent variable model이라고 불리기도 한다). 예를 들어 celebA 라는 유명인의 얼굴 사진 데이터 세트를 보면, 사람들의 얼굴이 몇 가지 특징들로 구성되는 것을 알 수 있다. 성별, 안경의 유무, 인종, 턱수염의 유무 등등… 우리는 사람의 얼굴이 이러한 특징들을 기반으로 생긴다고 가정해볼 수 있다. 즉, 여러 특징들을 조건으로 가지는 $\boldsymbol{z} = [z_1, z_2, z_3, \ldots]$ 이때 z_1 : 성별, z_2 : 안경의 유무, z_3 : 인종, …) 조건부 확률 $p(\boldsymbol{x}|\boldsymbol{z})$을 생각해볼 수 있다. 또한 이러한 특징(잠재 변수)들의 분포 $p(\boldsymbol{z})$가 다변량 정규 분포를 따르고 있다고 가정할 수 있다[6].

VAE는 이렇게 가정한 잠재변수의 분포를 파라미터를 통해 추정하고 추정한 잠재변수 분포로부터 새로운 잠재 변수를 샘플링($z' \sim p(z)$)하여 새로운 데이터를 생성해내는 모형이다. 예를 들어, 표본화(sampling)된 잠재 변수 z'가 [남자, 안경 씀, 아시아인, 미간이 멈, 코가 큼, 입이 작음,…] 같은 특징들을 포함하고 있다면 이 잠재변수로부터 생성된 이미지 x는 그러한 특징들을 가진 사람의 얼굴 이미지로 나타나게 될 것이다.

VAE를 이해하기 위해서는 2가지 핵심 아이디어를 알아야 한다.

❶ 잠재 변수를 정규 분포로 가정하는 것의 유용성 및 정당성

❷ 오토인코더 인공신경망 (VAE는 기본적으로 오토인코더라는 신경망 모형에서 발전된 형태이기 때문).

잠재 변수를 정규 분포로 가정하는 이유는 몇 가지가 있지만, 대부분의 정규 분포 가정이 그렇듯 첫째 이유는 간단한 분포이다. 정규 분포는 평균과 표준 편차 값만 알면 정의될 수 있다. 둘째 이유는 보다 간접적인 이유로, 실세계에 존재하는 많은 자연 현상들이 정규분포를 따르고 있다는 점이다. 이는 정규 분포가 일반화하기 쉽다는 것을 의미한다. 예를 들어 사람의 키가 정규 분포를 따르는 것이나, 사람의 눈의 크기, 눈썹의 길이와 같은 요인들도 데이터의 숫자가 많아지면 정규분포를 따르게 된다.

두 번째로 오토인코더 인공신경망에 대해서는 보다 면밀하게 봐야할 필요가 있다. 이러한 오토인코더 구조는 최근의 다양한 신경망에서 흔하게 사용된다.

18.1 오토인코더 [1]

오토인코더는 1991년에 크레이머에 의해 제안된 신경망으로, 인코더(encoder)와 디코더(decoder)로 구성되어 있다. (그림 18.1) 인코더는 원본 데이터 x를 효율적으로 잠재 변수 z로 압축하는 모듈이며, 디코더는 그렇게 압축된 잠재 변수 z를 다시 원본 데이터 x로 복원하는 과정으로 이루어져 있다. 데이터를 효율적으로 압축하는 인코더와, 이 압축된 데이터를 다시 원본에 가깝게 복

[6] 이것은VAE의 "variational" 이라는 용어와 큰 연관이 있다. 실제 데이터의 잠재 변수의 종류는 물론 그 분포를 알 수 없기 때문에 이를 근사하여 추론한다는 의미에서 이런 방식을 변분 추론 (variational inference) 이라 부른다.

원하는 디코더를 통해서 오토인코더는 데이터의 중요한 특징을 추출하고, 그 과정에서 배경 잡음이나 불필요한 정보를 걸러 내는 것을 목적으로 한다. 이는 데이터의 압축된 표현을 학습함으로써 이루어진다.

오토인코더는 비지도 학습 방식으로, 레이블이 지정되지 않은 데이터만을 사용하여 스스로 학습한다. 이러한 특성은 오토인코더가 다양한 분야에서 유용하게 적용될 수 있게 만든다. 예를 들어, 이미지 복원, 차원 축소, 특성 학습 등 다양한 응용 분야에서 오토인코더는 중요한 역할을 수행한다.

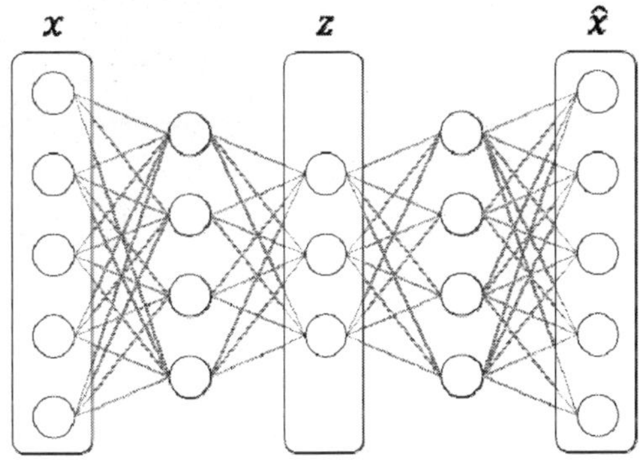

▲ **그림 18.1** 오토인코더의 작동 방식. 원본 데이터 x를 입력으로 받아 이를 잠재변수로 압축했다가 다시 복원하는 것을 목표로 한다.

이러한 오토인코더의 과정을 수식으로 표현하면 다음과 같다.

> 인코더 함수 $E: \boldsymbol{x} \in \mathbb{R}^D \rightarrow \boldsymbol{z} \in \mathbb{R}^d$,
>
> 디코더 함수 , $D: \boldsymbol{z} \in \mathbb{R}^d \rightarrow \hat{\boldsymbol{x}} \in \mathbb{R}^D$, 이때 $D \gg d$

오토인코더의 학습은 인공신경망을 회귀를 목적으로 학습하는 과정과 동일하다. 평균 제곱 오차(mean squared error; MSE)를 이용하여 원본 데이터와 디코더를 통해 복원된 데이터 간의 차이를 줄이는 방식으로 학습한다. 따라서 손실 함수는 다음과 같다

$$L = \frac{1}{N}\sum_{i=1}^{N}(\boldsymbol{x}_i - \hat{\boldsymbol{x}}_i)^2 \tag{18.1}$$

여기서 N 이 손실함수를 최소화하는 것으로 오토인코더를 학습시킬 수 있나. 그림18.2는 MNIST 데이터에 대한 예시로 이렇게 만들어진 잠재 변수 z를 주성분 분석(PCA)으로 차원축소 하여 2차원

평면에 투영해 보면 그림에 보인 바와 같이 클래스가 색으로 구분된다. 그림에 마우스 커서가 올려진 주황색이 1에 해당하는 이미지들이 포함된 것을 확인할 수 있다.

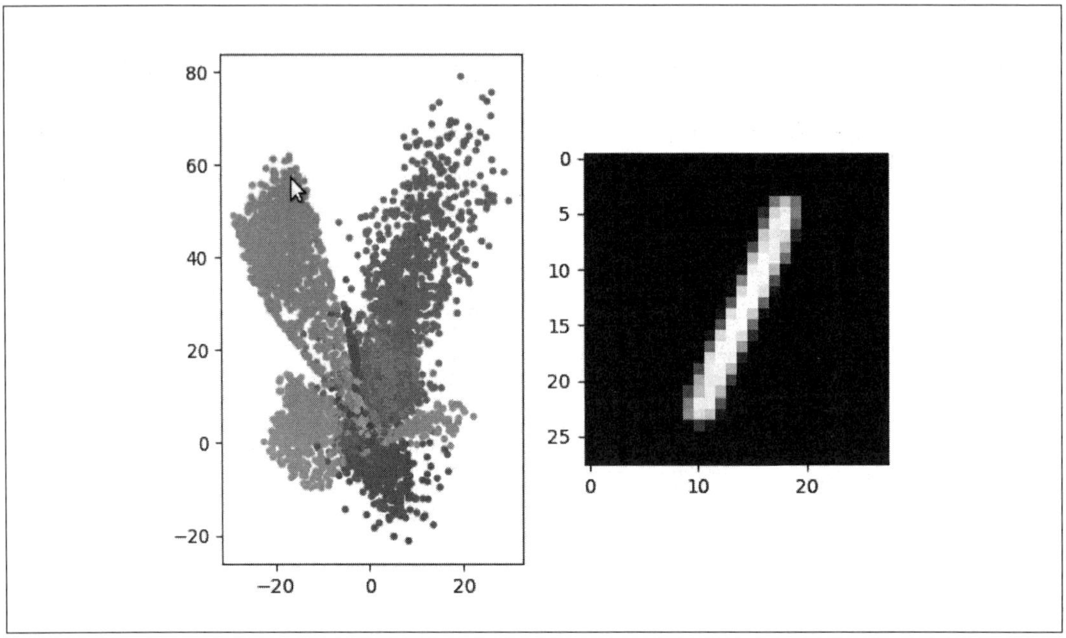

▲ **그림 18.2** 주성분 분석을 통해 분석된 잠재변수의 분포. 서로 다른 색은 서로 다른 클래스를 나타낸다.
(출처: https://github.com/gr-b/autoencoder-latent-space-visualization)

18.2 Variational 오토인코더 (VAE) [2]

엄밀히 말해 오토인코더는 생성 모형은 아니다. 생성 모형에 대한 설명에서도 볼 수 있었듯이 생성 모형이 되기 위해서는 모형이 데이터의 확률 분포를 예측할 수 있는 모형이어야 한다. VAE는 오토인코더의 아이디어를 확률 분포로 만드는 것을 시작으로 한다. 이를 위해 VAE는 인코더가 축약해 만드는 잠재변수 z를 확률 분포로 만든다. 즉, 인코더가 원본 데이터 x로부터 잠재 변수 z의 확률 분포 $p_E(z|x)$를 학습하도록 만들고, 이를 이용한 디코더는 잠재 변수 z를 확률 분포 $p_E(z|x)$로부터 표본화하여 원본 데이터를 추론하도록 만드는 과정을 통해 $p_D(\hat{x}|z)$ 학습하도록 구성된다.

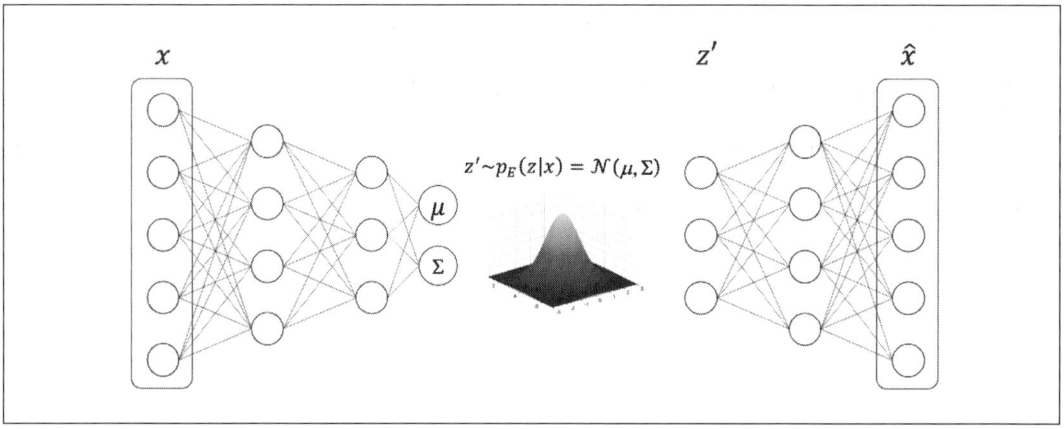

▲ **그림 18.3** Variational 오토인코더의 작동 방식. 오토인코더에 대비할 만한 차이점은 잠재변수 벡터를 정규분포로 추출한다는 것이다.

이 과정은 한 가지 중요한 가정에 기반하는데, 인코더가 학습하는 z의 확률 분포를 정규 분포 (예를 들면 $N(z; 0, I)$)로 가정하는 것이다. 이를 통해 우리는 입력 데이터가 없더라도 인코더의 연산은 항상 $N(0, I)$ 분포의 잠재 변수 벡터 z로 간다는 것을 알 수 있다. 이 부분은 오토인코더와 달리 VAE가 생성 모형인 이유다.

즉, 원본 데이터 없이도 무작위적으로 $N(z; 0, I)$로부터 잠재변수 벡터 z를 원하는 만큼 샘플링 할 수 있고, 디코더는 그런 완전히 랜덤해 보이는 정규 분포 벡터에서 원본 데이터가 무엇인지 알아 맞혀내는 능력 (즉, 생성해 내는 능력)을 갖고 있는 것이다. 엄밀히 말해 원본 데이터가 없으면 복원은 아니지만, VAE는 그 무작위적으로 보이는 잠재 변수 벡터 z에서도 '만약 원본 데이터가 입력값으로 들어갔다면, 그 원본 데이터는 무엇일지'를 추론하도록 학습한 디코더를 갖고 데이터를 생성해 내게 된다.

그림 18.3에서의 신경망에서는 직접적으로 정규 분포의 평균 μ와 공분산 Σ를 추정하여 정규 분포 $N(z; \mu, \Sigma)$를 구성하도록 만들었다. 이렇게 구성된 정규 분포는 디코더에 들어갈 새로운 잠재 변수 z'를 샘플링하고, 디코더는 원본 이미지가 무엇일지 유추하는 과정을 통해 출력값 $\hat{x}$을 생성하게 된다. 이때 우리는 정규분포로부터 다양한 변이(variation)들을 z'으로 샘플링하여 데이터를 생성해 내도록 할 수 있기 때문에 이러한 모형을 VAE 라고 부른다.

요약하자면 VAE는 두가지 부분으로 구성되어 있다.

첫 번째, 인코더는 원본 데이터로부터 z가 특정 정규 분포로 가도록 학습한다.

$$p_E(\mathbf{z}|\mathbf{x}) \approx \mathbf{z}\text{에 대한 어떤 정규 분포}$$

두 번째, 디코더는 이 정규분포로부터 표본화 된 잠재변수 벡터 $z' \sim p_E(z|x)$로부터 원본 데이터를 추론하는데 이 과정은 실제로 데이터를 생성하는 것과 같으며 학습의 목표는 오토인코더와 유사하게 원본 데이터와 생성된 (혹은 재구성된) 데이터가 같게 만드는 것이다.

$$p_D(\hat{\mathbf{x}}|\mathbf{z}'),\ \text{이 때}\ \hat{\mathbf{x}} \approx \mathbf{x}$$

18.3 Evidence lower bound (ELBO)

VAE의 학습은 그 대상이 확률 분포이기 때문에 최대우도추정(MLE)을 통해 학습한다. 이는 다음과 같은 최적화 과정으로 표현된다

$$\max_{\boldsymbol{\theta}}\ \log \prod_{x \in D} p(\boldsymbol{x}; \boldsymbol{\theta})\ = \max_{\boldsymbol{\theta}} \sum_{x \in D} \log p(\boldsymbol{x}; \boldsymbol{\theta}) \tag{18.2}$$

위의 수식은 데이터 x의 우도함수를 최대화하는 것을 의미한다. 독립적으로 분포되어 있는 데이터 집합 D의 모든 표본 x에 대해서 실제 데이터의 분포 $p(x)$를 모형화(수식에서는 θ라는 파라미터를 써서 모형화하는 것으로 표현되어 있다)하는 것이 생성모형의 목표이므로 실제로 최대화하고 싶은 것은 $\Pi_{x \in D} p_\theta(x)$즉 모든 데이터 샘플 확률의 곱이지만, 수학적 편의를 위해서 보통 로그를 취한 로그우도함수를 최대화 시키는 것을 목적으로 한다. 이는 위 수식의 오른쪽처럼 합 연산으로 간단화 된다.

그러나 우리는 실제로 $p_\theta(x)$를 구할 수 없다. VAE에서 우리가 얻을 수 있는 에 대한 확률 분포는 $p_D(\hat{x}|z')$뿐이기 때문에 이를 이용해 $p(x;\theta)$를 근사화 하는 방법을 찾아야 한다. 이를 위해서 통계학의 간단한 아이디어를 사용한다.

먼저 주변화(marginalization)를 통해서 $p(x;\theta)$를 전개할 수 있다. 표기의 편의성을 위해서 θ를 생략하여 $p(x;\theta) = p(x)$로 놓으면 식(18.2)의 목적함수는 다음과 같다.

$$\sum_{x \in D} \log p(\boldsymbol{x}) = \sum_{x \in D} \log \sum_{z} p(\boldsymbol{x}, \boldsymbol{z}) \tag{18.3}$$

여기서 모든 z에 대해서 더하는 주변화 과정은 수학적으로 처리하는 것이 불가능한 것은 아니지만,

굉장히 많은 연산을 필요로 한다. 따라서 이러한 부분을 해결하기 위해서 VAE는 정확히 우도함수를 최대화하는 것이 아닌, 이 우도함수의 하계(lower bound)를 최대화하는 것으로 학습을 대신한다. 이 하계가 우도함수와 같아지는 조건이 그다지 어렵지 않아 직접 우도함수를 계산할 필요 없이 하계만 최대화해도 충분하다.

이러한 하계를 구하기 위해서는 부록E.4의 Jensen의 부등식(Jensen's inequality)을 이용한다. Jensen 부등식은 위로 볼록한 함수 (concave)와 아래로 볼록한 함수 (convex) 모두에 대해서 정의되어 있지만, 여기서는 위로 볼록한 함수에 대한 정의만 알면 충분하다.

Jensen 부등식

$f(\boldsymbol{x})$가 위로 볼록한 함수일 때, 다음의 부등식이 성립한다 (증명은 부록 E.4 참조)

$$f(\mathbb{E}[\boldsymbol{x}]) \geq \mathbb{E}[f(\boldsymbol{x})]$$

Jensen 부등식을 활용하기 위해서 다음과 같은 트릭을 활용한다.

$$\log \sum_{z} p(\boldsymbol{x}, \boldsymbol{z}) = \log \sum_{z} \frac{q(\boldsymbol{z})}{q(\boldsymbol{z})} p(\boldsymbol{x}, \boldsymbol{z}) \tag{18.4}$$

여기서 $q(z)$는 z에 대한 임의의 확률 분포로, 당연하지만 $p(\boldsymbol{x}, z)$에 같은 $q(z)$를 곱하고 나눠도 수식은 동일하다. 한편, 이 수식은 부록A의 기대값의 정의를 통해 이해될 수 있다. 임의의 함수 $f(\boldsymbol{x})$의 기대값의 정의가 $\mathbb{E}_{p(\boldsymbol{x})}[f(\boldsymbol{x})] = \sum_{x} p(\boldsymbol{x}) f(\boldsymbol{x})$임을 생각해 보면 위의 수식은 다음과 같이 변경될 수 있다.

$$\log \sum_{z} \frac{q(\boldsymbol{z})}{q(\boldsymbol{z})} p(\boldsymbol{x}, \boldsymbol{z}) = \log \mathbb{E}_{q(\boldsymbol{z})} \left[\frac{p(\boldsymbol{x}, \boldsymbol{z})}{q(\boldsymbol{z})} \right] \tag{18.5}$$

이때 로그함수는 위로 볼록한 함수이므로 Jensen 부등식을 적용하면 다음과 같이 하계를 구할 수 있다.

$$\log \sum_{z} \frac{q(\boldsymbol{z})}{q(\boldsymbol{z})} p(\boldsymbol{x}, \boldsymbol{z}) = \log \mathbb{E}_{q(\boldsymbol{z})} \left[\frac{p(\boldsymbol{x}, \boldsymbol{z})}{q(\boldsymbol{z})} \right] \geq \mathbb{E}_{q(\boldsymbol{z})} \left[\log \frac{p(\boldsymbol{x}, \boldsymbol{z})}{q(\boldsymbol{z})} \right] \equiv ELBO \tag{18.6}$$

이 하계는 **ELBO (evidence lower bound)** 라고 부른다. 우리가 우도(likelihood)라고 불렀던 값을 evidence 라고 부르기도 하기 때문에, 그 evidence의 하계 값이라는 의미이다.

18.4 우도함수의 분해를 통한 인코더와 디코더의 학습 이해

ELBO는 단순하게 우도함수의 하계로만 작동하는 것이 아니라 우도함수식을 분해하는데도 쓰일 수 있다. 먼저 로그-우도함수를 $L(\boldsymbol{x})$라 했을 때, 위의 ELBO 전개 수식을 이용하여 다음과 같이 전개할 수 있다.

$$\begin{aligned} L(\boldsymbol{x}) = \log p(\boldsymbol{x}) &= \log \sum_{\boldsymbol{z}} p(\boldsymbol{x}, \boldsymbol{z}) \geq \mathbb{E}_{q(\boldsymbol{z})}\left[\log \frac{p(x,\boldsymbol{z})}{q(\boldsymbol{z})}\right] \\ &= \sum_z q(\mathbf{z}) \log \frac{p(x,\boldsymbol{z})}{q(\boldsymbol{z})} \\ &= \sum_z q(\mathbf{z}) \log p(\boldsymbol{x}, \mathbf{z}) - \sum_z q(\mathbf{z}) \log q(\mathbf{z}) = ELBO \end{aligned} \tag{18.7}$$

(인코더의 학습) 이때 만약 $q(z)$가 인코더를 통해서 학습하고자 하는 z의 분포라고 하면, VAE의 인코더의 학습 목표는 $q(z)$와 $p(z|\boldsymbol{x})$ 사이를 줄이는 것이 목표가 된다. 두 확률 분포 간의 차이를 계산하기 위해서 Kullback–Leibler divergence(부록E.2)를 사용할 수 있으며, 이를 최소화하는 것이 목적이 될 수 있다. 부록E.2의 Kullback–Leibler divergence의 정의를 이용하면 다음과 같이 쓸 수 있다.

$$\begin{aligned} D_{KL}(q(\mathbf{z})||p(\mathbf{z}|\boldsymbol{x})) &= \sum_z q(\mathbf{z}) \log \frac{q(\mathbf{z})}{p(\mathbf{Z}|\boldsymbol{X})} \\ &= \sum_z q(\mathbf{z}) \log q(\mathbf{z}) - \sum_z q(\mathbf{z}) \log p(\mathbf{z}|\boldsymbol{x}) \end{aligned} \tag{18.8}$$

식(18.8)의 마지막 항은 조건부 확률의 정의를 이용하여 다음과 같이 전개된다.

$$\begin{aligned} \sum_z q(\mathbf{z}) \log p(\mathbf{z}|\boldsymbol{x}) &= \sum_z q(\mathbf{z}) \log \frac{p(\boldsymbol{x},\boldsymbol{z})}{p(\boldsymbol{x})} \\ &= \sum_z q(\mathbf{z}) \log p(\boldsymbol{x}, \mathbf{z}) - \sum_z q(\mathbf{z}) \log p(\boldsymbol{x}) \\ &= \sum_z q(\mathbf{z}) \log p(\boldsymbol{x}, \mathbf{z}) - \log p(\boldsymbol{x}) \end{aligned} \tag{18.9}$$

여기서, 두 번째 식 마지막 항 $\sum_z q \log p(\boldsymbol{x})$에서 $\log p(\boldsymbol{x})$는 z와 전혀 관계없는 값이므로 로 $\sum_z q \log p(\boldsymbol{x}) = \log p(\boldsymbol{x})$축약될 수 있었다. 이는 로그-우도함수 $L(\boldsymbol{x})$가 ELBO와 Kullback–Leibler divergence의 합으로 표현된다는 것을 의미하는데 식 (18.7)의 ELBO와 식 (18.8)의 $D_{KL}(q(z)\|p(z|\boldsymbol{x}))$를 더하면 다음을 얻는다.

$$
\begin{aligned}
ELBO + D_{KL}(q(\boldsymbol{z})||p(\boldsymbol{z}|\boldsymbol{x})) &= \textstyle\sum_{\boldsymbol{z}} q(\boldsymbol{z}) \log p(\boldsymbol{x},\boldsymbol{z}) - \sum_{\boldsymbol{z}} q(\boldsymbol{z}) \log q(\boldsymbol{z}) \\
&\quad + \textstyle\sum_{\boldsymbol{z}} q(\boldsymbol{z}) \log q(\boldsymbol{z}) - \sum_{\boldsymbol{z}} q(\boldsymbol{z}) \log p(\boldsymbol{x},\boldsymbol{z}) + \log p(x) \qquad (18.10) \\
&= \log p(\boldsymbol{x}) = L(\boldsymbol{x}) \qquad (1
\end{aligned}
$$

이를 바꿔 말하면, $D_{KL}(q(z)\|p(z|\boldsymbol{x}))=0$이 될 때 로그-우도함수는 ELBO가 됨을 나타낸다.

(디코더의 학습) 디코더는 z로부터 데이터를 생성해내는 방법, 즉 $p(\boldsymbol{x}|z)$를 학습하는 것이 목적이다. 이 과정은 ELBO 식을 다시 나누어 확인할 수 있다.

$$
\begin{aligned}
\textstyle\sum_{\boldsymbol{z}} q(\boldsymbol{z}) \log \frac{p(\boldsymbol{x},\boldsymbol{z})}{q(\boldsymbol{z})} &= \textstyle\sum_{\boldsymbol{z}} q(\boldsymbol{z}) \log p(\boldsymbol{x}|\boldsymbol{z}) \frac{p(\boldsymbol{z})}{q(\boldsymbol{z})} \\
&= \textstyle\sum_{\boldsymbol{z}} q(\boldsymbol{z}) \log p(\boldsymbol{x}|\boldsymbol{z}) + \sum_{\boldsymbol{z}} q(\boldsymbol{z}) \log \frac{p(\boldsymbol{z})}{q(\boldsymbol{z})}
\end{aligned} \qquad (18.11)
$$

여기서 단순하게 $p(z)$가 $q(z)$와 같다고 가정해도 되지만, $p(z)$와 $q(z)$가 같든 다르든 두 번째 항은 z만의 함수이므로 무시될 수 있다. 결국 학습의 대상이 되어야 하는 것은 첫번째 항 $\sum_z q(z)\log p(\boldsymbol{x}|z)$이며, 인코더를 기반으로 학습된, 또한 표본화 된 z의 분포를 통해서 $\log p(\boldsymbol{x}|z)$ (즉 디코더가 원본 이미지를 생성할 확률)을 올려주는 방향으로 학습이 진행되게 된다. 이 과정은 실제로 코딩 과정에서 재구성 손실(reconstruction error)이라는 이름으로 학습 대상이 되며, 보통 평균 제곱 오차 비용을 사용하여 학습하는 경우가 많다.

결과적으로, 이러한 인코더와 디코더 각각의 학습과정을 한번에 처리하기 위해서 인코더 부분에서 Kullback–Leibler divergence, $D_{KL}(N(0,\boldsymbol{I})\|p(z|\boldsymbol{x}))$을 최소화시키는 것과 함께 재구성 손실 $MSE(\boldsymbol{x},\hat{\boldsymbol{x}})$을 줄이는 방식으로 학습을 진행한다. 이를 통해서 $N(0,\boldsymbol{I})$로부터 랜덤한 잠재변수 z를 생성하고 그 잠재변수 z로부터 디코더를 이용해 '그럴 법한' 데이터를 만들어내는 것을 목적으로 한다.

18.5 요약

이번 장에서는 VAE 모형이 어떻게 구성되었는지를 배웠다. VAE는 그 모형의 구조가 오토인코더와 매우 유사하고 그 적용이 매우 직관적이다. 여기서 몇 가지 의문이 있을 수 있다. 예를 들어 왜 정규분포인가? 왜 하계를 구해야 하는가? 왜 샘플링을 해야 하는가? 답은 이미 모두 설명되었다. 단순하게 데이터를 생성하는 것이 아닌 VAE는 왜 이렇게 데이터를 생성하는지 조금씩 깊이 이해해보

자. 그러면 다른 생성모형과의 차이를 통해 어떤 모형을 이용해야 하는지가 더 명확해질 것이다.

참고링크

[1] Autoencoder: https://en.wikipedia.org/wiki/Autoencoder

[2] VAE: https://en.wikipedia.org/wiki/Variational_autoencoder

CHAPTER 19

Generative Adversarial Network

인공신경망 분야에서는 기존의 인공신경망 아이디어를 크게 뒤바꾸는, 선구적인 아이디어들이 있다. 적대적 생성 신경망 (Generative adversarial network, 이하 GAN)은 그 중 하나다. GAN은 생성자(generator)와 판별자(discriminator)의 경쟁을 기반으로 학습하게 된다. 흔히 이러한 과정을 위조지폐를 만드는 위조지폐범과 그것을 판별하는 경찰의 관계로 비유한곤 한다. (그림 19.1)

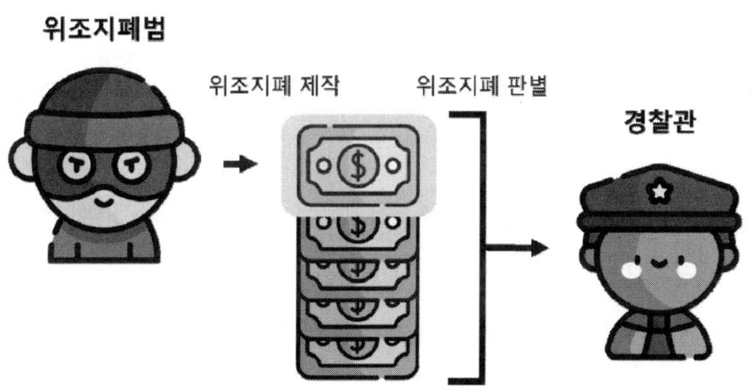

▲ **그림 19.1** GAN의 원리. 위조지폐범이 위조지폐를 만들고 경찰관이 이를 판별하는 것에 비유된다.

GAN은 기존의 VAE 생성 모형 대비 어떤 장점과 단점이 있을까? 적대적 생성이라는 용어, 또한 이것이 선구적이라는 소개글에서 알 수 있듯이 이는 기존의 다른 어떤 생성모형 보다도 좋은 성능을 보였다. 물론 이후에 플로우-기반 모형 (flow-based model), 디퓨전 모형 (Diffusion model) 과 같이 더 성능이 좋은 모형들이 발견되긴 했으나, 그럼에도 GAN 은 GAN 만의 고유한 장점이 있다.

19.1 GAN의 구성 [1]

GAN에는 위조지폐범에 해당하는 생성자(Generator)와 위조지폐와 실제지폐를 구분하는 경찰관 역할을 맡은 판별자(Discriminator) 두 종류의 신경망이 존재한다 (그림 19.2). 그럼 생성자는 어떻게 데이터를 생성해내며, 판별자는 어떤 것을 목표로 무엇을 구분하는지 알 필요가 있다.

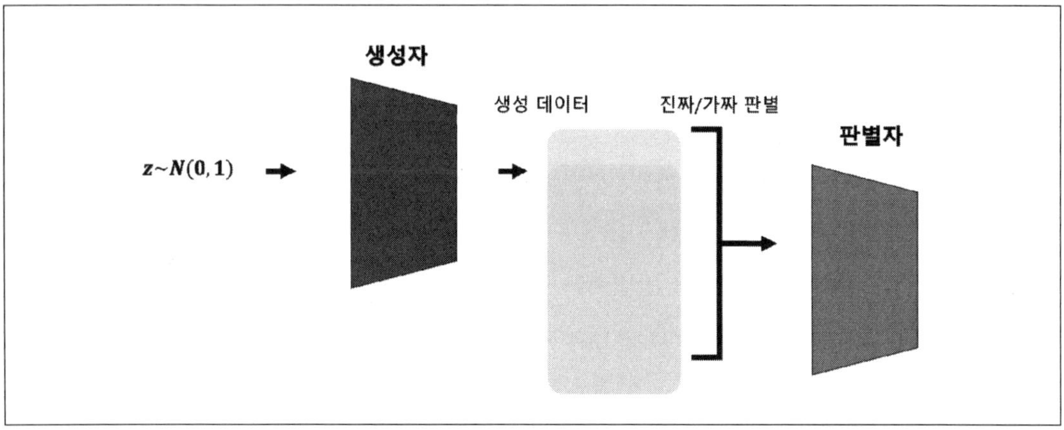

▲ 그림 19.2 GAN의 작동 방식. 생성자 및 판별자, 두 개의 신경망이 서로 경쟁하며 더 좋은 품질의 데이터를 생성하도록 학습된다.

(생성자) GAN 역시도 생성모형이기 때문에 당연히 확률 분포로부터 데이터를 생성해내야 한다. 이를 위해 일반적으로 정규분포로부터 잠재변수 벡터 z를 샘플링한다. 샘플링 된 z로부터 새로운 데이터를 생성해내는 과정은 VAE에서 배웠던 디코더의 과정과 동일하다.

$$\mathbf{z} \sim N(\mathbf{0}, \boldsymbol{I}),\ G(\mathbf{z}): \mathbf{x}' \sim p(\mathbf{x}'|\mathbf{z}) \tag{19.1}$$

여기서 G는 생성자를 함수의 형태로 나타낸 것으로, 잠재변수 z를 입력으로 받아서 x'이라고하는 새로운 데이터를 생성해 내는 함수이다.

생성자가 얼마나 좋은 이미지를 만들었는지 학습하는 과정은 여태까지 배운 다른 모형들과는 다르다. 앞서 다루었던 자가회귀모형이나 VAE의 경우는 원본 데이터의 분포가 존재하고, 그 데이터의 분포를 잘 복원할 수 있는 모형을 찾는 것이 목적으로, 최대우도추정을 사용한 학습을 적용했다. 그러나 GAN에서의 학습은 항상 '적대적'으로 일어난다.

'생성자의 학습이 적대적으로 일어난다'는 것의 의미는 '판별자를 잘 속일수록 좋다'는 목적에 의해서 학습되기 때문이다. 이때 최소화시키는 목적함수는 다음과 같다

$$L_G = -\mathbb{E}_{\mathbf{z}\sim N(\mathbf{0},\mathbf{I})}[\log D(G(\mathbf{z}))] \tag{19.2}$$

여기서 D는 판별자의 함수로, 진짜라고 판별하는 확률을 의미한다. $D(G(z))$는 z로부터 생성된 가짜 데이터 $G(z)$가 진짜로 판별될 확률을 의미하므로 이 L_G값이 낮아질수록 판별자를 잘 속이는 것을 의미한다. 판별자 역시도 유사하게 목적함수가 적대적으로 구성된다.

(판별자) 판별자는 생성자가 만들어낸 데이터와 실제 데이터를 뒤섞어 놓은 다음 어떤 것이 진짜고 어떤 것이 가짜인지를 알아맞히려 한다. 물론 판별자 역시도 적대적이기 때문에 그 목적은 단순하게 잘 구분하는 것이 아닌, 진짜 데이터를 진짜라고 분류하는 비율은 올리는 한편, 가짜 데이터가 진짜 데이터로 분류될 비율은 낮추는 것이 목적이 된다. 이를 최대화해야 하는 목적함수로 정의하면 다음과 같다.

$$L_D = \mathbb{E}_{\boldsymbol{x}}[\log\, D(\boldsymbol{x})] + \mathbb{E}_{\boldsymbol{z}}\big[\log\,(1 - D\big(G(\boldsymbol{z})\big)\big] \tag{19.3}$$

첫째 항은 실제 데이터 x를 실제 데이터로 분류할 확률을 높이는 것이다. 또한 두번째 항은 생성된 데이터 $G(z)$가 진짜로 분류될 비율을 낮추는 것이 목적이다. 이때 주의할 사항은 판별자는 단순히 진짜냐 가짜냐만을 기준으로 학습한다는 것이다. 예를 들어 원본 데이터 $\boldsymbol{x}$가 MNIST 데이터라고 했을 때에는 진짜/가짜를 제외하고도 해당 이미지 숫자가 0, 1, 2, ⋯, 7, 8, 9와 같이 이미지 자체에 존재하는 분류 클래스가 존재한다. 그러나 이러한 분류 클래스는 GAN의 학습에서는 전혀 쓰이지 않는다.

19.2 GAN의 학습 방법

(학습 순서) GAN의 학습이 생성자와 판별자를 순서대로 업데이트해야 하다 보니, 그 학습 과정이 단일한 목적 함수를 통해서 학습되는 것이 아니라는 점만 주의하면 된다.

❶ z벡터를 배치 사이즈만큼 샘플링 한다.

❷ 생성자를 활용하여 z로부터 $\boldsymbol{x}'$를 배치 사이즈만큼 생성한다.

❸ $\boldsymbol{x}'$과 $\boldsymbol{x}$를 섞어서 판별자에게 전달한 뒤, 판별자의 결과에 따라서 L_G와 L_D를 계산하여 각각 생성자와 판별자를 업데이트 한다.

❹ 이를 반복한다.

이 과정은 꽤나 직관적이고 뛰어난 성능을 보이는 것으로 알려져 있다. 그러나 이렇게 이론으로만 보면 어떤 일이 일어나고 있는지 명확하게 알 수 없는 GAN의 장점과 단점이 있다.

19.3 GAN의 장점과 단점

장점 1: MLE기반 학습이 아니므로 다양한 이미지 생성 가능

가장 큰 장점으로는 VAE 모형과는 다르게 최대우도추정 기반의 학습이 아니라는 점을 꼽을 수 있다. MLE 기반의 학습은 안타깝게도 원본 데이터에서도 '그럴 듯한' 이미지만을 복원할 수 있다. 원래 생성 모형이 원본 데이터의 분포를 학습하는 것이기 때문에 원본 모형의 분포를 학습하게 되는 것은 너무나 당연하다고는 하지만, 정규분포를 기준으로 평균값 근처의 값들만 표본화 되고 그런 데이터들만 생성된다는 것은 생성 모형의 활용 가치를 크게 낮출 수 있다. 가끔 인터넷에서 이상한 사진들을 발견할 때가 있다. 숲속에서 춤을 추는 듯한 사슴 사진을 볼 때 우리는 명확하게 '이상하긴 해도 있을 법하다'라고 생각하지만, VAE와 같은 최대우도추정 기반의 생성모형은 이런 사진을 만들어낼 가능성이 현저히 낮다. '그럴 법한' 이미지가 아니기 때문이다.

장점 2: 적대적/경쟁적 학습과정을 통한 뛰어난 성능

적대적 학습이라는 아이디어 자체는 생성 모형뿐만 아니라 다른 곳에서도 두루 쓰이고 있다. 생존을 위해 두 모형이 각기 최대의 성능을 보이기 위해 적대적으로 경쟁하는 과정에서 데이터의 특성을 보다 잘 이해한 모형을 만들 수 있다. 생성 모형에 있어서 "만들 수 없다면 이해하지 못한 것이다"라는 리차드 파인만의 격언을 뒤집어 보자면 좋은 생성데이터를 만들기 위해서는 잘 이해해야 하는데, 이러한 적대적 생성의 아이디어는 상대적으로 적은 데이터를 쓰더라도 데이터에 존재하는 특징을 잘 이해하는 경향을 보인다. 그래야 잘 생성할 수 있기 때문이다.

이렇게 장점이 명확한 반면, 단점 역시도 명확한 것이 GAN이다.

단점 1: 손실값의 불안정성 및 이에 따른 학습 추적의 어려움

생성자와 판별자를 각기 한 번씩 업데이트하는 방법으로 학습하고 서로 경쟁하다보니, 단순하게 분류나 회귀를 위해서 학습되는 MLP, CNN 같은 모형과는 다르게 손실(loss)값이 단조적으로 감소하지 않고 요동친다. 때문에 명확하게 학습이 되고 있는지 여부를 생성자와 판별자 각각의 손실값을 통해서 확인할 수 없다는 점이 가장 와닿는 단점이다. 생성해보기 전까지는 이 모형이 얼마나 학습 되었는지 알기가 어렵다.

단점 2: 모드 붕괴에 따른 제한적인 이미지 생성 능력

조금 덜 직관적이지만 매우 치명적인 단점으로는 모드 붕괴[7] (mode collapse) 라는 것이 있다 (그림 19.3). 모드라는 것은 정규 분포에서 벨 모양 (bell shaped)의 분포 하나를 의미한다. 일반적으로 데이터 분포는 여러 개의 클래스로 구성되어 있고 각 클래스마다 정규 분포로 구성되어 있다. 때문에 데이터는 여러 개의 정규 분포로 구성되어 있는데, GAN에서 생성자의 목표는 단순하게 판별자를 '속이기'만 하면 되는 것이기 때문에 여러 모드에 해당하는 데이터를 생성할 필요가 전혀 없고, 때문에 하나의 모드에 해당하는 데이터들만 생성하는 것으로 수렴되고 만다.

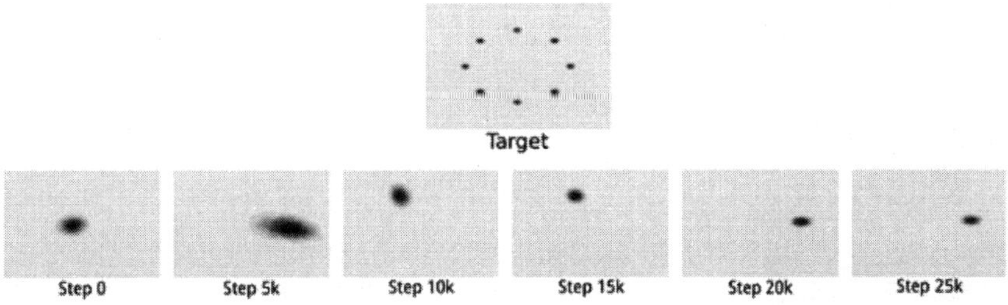

▲ **그림 19.3** 모드 붕괴. 생성자는 판별자를 속일 수만 있으면 되기 때문에 굳이 원본 데이터가 갖고 있는 다양성을 반영할 필요가 없다. 위조지폐를 만드는 예시를 생각해보면, 5000원권을 만들었을 때 판별자를 속이기 쉽다면 굳이 1000원권이나 10000원권을 생성할 필요는 없고, 5000원권을 더 좋은 품질로 만드는데 집중하면 되는 것이다. 그러나 이는 생성모형의 관점에서는 다양한 데이터를 생성할 수 없기에 큰 단점이 된다.

참고링크

[1] GAN: https://en.wikipedia.org/wiki/Generative_adversarial_network

[7] https://web.cs.ucla.edu/~srinath/static/projects/CS260_Course_Project_Report_.pdf

부록

APPENDIX

APPENDIX A 확률기초

기계학습은 전통적으로 확률과 통계학에 기반을 두고 발전하였으며 과거에는 앞에서 다루었던 기계학습 모형 대신 확률모형에 기반한 결정(decision) 혹은 분류문제를 다루었다. 이러한 발전의 역사 때문에 아직도 많은 기계학습 문제에서 확률통계와 관련된 개념들이 광범위하게 사용되고 있다. 본 서의 서문에서 밝혔듯 본 과목을 수강하는 학생은 선형대수와 함께 기초적인 확률통계를 배웠다는 가정을 하고 있으나 혹시라도 확률통계를 수강하지 않은 학생들을 위해 확률론의 기초적인 내용(본 서의 내용에서 꼭 필요한 부분)에 대해서 소개한다. 본 부록의 내용에서 주안점을 두어야 할 학습 포인트는 다음과 같다.

❶ 확률함수(확률질량함수와 확률밀도함수)의 정의와 특성을 이해한다.

❷ 기대값과 모멘트의 정의를 이해하고 간단한 확률함수에 대해 평균과 분산을 구할 수 있다.

❸ 결합 확률과 조건부 확률의 정의와 특성을 이해하고 Bayes 정리에 근거하여 이 두 확률함수간 관계를 이해한다.

❹ 통계적 독립성, 상관과 공분산의 정의를 이해한다.

A.1 랜덤변수

확률을 다룰 때 가정 먼저 정의하는 것은 랜덤 변수(random variable)이다. 일반적으로 그냥 "변수"라고 하면 변할 수 있는 값 혹은 파라미터 정도로 정의되는데 보통 이 변수가 가질 수 있는 값들의 집합인 정의역을 정의한다. **랜덤 변수** 역시 여기까지는 일반적인 변수와 동일하나 추가적으로 "**확률 함수**"가 같이 따라다니며 다음과 같은 표기를 사용한다.

$$X \sim p_X(x), \ x \in S_X \tag{A.1}$$

여기서, X가 랜덤 변수이며 S_X는 X가 가질 수 있는 값들의 집합(**표본 공간**이라고 함)이다. $p_X(x)$는 X가 가질 수 있는 값의 형태에 따라 달라지는데 이를 위해 **이산 랜덤 변수**와 **연속 랜덤변수**로 구분하여 전자의 경우 **확률질량함수**(probability mass function, PMF)를, 후자의 경우 **확률밀도함수**(probability density function, PDF)를 따로 정의한다. 본 서에서는 전자의 경우, 편의상 확률 함수로 부른다.

A.2 이산 랜덤변수의 확률질량함수와 기대값

먼저 이산 랜덤 변수를 고려해 보자. 이산 랜덤 변수는 실험 혹은 관측의 결과가 이산적인 값들의 집합으로 주어지는데 이는 유한집합일 수도 있고 무한집합일 수도 있다. (유한 집합의 경우 동전 혹은 주사위를 던져서 얻어지는 값들의 집합이 그 예가 될 수 있으며 무한 집합의 경우 실험의 결과가 자연수 혹은 정수의 집합으로 나타나는 경우이다.) 이러한 특징으로 식(A.1)의 $p_X(x)$는 이산 랜덤 변수 X가 x라는 값을 가질 "확률"로 정의되며 (즉, $p_X(x) \equiv \Pr\{X = x\}$ 로 정의되며) 확률의 3가지 공리[1]에 따라 다음과 같은 특성을 갖는다.

이산 랜덤 변수에 대한 **확률질량함수**의 특성:

(1) $0 < p_X(x) < 1$[8)] (A.2)

(2) $\sum_{x \in S_X} p_X(x) = 1$ (A.3)

기대값: 기대값은 랜덤변수에 대한 임의의 함수 $g(X)$를 취한 결과의 평균 값으로 다음과 같이 정의된다.

이산 랜덤변수의 기대값: $\mathbb{E}[g(X)] \equiv \sum_{x \in S_X} g(x) \cdot p_X(x)$ (A.4)

물론 이러한 기대 값은 S_X가 무한 집합이든 유한 집합이든 수치형 인 경우 의미를 가지나 혈액형과 같은 범주형 데이터에 대해서는 무의미할 수 있다.

기대 값의 특수한 경우로 **평균**(mean)과 **분산**(variance)이 있으며 이산 랜덤 변수에 대해서는 다음과 같이 정의된다.

---

8) 실제로는 부등호 < 대신 ≤ 가 사용되나 $p_X(x) = 0$인 x는 S_X에서 제외되고 $p_X(x) = 1$이면 X는 항상 x라는 값 만을 가지며 나머지 경우는 없는 것이므로 본 서에서는 부등호 <를 사용하였다.

평균: $\mathbb{E}[X] \equiv \sum_{x \in S_X} x \cdot p_X(x) = \mu_X$ (A.5)

분산: $\mathbb{E}[(X-\mu_X)^2] \equiv \sum_{x \in S_X} (x-\mu_X)^2 \cdot p_X(x) = \mathbb{E}[X^2] - \mu_X^2$ (A.6)

평균과 분산은 각각 1차 모멘트와 2차 중심 모멘트라고도 하는데 n차 모멘트와 n차 중심 모멘트의 정의는 각각 다음과 같다.

n차 모멘트: $\mathbb{E}[X^n]$ (A.7)

n차 중심 모멘트: $\mathbb{E}[(X-\mu_X)^n]$ (A.8)

한편, 여기서 정의한 평균과 분산은 통계 분석에서 얘기하는 평균과 분산과는 의미상으로는 유사하지만 정의 자체에서는 차이가 있는데 위에서 기대 값으로 정의한 평균은 확률 함수로부터 계산되는 값이며 (특정 확률 함수에 대해 정해지는 파라미터이며) 통계분석에서의 평균은 실험 혹은 관측된 값들 로부터 얻어지는 값으로 정의된다. 즉, N번의 관측을 통해 얻어진 값(표본)들을 각각 $x_1, x_2, \ldots, x_N$이라 하면 이들의 **평균(average)**는 다음과 같다.

$$\bar{X}^{(N)} = \frac{1}{N}\sum_{i=1}^{N} x_i \tag{A.9}$$

물론 N이 충분히 크다면 N개의 표본 중 그 값이 $x_j \in S_X$인 표본의 개수는 근사적으로 $N \cdot p_X(x_j)$ 가 될 것이므로 $\bar{X}^{(N)} \xrightarrow{as\ N\to\infty} \sum_{x \in S_X} x \cdot p_X(x) = \mathbb{E}[X]$가 될 것이다. 예를 들면 앞면과 뒷면이 나올 확률이 각각 0.5인 동전을 100만번 던졌다고 하자. 그러면 100만번 중 50만번은 0(앞면)일 것이고 나머지 50만번은 1(뒤면)일 것이므로 이의 평균(average)는 $\bar{X}^{(1000000)} \approx 0.5 = E[X] = 0 \cdot p_X(0) + 1 \cdot p_X(1)$.

확률질량함수의 예: 대표적인 확률질량함수로 베르누이 시행(Bernoulli trial)을 통해 얻어지는 2진 랜덤변수의 확률질량함수가 있으며 다음과 같이 정의된다.

$$p_X(x) = \begin{cases} 1-p & \text{for } x = 0 \\ p & \text{for } x = 1 \end{cases} \tag{A.10}$$

이 확률함수는 하나의 파라미터 p를 갖는데 이는 평균에 해당하며 실제로 $\mathbb{E}[X] = \sum_{x \in \{0,1\}} x \cdot p_X(x) = p$이다.

문제 A.1

확률질량함수가 (A.10)으로 주어지는 이산 랜덤변수의 분산을 p의 항으로 나타내어라.

■

A.3 이산 랜덤변수의 결합확률과 조건부확률, 통계적 독립성

이제 결합 확률과 조건부 확률을 상기해 보자. 이 둘은 두개 혹은 그 이상의 랜덤 변수들에 대해 정의되는 확률 혹은 확률 밀도 함수로 문제의 단순화를 위해 2개의 랜덤 변수 쌍 (X, Y)를 고려해 보자. 예를 들면 이산 랜덤 변수의 경우 두개의 주사위를 던지는 실험에서 첫번째 주사위의 결과를 X, 두 번째 주사위의 결과를 Y라고 생각해 볼 수 있다. 혹은 하나의 주사위와 하나의 동전을 던지는 실험을 생각해도 좋다. 전자의 경우 S_X와 S_Y는 모두 $\{1, 2, 3, 4, 5, 6\}$로 주어지며 후자의 경우 $S_Y = \{0(앞), 1(뒤)\}$로 주어진다.

이산 랜덤변수의 결합확률: 결합 확률의 경우 두 결과 X와 Y를 쌍으로 보는 것이므로 표본 공간은 두 결과에 대한 모든 쌍에 대해 정의되며 두개의 주사위를 던지는 실험의 경우 총 36개의 원소를 갖는 집합 $S_{(X, Y)} \in \{(1,1), (1,2), (1,3), \ldots, (6,6)\}$로 표현할 수 있는데 이를 일반화하여 다음과 같이 표기한다.

두 이산 랜덤변수의 결합확률 : $(X.Y) \sim p_{X,Y}(x, y),\ (x, y) \in S_{X,Y}$ (A.11)

여기서 $p_{X, Y}(x, y)$는 확률이므로 다음을 만족한다.

(3) $0 < p_{X,Y}(x, y) < 1$ (A.12)

(4) $\sum_{(x,y) \in S_{X,Y}} p_{X,Y}(x, y) = \sum_{x \in S_X} \sum_{y \in S_Y} p_{X,Y}(x, y) = 1$ (A.13)

이산 랜덤변수의 조건부확률: 한편, 두 랜덤 변수 쌍 (X, Y)에 대한 조건부 확률은 Bayes의 정리[2]에 따라 다음과 같이 두 가지가 정의된다.

$$p_{X|Y}(x|y) \equiv \frac{p_{X,Y}(x,y)}{p_Y(y)} \tag{A.14.a}$$

$$p_{Y|X}(y|x) \equiv \frac{p_{X,Y}(x,y)}{p_X(x)} \tag{A.14.b}$$

따라서 다음을 얻는다.

$$p_{Y|X}(y|x)p_X(x) = p_{X,Y}(x, y) = p_{X|Y}(x|y)p_Y(y) \tag{A.15}$$

물론 $p_{X|Y}(x|y)$와$p_{X, Y}(y|x)$ 역시 확률이며 (A.12) 및 (A.13)과 같이 다음을 만족한다.

(5) $$0 < p_{X|Y}(x|y) < 1 \quad \text{(A.16.a)}$$

(6) $$0 < p_{Y|X}(y|x) < 1 \quad \text{(A.16.b)}$$

(7) $$\sum_{x \in S_X} p_{X|Y}(x|y) = 1 \ \forall y \quad \text{(A.17.a)}$$

(8) $$\sum_{y \in S_Y} p_{Y|X}(y|x) = 1 \ \forall x \quad \text{(A.17.b)}$$

그리고 이로부터 다음과 같은 관계식(marginal relation)을 얻는다.[3]

(9) $$\sum_{y \in S_Y} p_{X,Y}(x,y) = \sum_{y \in S_Y} p_{Y|X}(y|x) p_X(x) = p_X(x) \quad \text{(A.18.a)}$$

(10) $$\sum_{x \in S_X} p_{X,Y}(x,y) = \sum_{x \in S_X} p_{X|Y}(x|y) p_Y(y) = p_Y(y) \quad \text{(A.18.b)}$$

여기서 $p_X(x)$와 $p_Y(y)$는 결합확률 $p_{XY}(x,y)$의 한계확률질량함수라 한다.

통계적 독립성 [4]: 임의의 두 랜덤 변수 X와 Y의 결합 확률이 각 랜덤 변수의 한계 분포(marginal distribution) $p_X(x)$와 $p_Y(y)$의 곱으로 나타나는 경우 두 랜덤 변수는 통계적으로 독립이라고 한다. 즉

$$\begin{aligned} p_{X,Y}(x,y) = p_X(x) p_Y(y) \quad &\Leftrightarrow X\text{와 } Y\text{는 통계적으로 독립} \\ &\Leftrightarrow p_{X|Y}(x|y) = p_X(x) \text{ and } p_{Y|X}(y|x) = p_Y(y) \end{aligned} \quad \text{(A.19)}$$

두 랜덤 변수 X와 Y가 통계적으로 독립이라는 것은 하나의 랜덤 변수의 실현 값을 알아도 이것이 또 다른 변수 Y에 대한 아무 정보를 제공하지 못한다고 생각할 수 있는데 예를 들면 어떤 학생의 수학점수(X)와 영어점수(Y)가 통계적으로 독립이라면 그 학생의 수학점수를 안다고 해도 영어 점수의 예측에 아무런 도움이 되지 않는다고 생각할 수 있다.

결합 모멘트와 무상관성: 종종 다중의 랜덤 변수에 대한 결합 모텐트는 랜덤 변수들 간의 상관관계에 대한 정보를 제공하는데 두 랜덤 변수에 대한 $(n+m)$차 결합 모멘트는 다음과 같이 정의된다.

$$\mathbb{E}[X^n Y^m] \equiv \sum_{(x,y) \in S_{X,Y}} x^n y^m p_{X,Y}(x,y) \quad \text{(A.20)}$$

특히 $\mathbb{E}[XY]$를 **상관(correlation)**이라 하며 $\mathbb{E}[(X-\mu_X)(Y-\mu_Y)]$를 **공분산(covariance)** 이라 한다. 공분산이 0인 경우 두 랜덤 변수 X와 Y는 **무상관(uncorrelated)**라고 하는데 다음의 관계가 만족됨을 쉽게 알 수 있다.

$$p_{X,Y}(x,y) = p_X(x)p_Y(y) \quad \Rightarrow \quad \mathbb{E}[(X-\mu_X)(Y-\mu_Y)] = 0 \tag{A.21}$$

여기서 그 역은 일반적으로 성립되지 않는다.

A.4 연속 랜덤변수의 확률밀도함수와 기대값

한편 연속 랜덤 변수는 표본 공간이 연속 공간(continuum)으로 주어지며 기본적으로 S_X는 무한 집합이며 (예: 실수 집합) 이에 따라 확률 함수 $p_X(x) = \text{pr}\{X = x\}$를 정의하는 것은 무의미 하다. 랜덤 변수 X를 한국인의 키라고 해보자. X가 정확히 175.4966792048893⋯cm일 확률 $\text{pr}\{X = 175.4966792048893\ldots\}$은 얼마일까? 이는 사실상 무의미 하며 한국인의 키 X가 170cm 보다 크거나 같고 180 cm 작을 확률을 따지는 것이 보다 현실적일 것이다. 즉, "확률 밀도 함수" $f_X(x)$를 정의하여

$$\Pr\{175 \le X < 180\} = \int_{175}^{180} f_X(x)\,dx$$

로 나타내는 것이 보다 현실적이다.

확률과 통계학을 다루는 책에서는 연속 랜덤 변수에 대해서는 **누적 확률분포 함수**(Cumulative Distribution Function, CDF)를 먼저 정의하고 이의 미분으로서의 **확률밀도함수**(Probability density function, PDF)를 정의한다. 즉,

$$F_X(x) \equiv \Pr\{X \le x\} \tag{A.22}$$

$$f_X(x) \equiv \frac{d}{dx}F_X(x) \tag{A.23}$$

여기서 $F_X(x)$는 확률로 정의되므로 확률의 3가지 공리[1]를 만족해야 하나 $f_X(x)$는 엄밀한 의미에서 확률 함수가 아니며 따라서 확률의 3가지 공리를 모두 만족하지는 않는다. 다만 누적분포함수보다는 확률밀도함수를 이용하여 연속 랜덤변수의 분포를 다음과 같이 표기하는 것이 일반적이다.

$$X \sim f_X(x),\ x \in S_X \tag{A.24}$$

확률의 3가지 공리로부터 얻어지는 누적분포함수에 대한 특성들은 참고 링크 [5]를 참고하기 바라며 여기서는 누적분포함수의 특성으로부터 유도되는 확률밀도함수의 몇 가지 유용한 특성들에

대해 알아보기로 한다. 앞서 언급했듯 $f_X(x)$가 확률로 해석되지는 않지만 "확률로 정의되는" 누적 확률분포 함수 $F_X(x)$의 특성으로부터 다음과 같은 특성을 가짐을 알 수 있다.

(11) $$0 < f_X(x) \ \forall x \in S_X \tag{A.25}$$

(12) $$\int_{S_X} f_X(x)\,dx = 1 \tag{A.26}$$

(13) $$\Pr\{a \le X \le b\} = \int_a^b f_X(x)\,dx \tag{A.27}$$

(14) $$F_X(x) \equiv \Pr\{X \le x\} = \int_{-\infty}^{x} f_X(x)\,dx \tag{A.28}$$

연속 랜덤 변수의 경우 앞서 언급했듯 $f_X(x)$는 (확률이 아닌) 확률 밀도 함수이며 특성 (11)에서 이산 랜덤 변수와 같은 $f_X(x) \le 1$는 모든 x에 대해 만족되지 않는다. 또한 $x \not\in S_X$인 경우 $f_X(x) = 0$로 생각하면 된다.

기대값: 연속 랜덤 변수에 대한 기대 값은 이산 랜덤변수와 유사하게 정의될 수 있으며 확률밀도가 $f_X(x)$로 주어지는 랜덤변수 X에 임의의 함수 $g(X)$를 취한 결과의 평균값으로 다음과 같이 정의된다.

연속 랜덤변수의 기대 값: $$\mathbb{E}[g(X)] \equiv \int_{S_X} g(x) \cdot f_X(x)\,dx \tag{A.29}$$

또한, 이산 랜덤변수와 마찬가지로 기대 값의 특수한 경우인 **평균(mean)과 분산(variance)**이 있으며 다음과 같이 정의된다.

평균: $$\mathbb{E}[X] \equiv \int_{S_X} x \cdot f_X(x)\,dx = \mu_X \tag{A.30}$$

분산: $$\mathbb{E}[(X-\mu_X)^2] \equiv \int_{S_X} (x-\mu_X)^2 \cdot f_X(x)\,dx = \mathbb{E}[X^2] - \mu_X^2 \tag{A.31}$$

이산 랜덤 변수와 마찬가지로 평균과 분산은 각각 1차 모멘트와 2차 중심 모멘트라고 하며 n차 모멘트와 n차 중심 모멘트의 정의는 각각 $\mathbb{E}[X^n]$와 $\mathbb{E}[X-\mu_X)^n]$로 주어진다.

확률밀도함수의 예: 대표적인 확률밀도함수로 정규분포가 있으며 이는 다음과 같이 정의된다.

$$f_X(x) = N(x;\mu,\sigma^2) = \frac{1}{2\sigma}\exp\left(-\frac{(x-\mu)^2}{2\sigma^2}\right) \tag{A.32}$$

이 확률밀도함수는 두 개의 파라미터 μ와 σ^2를 갖는데 이는 각각 평균과 분산에 해당하며 실제로

$E[X] = \int_{-\infty}^{\infty} x \cdot f_X(x) dx = \mu$이며 $\mathbb{E}[(X-\mu)^2] = \int_{-\infty}^{\infty} (x-\mu)^2 \cdot f_X(x)\, dx = \sigma^2$가 됨을 보일 수 있다. 평균의 경우 직접 연산이 어렵지는 않지만 분산의 경우는 그리 쉽지는 않다. (다양한 방법이 있겠지만 조금 쉬운 방법으로 변수 치환 및 Gamma 함수의 정의가 필요함.)

A.5 연속 랜덤변수의 결합 확률밀도함수와 조건부 확률밀도함수

이산 랜덤변수의 경우 두 이산 랜덤변수의 결합확률함수를 정의하기 위해 두개의 주사위을 던지는 실험에서 첫 째 주사위의 결과 X와 두 번째 주사위의 결과 Y를 생각해 볼 수 있었는데 연속 랜덤 변수의 경우는 특정한 시점에 측정한 온도(X)와 습도(Y)에 대한 결합확률밀도를 생각하면 된다. 혹은 사람들의 키(X)와 몸무게(Y)를 생각해도 된다.

결합 확률밀도함수: 결합 확률밀도함수는 두 결과 X와 Y를 쌍으로 보는 것이므로 표본 공간은 두 결과에 대한 모든 쌍에 대해 정의되며 이산 랜덤변수에 대한 확률 함수와 유사하게 다음과 같이 표기한다.

두 연속 랜덤변수의 결합 확률밀도: $(X.Y) \sim f_{X,Y}(x,y),\ (x,y) \in S_{X,Y}$ (A.33)

여기서 $f_{X,Y}(x,y)$는 확률밀도함수이므로 다음을 만족한다.

(15) $$0 < f_{X,Y}(x,y)\ \ \forall (x,y) \in S_{X,Y} \tag{A.34}$$

(16) $$\int_{S_{X,Y}} f_{X,Y}(x,y)\, dxdy = \int_{S_X}\int_{S_Y} f_{X,Y}(x,y)\, dxdy = 1 \tag{A.35}$$

(17) $$\Pr\{a \le X \le b,\ c \le Y \le d\} = \int_a^b \int_c^d f_{X,Y}(x,y)\, dydx \tag{A.36}$$

(18) $$F_{X,Y}(x,y) \equiv \Pr\{X \le x, Y \le y\} = \int_{-\infty}^{x}\int_{-\infty}^{y} f_{X,Y}(x,y)\, dydx \tag{A.37}$$

물론 결합 확률밀도함수 역시 결합 누적 확률분포함수

$$F_{X,Y}(x) \equiv \Pr\{X \le x,\ Y \le y\} \tag{A.38}$$

를 먼저 정의하고 이의 편미분 $\frac{\partial^2}{\partial x \partial y} F_X(x)$로서 결합 확률밀도함수

$$f_X(x) \equiv \frac{d}{dx} F_X(x) \tag{A.39}$$

를 정의하고 $F_{X,Y}(x)$이 갖는 특성으로부터 (15)~(18)의 특성이 얻어지나 여기서 이는 생략하기로 한다. 필요시 참고링크 [6]를 참고하기 바란다.

조건부 확률밀도함수: 결합 확률밀도함수와 마찬가지로 조건부 누적확률분포함수 $F_{X|Y}(x|Y=y) \equiv \lim_{\Delta y \to 0} \Pr\{X \le x | y \le Y < y + \Delta y\}$를 정의하면 다음과 같이 표현되는 조건부 확률 밀도함수를 얻는다.

$$f_{X|Y}(x|y) \equiv \frac{f_{X,Y}(x,y)}{f_Y(y)} \tag{A.40.a}$$

$$f_{Y|X}(y|x) \equiv \frac{f_{X,Y}(x,y)}{f_X(x)} \tag{A.40.b}$$

이러한 정의로부터 다음을 얻는다.

$$f_{Y|X}(y|x) f_X(x) = f_{X,Y}(x,y) = f_{X|Y}(x|y) f_Y(y) \tag{A.41}$$

물론 $f_{X|Y}(x|y)$와 $f_{Y|X}(y|x)$ 역시 확률밀도함수이며 (A.25)와 같이 다음을 만족한다.

(19) $$0 \le f_{X|Y}(x|y) \tag{A.42.a}$$

(20) $$0 \le f_{Y|X}(y|x) \tag{A.42.b}$$

(21) $$\int_{S_X} f_{X|Y}(x|y)\, dx = 1 \ \forall y \tag{A.43.a}$$

(22) $$\int_{S_Y} f_{Y|X}(y|x)\, dy = 1 \ \forall x \tag{A.43.b}$$

그리고 이로부터 다음과 같은 관계식을 얻는다.[4]

(23) $$\int_{S_Y} f_{X,Y}(x,y)\, dy = \int_{S_Y} f_{Y|X}(y|x)\, f_X(x) dy = f_X(x) \tag{A.44}$$

(24) $$\int_{S_X} f_{X,Y}(x,y)\, dx = \sum_{x \in S_X} f_{X|Y}(x|y) f_Y(y) dx = f_Y(y) \tag{A.45}$$

통계적 독립성: 이상의 정의를 이용하면 연속 랜덤 변수들 간의 통계적 독립성도 이산 랜덤 변수와 유사하게 다음과 같이 나타낼 수 있다.

$$f_{X,Y}(x,y) = f_X(x)f_Y(y) \quad \Leftrightarrow X\text{와 } Y\text{는 통계적으로 독립}$$
$$\Leftrightarrow f_{X|Y}(x|y) = f_X(x) \text{ and } f_{Y|X}(y|x) = f_Y(y) \tag{A.46}$$

결합 모멘트: 마찬가지로 두 연속 랜덤 변수에 대한 $(n+m)$차 결합 모멘트는

$$\mathbb{E}[X^n Y^m] \equiv \int_{S_{X,Y}} x^n y^m f_{X,Y}(x,y)\, dxdy \tag{A.47}$$

으로 정의되며 특수한 경우로 $\mathbb{E}[XY]$를 상관(correlation), $\mathbb{E}[(x-\mu_X)(Y-\mu_Y)]$를 공분산(covariance)이라 한다. 이산 랜덤 변수와 마찬가지로 공분산이 0인 경우 두 연속 랜덤 변수 X와 Y는 무상관(uncorrelated)라고 하는데 다음의 관계가 만족됨을 쉽게 알 수 있다.

$$f_{X,Y}(x,y) = f_X(x)f_Y(y) \quad \Rightarrow \quad \mathbb{E}[(X-\mu_X)(Y-\mu_Y)] = 0 \tag{A.48}$$

참고링크

[1] 확률의 공리: https://en.wikipedia.org/wiki/Probability_axioms

[2] Bayes의 정리: https://en.wikipedia.org/wiki/Bayes%27_theorem

[3] 한계 분포: https://en.wikipedia.org/wiki/Marginal_distribution

[4] 통계적 독립성: https://en.wikipedia.org/wiki/Independence_(probability_theory)

[5] 누적 확률 분포 함수: https://en.wikipedia.org/wiki/Cumulative_distribution_function

[6] 결합 확률분포: https://en.wikipedia.org/wiki/Joint_probability_distribution

[7] 조건부 확률분포: https://en.wikipedia.org/wiki/Conditional_probability_distribution

APPENDIX **B**

최적화1: 최적화 문제, 2차 계획 문제와 최대우도 추정

본 장은 최적화 문제(optimization problem)의 정의와 본 서에서 자주 나오는 2차 계획 문제(quadratic programming problem)의 정의에 대해 소개한다. 최적화 문제는 **구속조건이 없는 최적화** 혹은 **비구속 최적화**(unconstrained optimization)와 **구속조건을 갖는 최적화 문제**(constrained optimization)[1], 2가지로 구분하는데 먼저 구속조건이 없는 경우에 대해 소개한다. 본 부록의 내용에서 주안점을 두어야 할 학습 포인트는 다음과 같다.

❶ 최적화 문제의 정의와 2차계획문제의 정의를 이해한다.

❷ 확률모형 파라미터 추정 방법으로서의 최대우도 추정법의 구성요소와 무엇을 해결해야 하는지 문제를 이해한다.

❸ 몇 가지 간단한 기울기 공식을 이용하여 2차계획 문제의 해가 선형연립방정식의 해로 주어짐을 이해한다.

B.1 최적화 문제의 정의

최적화 문제는 최소화의 문제이거나 최대화의 문제인데 일반적으로 다음과 같다.

최소화 문제: $$\min_{\boldsymbol{\theta}\in\mathbb{R}^M} J(\boldsymbol{\theta}) \tag{B.1}$$

최대화 문제: $$\max_{\boldsymbol{\theta}\in\mathbb{R}^M} J(\boldsymbol{\theta}) \tag{B.2}$$

여기서, θ는 M개의 요소를 갖는 벡터이며 **비용함수**(cost function) 혹은 **목적함수**(objective function)로 부르는 함수 $J:\mathbb{R}^M \rightarrow \mathbb{R}$는 임의의 주어진 스칼라 함수이다. 일반적으로 최소값 혹은 최대값 자체보다는 $J(\theta)$가 최소 혹은 최대가 되는 θ값에 관심이 있으므로 비용함수/목적함수를 최소화/최대화하는 최적 파라미터를 다음과 같이 표기한다.

$$\boldsymbol{\theta}^* = \underset{\boldsymbol{\theta}}{\operatorname{argmin}} J(\boldsymbol{\theta}) \quad \text{또는} \quad \boldsymbol{\theta}^* = \underset{\boldsymbol{\theta}}{\operatorname{argmax}} J(\boldsymbol{\theta}) \tag{B.3}$$

물론 임의의 함수 $J(\boldsymbol{\theta})$에 대해 식 (B.3)의 해 $\boldsymbol{\theta}^*$을 구하는 것은 매우 어려우며 이의 폐형해(closed form solution)을 얻는 것은 더더욱 어렵지만 대개의 경우 $J(\boldsymbol{\theta})$가 갖는 속성 혹은 조건에 따라 다양한 접근방법이 존재하며 폐형해를 얻지 못하는 경우 수치적인 해석을 통해 해를 구할 수 있다.

볼록 최적화 문제(convex optimization problem)와 2차 계획 문제: 볼록 최적화 문제[2]는 비용함수 혹은 목적함수가 볼록 함수(convex function)[3]로 주어지는 경우를 말하는데 볼록 함수의 최적화 문제는 (항상 그렇지는 않지만 대개) 유일한 해를 가지며 특히, $J(\boldsymbol{\theta})$가 미분 가능할 경우 다음과 같이 함수의 **기울기(gradient)**를 0으로 놓고 연립방정식을 풀어 해를 얻을 수 있다.

$$\nabla_{\boldsymbol{\theta}} J(\boldsymbol{\theta}) = \mathbf{0} \tag{B.4}$$

여기서, $\boldsymbol{\theta}$에 대한 기울기 연산자 $\nabla_{\boldsymbol{\theta}}$의 정의는 식 (B.21)과 같다. 일반적으로 볼록 함수는 최저점을 가지며 오목함수는 최고점을 가지므로 전자는 최소화의 문제이며 후자는 최대화의 문제이지만 최소화든 최대화든 모두 볼록 최적화 문제로 정의되며 두 경우 모두 식 (B.4)의 (연립)방정식을 풀어 해를 얻을 수 있다. 따라서, 본 장의 이후에서는 최소화 문제를 기준으로 설명하겠다.

소위 **2차 계획 문제(quadratic programming problem)**[4]이라고 불리는 최적화 문제는 볼록 최적화 문제의 한 특수한 경우로 다음과 같이 정의된다.

$$\min_{\boldsymbol{\theta}} J(\boldsymbol{\theta}) = \frac{1}{2}\boldsymbol{\theta}^T \boldsymbol{Q}\boldsymbol{\theta} + \boldsymbol{p}^T\boldsymbol{\theta} \tag{B.5}$$

여기서, $\boldsymbol{Q}$는 임의의 $M \times M$ 정방 행렬이며 $\boldsymbol{p}$는 $M \times 1$ 벡터이다. 위 식의 우변 첫째 항인 $\boldsymbol{\theta}^T\boldsymbol{Q}\boldsymbol{\theta}$이 2차 형식(quadratic form)이기 때문에 2차 계획 문제라는 명칭이 붙었으며 이에 따라 위 함수 $J(\boldsymbol{\theta})$에 대한 최적화 문제는 (역시 항상 그렇지는 않지만 대개) 유일한 해를 갖는다. 위 최적화 문제의 해는 식 (B.4)로부터 폐형해를 얻을 수 있는데 $\boldsymbol{Q}$가 대칭행렬임을 가정하고 부록 B.3의 기울기 공식을 이용하면 다음의 선형 연립 방정식을 얻는다.

$$\boldsymbol{Q}\boldsymbol{\theta} + \boldsymbol{p} = \mathbf{0} \tag{B.6}$$

따라서 행렬 $\boldsymbol{Q}$의 역행렬이 존재할 경우 다음과 같이 유일한 해를 얻는다.

$$\boldsymbol{\theta}^* = \underset{\boldsymbol{\theta}}{\operatorname{argmin}}\, J(\boldsymbol{\theta}) = -\boldsymbol{Q}^{-1}\boldsymbol{p} \tag{B.7}$$

한편, $\boldsymbol{Q}$의 역행렬이 존재하지 않을 수도 있는데 이 경우 무수히 많은 해를 가질 수도 있으며 이러한 조건에서 어떻게 근사해를 구할 수 있는지에 대해서도 고려해야 한다. 이에 대한 자세한 내용은 6장에서 다룬다.

문제 B.1

두 개의 파라미터 θ_1과 θ_2를 갖는 목적함수 $J(\theta_1, \theta_2) = \theta_1^2 + 4\theta_1\theta_2 + 4\theta_2^2 + 8\theta_1 + 8\theta_2$를 고려하자.

(a) $J(\theta_1, \theta_2)$가 최소가 되는 점 (θ_1^*, θ_2^*)를 구하라.

(b) 이 문제는 전형적인 2차계획 문제이다. 이를 식 (B.5)의 형태로 표현해 보아라. (즉, 행렬 $\boldsymbol{Q}$와 벡터 $\boldsymbol{b}$를 구하라.) 이때 $\boldsymbol{Q}$가 대칭행렬이 되도록 하라.

(c) 식 (B.6)과 같이 식 (B.4)에 해당하는 연립방정식을 벡터–행렬 형태로 나타내어라.

B.2 최적화 문제로서의 확률분포 파라미터의 추정: 최대 우도 추정

본 절에서는 최적화 문제로서의 확률분포의 파라미터 추정 문제를 살펴본다. 소위 **최대우도 추정법(maximum likelihood estimation)**[5]는 관측된 데이터에 가장 잘 맞는 확률분포 함수의 파라미터를 추정하는 과정으로 확률분포 모형은 주어져 있으며 분포 모형에 포함된 파라미터를 관측 데이터에 맞게 최적화하는 것이다. 파라미터를 추정하고자 하는 확률질량함수 혹은 확률밀도함수를 $p(\boldsymbol{x};\boldsymbol{\theta})$라 하자. 여기서, $\boldsymbol{\theta}$는 추정하고자 하는 파라미터(들)이며 $\boldsymbol{x}$는 확률질량함수 혹은 확률밀도함수가 정의되는 표본공간의 한 점을 나타내는 변수(벡터)이다. N개 표본으로 구성된 관측된 데이터 행렬을 $\boldsymbol{X} = [\boldsymbol{x}_1, \boldsymbol{x}_2, \ldots, \boldsymbol{x}_N]$라 하면 파라미터 추정을 위한 목적함수는 다음과 같은 **우도 함수(likelihood function)**로 주어진다.

$$L(\boldsymbol{\theta}; \boldsymbol{X}) \equiv \prod_{i=1}^{N} p(\boldsymbol{x}_i; \boldsymbol{\theta}) \tag{B.8}$$

이와 같은 우도 함수의 정의는 **랜덤 표본화(random sampling)**의 기본 가정(모든 표본은 서로 통계적으로 독립이라는 가정)에 따라 데이터 $\boldsymbol{X} = [\boldsymbol{x}_1, \boldsymbol{x}_2, \ldots, \boldsymbol{x}_N]$의 결합확률(밀도)를 각 표본의 확률(밀도)의 곱으로 나타낸 것이다. 한편, 식 (B.8)의 우도 함수보다는 이에 log를 취한 log 우도 함수(log likelihood function)를 사용하면 편리한 경우가 많은데 이는 특히 지수함수의 형태를 갖는 확률분포에 유리하다. log함수는 단조 증가 함수이기 때문에 식 (B.8)를 최대화하나 다음으로 정의되는 log 우도 함수를 최대화하나 결과는 동일하다.

$$\log L(\boldsymbol{\theta}; \boldsymbol{X}) \equiv \textstyle\sum_{i=1}^{N} \log p(\boldsymbol{x}_i; \boldsymbol{\theta}) \tag{B.9}$$

이러한 정의를 이용하면 최대 우도 추정의 문제는 다음과 같다.

$$\boldsymbol{\theta}^* = \underset{\boldsymbol{\theta} \in \mathbb{R}^M}{\arg\max}\, L(\boldsymbol{\theta}; \boldsymbol{X}) = \underset{\boldsymbol{\theta} \in \mathbb{R}^M}{\arg\max} \log L(\boldsymbol{\theta}; \boldsymbol{X}) \tag{B.10}$$

Bernoulli 시행에서의 파라미터 추정: Bernoulli 시행은 관측된 표본이 2진수(0 혹은 1)로 표현되는 실험을 반복적으로 수행하는 것을 말하는데 여기서 각각의 시행에서 관측된 표본은 각각 통계적으로 독립이다. 이 2진 실험의 사전확률을 $p(1) = p$이고 $p(0) = 1 - p$라 하자. 여기서, 추정하고자 하는 파라미터는 p이다. 또한 N번의 시행으로 얻은 표본을 $\boldsymbol{X} = [x_1, x_2, \dots, x_N]$라 하자. 여기서 x_i들은 모두 0이거나 1이다. 물론, 이 문제의 답(최대 우도 추정치)은 계산할 필요도 없이 다음과 같이 얻어진다.

$$p^* = \frac{N\text{번의 시행 중 1이 나온 회수}}{N} = \frac{1}{N}\textstyle\sum_{i=1}^{N} x_i \tag{B.11}$$

그러나, 본 절의 목적은 최대우도 추정의 과정을 최적화의 문제로 이해하고 최적화 해법에 따라 해를 구해보는 것이다. 정의에 의해 데이터 $\boldsymbol{X}$의 우도 함수는 다음과 같다.

$$L(p; \boldsymbol{X}) = \textstyle\prod_{i:x_i=1} p \prod_{j:x_j=0} (1-p) = \prod_{i=1}^{N} p^{x_i}(1-p)^{1-x_i} = p^k\,(1-p)^{N-k} \tag{B.12}$$

여기서, k는 N번의 시행 중 1이 나온 회수이다. 위 식은 "위로 볼록한" 볼록 함수이며 이의 p에 대한 기울기를 0으로 놓고 방정식을 풀어 해를 얻을 수 있다. 즉,

$$\frac{\partial}{\partial p} L(p; \boldsymbol{X}) = kp^{k-1}(1-p)^{N-k} + p^k(N-k)(1-p)^{N-k-1} = 0 \tag{B.13}$$

를 풀면 최적해는$p^* = k/N$ 임을 알 수 있다.

문제 B.1

위의 Bernoulli 시행 문제에서 log 우도 함수를 이용하여 $p^* = \frac{1}{N}\sum_{i=1}^{N} x_i$가 됨을 보여라.

다변량 정규분포 함수의 파라미터 추정: N번의 관측으로 얻은 특징 벡터 표본을 $\boldsymbol{X} = [\boldsymbol{x}_1, \boldsymbol{x}_2, ..., \boldsymbol{x}_N]$라 하자. 여기서 $\boldsymbol{x}_i \in \mathbb{R}^M$이며 이의 확률분포를 다변량 정규분포 함수 $N(\boldsymbol{x}_i; \mu, \Sigma)$로 모형화 하고자 한다. 즉, 추정하고자 하는 파라미터는 평균벡터 μ와 공분산 행렬 Σ이다. 식 (B.9)의 로그우도함수의 정의와 3장 식 (3.1)의 다변량 정규분포 함수의 정의를 이용하면 다음을 얻는다.

$$\log L(\boldsymbol{\mu}, \boldsymbol{\Sigma}; \boldsymbol{X}) = \sum_{i=1}^{N} \log N(\boldsymbol{x}_i; \boldsymbol{\mu}, \boldsymbol{\Sigma}) \tag{B.14}$$

여기서,

$$\log N(\boldsymbol{x}_i; \boldsymbol{\mu}, \boldsymbol{C}) = -\frac{1}{2}(\boldsymbol{x}_i - \boldsymbol{\mu})^T \boldsymbol{C}^{-1}(\boldsymbol{x}_i - \boldsymbol{\mu}) - \frac{1}{2}\log|\boldsymbol{C}| - \frac{M}{2}\log 2\pi \tag{B.15}$$

$$= -\frac{1}{2}(\boldsymbol{x}_i - \boldsymbol{\mu})^T \boldsymbol{C}^{-1}(\boldsymbol{x}_i - \boldsymbol{\mu}) + \frac{1}{2}\log|\boldsymbol{C}^{-1}| - \frac{M}{2}\log 2\pi \tag{B.16}$$

식 (B.14)에 기울기 연산자 ∇_μ와 $\nabla_{C^{-1}}$를 취하여 연립방정식을 세우면 다음과 같다.

$$\boldsymbol{\nabla}_{\boldsymbol{\mu}} \log L(\boldsymbol{\mu}, \boldsymbol{\Sigma}; \boldsymbol{X}) = \sum_{i=1}^{N} \boldsymbol{\nabla}_{\boldsymbol{\mu}} \log N(\boldsymbol{x}_i; \boldsymbol{\mu}, \boldsymbol{\Sigma}) = \boldsymbol{0} \tag{B.17}$$

$$\boldsymbol{\nabla}_{\boldsymbol{C}^{-1}} \log L(\boldsymbol{\mu}, \boldsymbol{\Sigma}; \boldsymbol{X}) = \sum_{i=1}^{N} \boldsymbol{\nabla}_{\boldsymbol{C}^{-1}} \log N(\boldsymbol{x}_i; \boldsymbol{\mu}, \boldsymbol{\Sigma}) = \boldsymbol{0} \tag{B.18}$$

식 (B.15)를 이용하면 식 (B.16)은 다음과 같이 쓸 수 있다.

$$\sum_{i=1}^{N} \boldsymbol{C}^{-1}(\boldsymbol{x}_i - \boldsymbol{\mu}) = 0$$

여기서 공분산 행렬 $\boldsymbol{C}$와 그 역행렬은 대칭행렬임을 적용하였다. 따라서, 평균의 추정치 $\hat{\mu}$을 다음과 같이 얻는다.

$$\hat{\boldsymbol{\mu}} = \frac{1}{N}\sum_{i=1}^{N} \boldsymbol{x}_i \tag{B.19}$$

이는 2장의 식 (2.6)에서 정의한 표본 평균이다. 또한, 식 (B.15)를 이용하여 식 (B.18)을 다시 쓰면 다음을 얻는다. (이때 부록 B.3의 기울기 공식을 활용한다.)

$$-\frac{1}{2}\sum_{i=1}^{N}(\boldsymbol{x}_i - \boldsymbol{\mu})(\boldsymbol{x}_i - \boldsymbol{\mu})^T + \frac{1}{2}\sum_{i=1}^{N}\frac{1}{|\boldsymbol{C}^{-1}|}\boldsymbol{C}|\boldsymbol{C}^{-1}| = \boldsymbol{0}$$

이를 정리하면 2장의 식 (2.7)에 주어진 표본 공분산의 정의인 다음의 식을 얻는다.

$$\hat{\boldsymbol{C}} = \frac{1}{N}\sum_{i=1}^{N}(\boldsymbol{x}_i - \boldsymbol{\mu})(\boldsymbol{x}_i - \boldsymbol{\mu})^T \tag{B.20}$$

따라서, 식 (B.19)에서 얻은 $\hat{\mu}$을 식 (B.20)의 μ에 대입하면 2장의 식 (2.7)의 데이터 $\boldsymbol{X}$에 대한 공분산 행렬을 얻는다.

B.3 기울기 공식 (gradient formula)

회귀분석을 포함하는 기계학습에서 최적화 문제를 풀기 위해 최적화 파라미터들의 **스칼라 함수**로 정의되는 비용함수 혹은 목적함수의 기울기를 정의하는데 이 때 사용하는 것이 기울기 연산자이다. 기울기 연산자는 파라미터 집합을 벡터로 나타내거나 행렬로 나타내는데 벡터로 표현할 경우 파라미터 벡터 $\boldsymbol{\theta} = [\theta_0, \theta_1, \ldots, \theta_M]^T$에 대한 **기울기(gradient) 연산자** $\nabla_{\boldsymbol{\theta}}$의 정의는 다음과 같다.

$$\nabla_{\boldsymbol{\theta}} := \frac{\partial}{\partial \boldsymbol{\theta}} = \begin{bmatrix} \frac{\partial}{\partial \theta_0} & \frac{\partial}{\partial \theta_1} & \cdots & \frac{\partial}{\partial \theta_M} \end{bmatrix}^T \tag{B.21}$$

한편 파라미터를 (정방) 행렬 $\boldsymbol{A} = [a_{jk}]$로 정의하는 경우 이에 대한 기울기 연산자 $\nabla_{\boldsymbol{A}}$는 다음과 같다.

$$\nabla_{\boldsymbol{A}} := \frac{\partial}{\partial \boldsymbol{A}} = \begin{bmatrix} \frac{\partial}{\partial a_{11}} & \frac{\partial}{\partial a_{12}} & \cdots & \frac{\partial}{\partial a_{1M}} \\ \frac{\partial}{\partial a_{21}} & \frac{\partial}{\partial a_{22}} & \cdots & \frac{\partial}{\partial a_{2M}} \\ \vdots & \vdots & \ddots & \vdots \\ \frac{\partial}{\partial a_{M1}} & \frac{\partial}{\partial a_{M2}} & \cdots & \frac{\partial}{\partial a_{MM}} \end{bmatrix} \tag{B.22}$$

기울기 연산자와 관련된 몇 가지 유용한 특성은 다음과 같다[6].

$$\nabla_{\boldsymbol{\theta}} \boldsymbol{b}^T \boldsymbol{\theta} = \nabla_{\boldsymbol{\theta}} \boldsymbol{\theta}^T \boldsymbol{b} = \boldsymbol{b} \tag{B.23}$$

$$\nabla_{\boldsymbol{\theta}} \boldsymbol{\theta}^T \boldsymbol{A} \boldsymbol{\theta} = (\boldsymbol{A} + \boldsymbol{A}^T) \boldsymbol{\theta} \tag{B.24}$$

$$\nabla_{\boldsymbol{A}} \boldsymbol{\theta}^T \boldsymbol{A} \boldsymbol{\theta} = \boldsymbol{\theta} \boldsymbol{\theta}^T \tag{B.25}$$

$$\nabla_{\boldsymbol{A}} |\boldsymbol{A}| = \boldsymbol{A}^{-1} |\boldsymbol{A}| \tag{B.26}$$

여기서, $\boldsymbol{A}$는 임의의 정방 행렬이며 $|\boldsymbol{A}|$는 $\boldsymbol{A}$의 행렬식이다. Note: 기울기 연산자 $\nabla_{\boldsymbol{\theta}}$, $\nabla_{\boldsymbol{A}}$는 스칼라 함수에 적용되는 연산자로 $\boldsymbol{\theta}^T \boldsymbol{A} \boldsymbol{\theta}$, $\boldsymbol{b}^T \boldsymbol{\theta}$, $|\boldsymbol{A}|$는 모두 스칼라 함수이며 기울기 연산자가 적용된 결과는 $\nabla_{\boldsymbol{\theta}}$, $\nabla_{\boldsymbol{A}}$의 크기와 동일한 벡터 혹은 행렬(함수)이다.

참고링크

[1] 구속조건을 갖는 최적화: https://en.wikipedia.org/wiki/Constrained_optimization

[2] 볼록 최적화: https://en.wikipedia.org/wiki/Convex_optimization

[3] 볼록 함수: https://en.wikipedia.org/wiki/Convex_function

[4] 2차 계획법: https://en.wikipedia.org/wiki/Quadratic_programming

[5] 최대우도 추정: https://en.wikipedia.org/wiki/Maximum_likelihood_estimation

[6] Matrix calculus: https://en.wikipedia.org/wiki/Matrix_calculus

APPENDIX C

최적화2: 최적화 문제의 반복해법

4장의 선형회귀 분석에서 나오는 최적화 문제는 2차 계획 문제였으며 이는 직접 해법(기울기를 0으로 놓고 연립방정식을 풀어 얻는 해법)을 이용하여 문제의 해를 구할 수 있었다. 그러나 직접 해법을 이용하여 해를 구하는 것이 불가능한 경우가 많은 응용분야에서 나타나며 직접해법보다는 수치 해석적인 반복해법이 필요한 경우가 있다. 본 절에서는 구속조건이 없는 최적화 문제에 대한 몇 가지 유용한 수치해석적 해법을 소개한다. 실제로 문제의 형태와 조건에 따라 다양한 수치해석적 방법들이 존재하지만 본서에서는 이중 기계학습에 유용하게 적용할 수 있는 세가지 방법으로 (1) 기울기 강하법, (2) 좌표 강하법, (3) 통계적 기울기 강하법을 소개하고자 한다. 본 부록의 내용에서 주안점을 두어야 할 학습 포인트는 다음과 같다.

❶ 볼록 최적화 문제에 대한 기윯기 강하법이 반복적 연산을 통해 최선의 해에 도달함을 이해한다.

❷ 기울기 강하법과 통계적 기울기 강하법의 차이를 이해한다.

C.1 기울기 강하법

4장에서 다루었던 최소제곱법의 경우 $J(\theta)$는 2차형식으로 주어지며 (이는 볼록 함수이면서 모든 구간에서 미분 가능하다) 따라서, 이로부터 얻어지는 연립방정식은 선형 연립방정식이 되고 특정한 조건이 만족되면 ($\boldsymbol{R}_{\bar{X}\bar{X}}$의 역행렬이 존재하는 경우) 폐형해를 쉽게 얻을 수 있었다. 그러나 $J(\theta)$가 2차 형식이 아닐 경우 $J(\theta)$가 볼록 함수라 하더라도 연립방정식의 폐형해를 구하는 것 자체가 어려울 수 있으며 경우에 따라서는 연립방정식을 직접 푸는 대신 반복적인 연산을 통해 최소점(혹은 최대점)을 찾는 것이 더 유리한 경우가 있다.

소위 **기울기 강하법(gradient descent)**[1]으로 알려진 방식은 임의의 초기 값 θ_0로부터 그 점에서의 기울기의 반대방향으로(gradient가 가리키는 방향은 스칼라 함수 $J(\theta)$의 최대 증가 방향이므로 이의 반대방향으로) 최저점 추정치를 옮기고 이를 반복적으로 수행하여 최저점을 찾는 방법이다. n 번째 반복에서의 최저점 추정치를 $\theta^{(n)}$이라 하면 최저점 추정치의 갱신은 다음과 같다.

$$\boldsymbol{\theta}^{(n+1)} \leftarrow \boldsymbol{\theta}^{(n)} - \eta \nabla_{\boldsymbol{\theta}} J\left(\boldsymbol{\theta}^{(n)}\right) \tag{C.1}$$

여기서, η는 **소위 단계값(step size)** 또는 학습율이라 하며 $0 < \eta \ll 1$을 만족하는 실수로 충분히 작은 값의 η에 대해

$$J\left(\boldsymbol{\theta}^{(n)}\right) \geq J\left(\boldsymbol{\theta}^{(n+1)}\right) \tag{C.2}$$

가 된다. 그림 C.1은 기울기 강하법에 따른 최저점 추정치의 갱신 과정의 예를 보여준다. 이러한 방식으로 경사면을 따라 내려가다 보면 최종적으로 등고선의 중심에 위치한 의 최저점 에 도달할 수 있음을 알 수 있다.

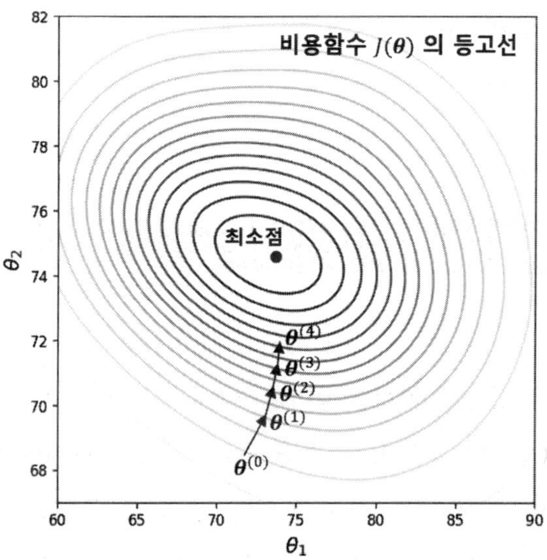

▲ **그림 C.1** 기울기 강하법의 모형 파라미터 갱신 과정 예. 등고선은 비용함수 $j(\theta)$를 나타내며 에서의 기울기 은 등고선의 법선 방향을 갖는다.

그림 C.1에 도시한 기울기 강하법의 수렴예를 보면 단계값 η가 클 경우 수렴은 빠르게 진행되지만 최저점의 근방에서 전후방으로 진동할 수 있음을 알 수 있으며, 반면 단계값 η가 너무 작으면 수렴 후의 진동은 없지만 수렴자체가 더디게 일어날 수 있음을 보여준다. 한편, η는 각 반복에서 다른 값

으로 설정할 수 있으며 다양한 방법이 제안되었지만 이중 Barzilai와 Borwein이 제안한 방법[1]은 다음과 같다.

$$\eta_n = \frac{\left(\boldsymbol{\theta}^{(n)} - \boldsymbol{\theta}^{(n-1)}\right)^T \left[\nabla_{\boldsymbol{\theta}} J(\boldsymbol{\theta}^{(n)}) - \nabla_{\boldsymbol{\theta}} J(\boldsymbol{\theta}^{(n-1)})\right]}{\left\|\nabla_{\boldsymbol{\theta}} J(\boldsymbol{\theta}^{(n)}) - \nabla_{\boldsymbol{\theta}} J(\boldsymbol{\theta}^{(n-1)})\right\|} \tag{C.3}$$

기울기 강하법의 한가지 문제는 비용함수의 최저점이 "길고 좁은 계곡"에 위치한 경우 수렴 속도가 매우 느릴 수 있다는 것인데 대표적인 예로 **Rosenbrock 함수**[2]가 있다. 한편, 단순한 최소제곱법의 경우에도 수렴속도가 매우 느릴 수 있다. 즉, 최소제곱법으로 얻어진 비용함수는 2차형식으로 표현되며 2장에서 보았듯 2차형식의 등고선은 타원으로 나타나는데 타원이 한 축으로 길고 다른 한 축으로 좁은 경우(소위 **조건지수(condition number)**로 알려진 최대 고유치 대 최소 고유치의 비가 큰 경우) 기울기의 방향은 최저점으로의 방향에 거의 수직하기 때문에 지그-재그 형태의 수렴양상을 보이게 된다.

이상의 문제점을 고려하여 보다 빠른 수렴속도를 갖는 방식들이 제시되었는데 2차 계획법 문제의 경우 **결레 기울기법(conjugate gradient)**[3]을 적용하면 파라미터의 개수만큼의 반복회수로 최저점 근방에 도달 가능함이 알려져 있다.

C.2 통계적 기울기 강하법

앞에서 다루었던 기울기 강하법은 주어진 함수의 최저점 혹은 최대점을 찾는 최적화의 문제에 대한 접근 방법으로 제안되었다. 통계적 추정이나 기계학습의 경우 최적화의 문제는 (특정한 파라미터를 갖는) 모형을 데이터에 맞추는 모형 맞춤(model fitting)의 문제로 볼 수 있는데 전통적인 통계학적 접근 방식은 두 가지 단계로 나누어 볼 수 있다. 첫 번째는 주어진 데이터 전체의 사전처리를 통해 1차 및 2차 모멘트(평균, 공분산 혹은 자기상관 및 상호상관 행렬)를 계산하고 이를 이용하여 비용함수 혹은 목적함수 $J(\boldsymbol{\theta};\boldsymbol{X},\boldsymbol{y})$를 얻는 단계이며 두 번째가 획득된 비용함수 혹은 목적함수에 대해 기울기 강하법을 통해 최적화하여 추정기 혹은 분류기의 파라미터를 획득하는 단계이다. 물론 이 경우에는 기울기 강하법과 같은 반복적인 방법을 사용하지 않고 기울기 연산자를 통해 얻어진 연립방정식을 직접 풀어 최적화하는 것도 가능하다. **통계적 기울기 강하법(stochastic gradient descent)**[4]은 주어진 데이터 전체에 대해 사전처리를 하지 않고 각 데이터 표본에 대해 순차적으로 추정기 혹은 분류기 파라미터를 조금씩 갱신(학습)시키는 형태로 최적화하는 방식이다. 이러한 통계적 기울기 강하법은 데이터의 특성이 시간적으로 (천천히) 변하는 환경에서도 시스템이 잘 동작되도록 하기 위한 적응 시스템(adaptive system)을 위해 고안되었으며 통신, 신호처리 및 제어시스템 설계에 광범위하게 적용되어 왔다.

좀 더 명확한 설명을 위해 다음과 같이 주어지는 비용함수 $J(\boldsymbol{\theta}; \boldsymbol{X}, \boldsymbol{y})$를 고려해보자.

$$J(\boldsymbol{\theta}; \boldsymbol{X}, \boldsymbol{y}) = \sum_{i=1}^{N} J(\boldsymbol{\theta}; \boldsymbol{x}_i, y_i) \tag{C.4}$$

여기서, $\{\boldsymbol{X}, \boldsymbol{y}\}$는 전체 데이터이며 $(\boldsymbol{x}_i, y_i)$는 그 중 i번째 표본이다. 4장에서 다룬 선형 회귀분석에서의 최소제곱법을 고려해 보자. 편의상 θ_0가 없는 모형으로 비용함수를 다시 쓰면 다음과 같다.

$$J(\boldsymbol{\theta}; \boldsymbol{X}, \boldsymbol{y}) = \sum_{i=1}^{N} e_i^2 = \sum_{i=1}^{N} \left(y_i - \sum_{j=1}^{M} \theta_j x_{ji}\right)^2 \tag{C.5}$$

여기서 편의상 비용함수에서 상수 $\frac{1}{n}$은 제거하였다. 이를 식 (C.4)와 비교해 보면 각 데이터 표본에 대한 비용함수는 $J(\boldsymbol{\theta}; \boldsymbol{X}_i, y_i) = e_i^2 = (y_i - \hat{y}_i)^2 = (y_i - \sum_{j=1}^{M} \theta_j x_{ji})^2$ 이다. 이제 식 (C.4)의 우변을 기울기 강하법의 갱신 식인 식(C.1)에 대입하면 다음을 얻는다.

$$\boldsymbol{\theta}^{(n+1)} \leftarrow \boldsymbol{\theta}^{(n)} - \eta \nabla_{\boldsymbol{\theta}} \sum_{i=1}^{N} J(\boldsymbol{\theta}^{(n)}; \boldsymbol{x}_i, y_i) \tag{C.6}$$

만약, 각각의 데이터 표본에 대해 순차적으로 기울기 강하법을 적용한다면 다음으로 주어지는 통계적 기울기 강하법의 갱신식을 얻는다.

$$\boldsymbol{\theta}^{(nN+i+1)} \leftarrow \boldsymbol{\theta}^{(nN+i)} - \eta \nabla_{\boldsymbol{\theta}} J\left(\boldsymbol{\theta}^{(nN+i)}; \boldsymbol{x}_i, y_i\right) \text{ for } i = 1,2,\ldots,N,\ n = 0,1,2,\ldots \tag{C.7}$$

여기서, $nN+i$는 학습 회수를 나타낸다. 물론 학습은 순차적으로 일어나기 때문에 식 (C.6)에 따라 최적화한 경우와 (C.7)에 따라 학습된 최종 파라미터가 다를 수 있겠지만 $J(\boldsymbol{\theta}; \boldsymbol{X}, \boldsymbol{y})$가 볼록 함수인 경우 식 (C.7)의 통계적 기울기 강하법은 거의 확실히 최저점에 도달하는 것으로 알려져 있다.

마지막으로 제곱오차를 성능지표로 하는 선형회귀 분석에 대한 통계적 기울기 강하법을 요약하면 다음과 같다.

선형회귀 분석에 대한 통계적 기울기 강하법

입력: $\boldsymbol{X}, \boldsymbol{y}$

초기화: $\boldsymbol{\theta}^{(0)}$를 적당히 초기화.

$n = 0$

루프: 수렴할 때까지 혹은 정해진 횟수만큼 다음을 반복한다.

For $i = 1$ to N:

$e_i^{(n)} = y_i - \sum_{j=1}^{M} \theta_j^{(n)} x_{ji} = y_i - \boldsymbol{x}_i^T \boldsymbol{\theta}^{(n)}$

$\boldsymbol{\theta}^{(n+1)} = \boldsymbol{\theta}^{(n)} + \eta e_i^{(n)} \boldsymbol{x}_i$

$n = n + 1$

End for

출력: $\boldsymbol{\theta}^{*} = \boldsymbol{\theta}^{(n)}$

모멘텀 항의 사용: 통계적 기울기 강하법은 정해진 비용함수를 사용하는 기울기 강하법과 달리 각 데이터 표본에 대해 기울기를 계산하여 반복적으로 파라미터를 갱신하는 방식인데 각 표본이 상당량의 잡음를 포함하는 경우 파라미터의 갱신에 (일종의 Brown 운동과 같은) 교란이 발생하여 학습율을 저하시키는 요인으로 작용한다. 이러한 문제의 해결책으로 모멘텀 항을 사용할 수 있다.

$$\boldsymbol{\theta}^{(n+1)} \leftarrow \boldsymbol{\theta}^{(n)} - \Delta\boldsymbol{\theta}^{(n)} \tag{C.8}$$

with
$$\Delta\boldsymbol{\theta}^{(n)} = \alpha\Delta\boldsymbol{\theta}^{(n-1)} + (1-\alpha)\eta\nabla_{\boldsymbol{\theta}} J\left(\boldsymbol{\theta}^{(n)}; \boldsymbol{x}_i, y_i\right) \tag{C.9}$$

여기서 $0 \le \alpha \le 1$ 이며 $\alpha = 0$인 경우는 모멘텀 항을 사용하지 않은 것이다. 한편 α가 1에 가까울수록 잡음에 따른 무작위적인 교란이 제거되고 특정 방향으로의 가속화가 이루어지게 된다.

C.3 Newton–Raphson 방법 (선택사항)

보다 일반적인 비용함수에 적용 가능한 방법으로는 소위 **Newton–Raphson 방법**[5]으로 알려진 기울기 강하법이 있다. 이 방법은 함수 $f(x)$에 대해 $f(x) = 0$의 해를 찾는 방법으로 기본적으로 비용함수 $J(x)$가 두 번 미분 가능한 경우에 적용 가능하며 다음과 같은 갱신 규칙이 적용된다.

$$\boldsymbol{\theta}^{(n+1)} \leftarrow \boldsymbol{\theta}^{(n)} - \left(\boldsymbol{H}J\left(\boldsymbol{\theta}^{(n)}\right)\right)^{-1} \nabla_{\boldsymbol{\theta}} J\left(\boldsymbol{\theta}^{(n)}\right) \tag{C.10}$$

여기서 $\boldsymbol{H}J(\theta)$는 스칼라 함수 $J(\theta)$의 **헤시안(Hessian)**[6]이며 정의는 다음과 같다.

$$H = \nabla_\theta \nabla_\theta^T = \begin{pmatrix} \frac{\partial^2}{\partial^2 \theta_1} & \frac{\partial^2}{\partial \theta_1 \partial \theta_2} & \cdots & \frac{\partial^2}{\partial \theta_1 \partial \theta_M} \\ \frac{\partial^2}{\partial \theta_2 \partial \theta_1} & \frac{\partial^2}{\partial^2 \theta_2} & \cdots & \frac{\partial^2}{\partial \theta_2 \partial \theta_M} \\ \vdots & \vdots & \ddots & \vdots \\ \frac{\partial^2}{\partial \theta_M \partial \theta_1} & \frac{\partial^2}{\partial \theta_M \partial \theta_2} & \cdots & \frac{\partial^2}{\partial^2 \theta_M} \end{pmatrix} \quad \text{(C.11)}$$

뉴튼-랩슨 방법을 4장에서 다루었던 선형 회귀의 최적화 문제에 적용해 보자. (4.16)으로부터 다음을 얻는다.

$$\begin{aligned} \nabla_\theta^T J(\theta; X, y) &= \left(\nabla_\theta \left(y - \widetilde{X}^T\theta\right)^T \left(y - \widetilde{X}^T\theta\right)\right)^T \\ &= \left(\widetilde{X}^T\theta - y\right)^T \widetilde{X}^T = \theta^T \widetilde{X}\widetilde{X}^T - \left(\widetilde{X}y\right)^T = \theta^T R_{\widetilde{X}\widetilde{X}} - \left(r_{\widetilde{X}y}\right)^T \\ HJ(\theta; X, y) &= \nabla_\theta \left(\theta^T R_{\widetilde{X}\widetilde{X}} - \left(r_{\widetilde{X}y}\right)^T\right) = R_{\widetilde{X}\widetilde{X}} \end{aligned}$$

따라서, 뉴튼-랩슨 방법의 갱신식은 다음과 같다.

$$\theta^{(n+1)} \leftarrow \theta^{(n)} - R_{\widetilde{X}\widetilde{X}}^{-1}\left(R_{\widetilde{X}\widetilde{X}}\theta^{(n)} - r_{\widetilde{X}y}\right) = R_{\widetilde{X}\widetilde{X}}^{-1} r_{\widetilde{X}y}$$

이는 선형 회귀 문제의 최소 제곱해로 $\theta^{(0)} = 0$라 할 때 뉴튼-랩슨 방법은 선형 회귀 문제에 대해 한 번의 반복으로 최적점에 도달하는 것을 알 수 있다.

C.4 좌표 강하법

좌표 강하법(coordinate descent)[7] 역시 기울기 강하법과 마찬가지로 최적화 문제의 반복해법으로 최적화 문제의 해를 한번에 얻는 대신 이를 각 좌표에 대한 편미분으로 분리하여 임의의 초기값 θ_o로부터 한번에 하나의 좌표에 대한 최적화를 수행하고 이를 반복하는 형태이다. 즉, 한번의 반복은 M개 좌표에 대한 내부 반복(inner iteration)을 포함한다. 좌표 강하법의 n번째 반복에서의 최저점 추정치를 $\theta^{(n)} = [\theta_1^{(n)}, \theta_2^{(n)}, \dots, \theta_M^{(n)}]^T$이라 하면 최저점 추정치의 갱신은 다음과 같다.

$$\theta_k^{(n+1)} = \underset{\theta_k}{\operatorname{argmin}}\, J\left(\theta_1^{(n+1)}, \theta_2^{(n+1)}, \dots, \theta_{k-1}^{(n+1)}, \theta_k, \theta_{k+1}^{(n)}, \dots, \theta_M^{(n)}\right) \quad \text{(C.12)}$$

여기서, 우변의 괄호안에서 k번째 좌표 θ_k만 변수이며 이를 제외한 나머지 좌표는 현재($n+1$번째) 혹은 이전(n번째) 반복에서 얻어진 갱신 값으로 주어진 값이다. $J(\theta)$가 미분가능한 경우, 식 (C.12)

의 해 $\theta_k^{(n+1)}$는 다음의 방정식으로부터 얻어진다.

$$\frac{\partial}{\partial \theta_k} J(\boldsymbol{\theta})\Big|_{\boldsymbol{\theta}_{\setminus k}=[\theta_1^{(n+1)},\theta_2^{(n+1)},\ldots,\theta_{k-1}^{(n+1)},\theta_{k+1}^{(n)},\ldots,\theta_M^{(n)}]} = 0 \quad \text{for } k = 1,2,\ldots,M \tag{C.13}$$

여기서, $\boldsymbol{\theta}_{\setminus k}$는 $\boldsymbol{\theta}$에서 k번째 좌표를 제외한 벡터이다. 그림 C.2는 좌표 강하법의 수렴 과정 예를 보여주는데 기울기 강하법과 달리 한 번에 하나의 좌표에 대해 최적화를 수행하므로 수렴 궤적이 좌표축에 평행하게 나타나 있다.

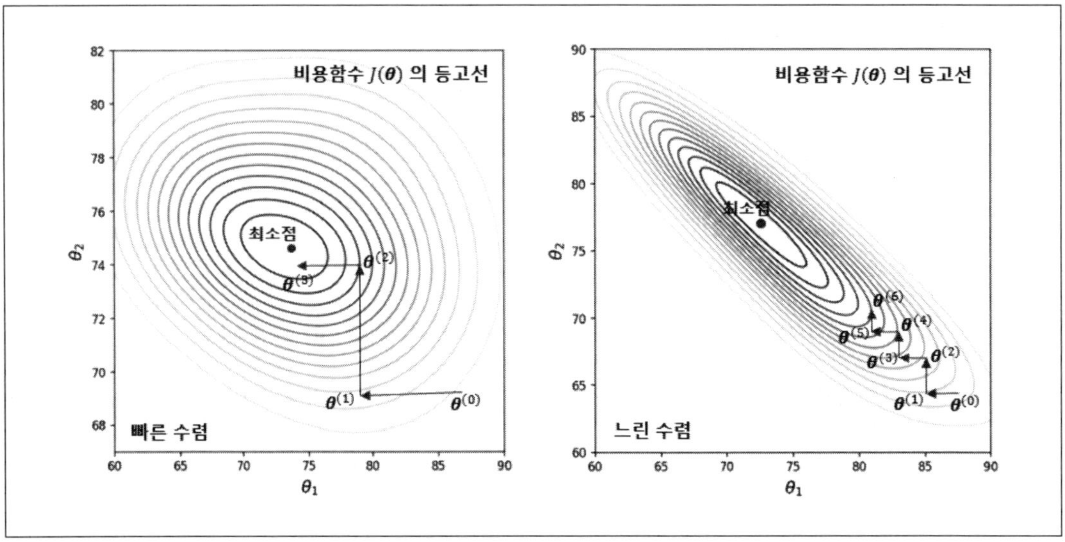

▲그림 C.2 좌표 강하법의 수렴 경로 예: 기울기 강하법과 달리 한번에 하나의 좌표에 대해 최적화를 수행하므로 수렴 궤적이 좌표축에 평행하게 나타난다.

식 (C.12) 및 (C.13)을 보면 한번의 반복($n+1$번째 반복)에 M번의 내부 갱신(총 M개 좌표에 대한 갱신)이 이루어지며 하나의 좌표에 대해 갱신된 값이 다음 좌표의 갱신에 반영되는 구조인데 한 좌표의 갱신마다 비용함수를 다시 계산해야 한다면 연산 복잡도가 커질 수 있다. 따라서, 연산 복잡도를 좀 더 줄이고자 한다면 내부 갱신에서는 비용함수를 다시 계산하지 않고 이전 반복에서 얻어진 결과를 그대로 사용하는 것이 가능하며 이 경우 식 (C.12) 및 (C.13)은 다음과 같이 바뀐다.

$$\theta_k^{(n+1)} = \underset{\theta_k}{\operatorname{argmin}} J\left(\theta_1^{(n)}, \theta_2^{(n)}, \ldots, \theta_{k-1}^{(n)}, \theta_k, \theta_{k+1}^{(n)}, \ldots, \theta_M^{(n)}\right) \quad \text{for } k = 1,2,\ldots,M \tag{C.14}$$

$$\frac{\partial}{\partial \theta_k} J(\boldsymbol{\theta})\Big|_{\boldsymbol{\theta}_{\setminus k}=[\theta_1^{(n)},\theta_2^{(n)},\ldots,\theta_{k-1}^{(n)},\theta_{k+1}^{(n)},\ldots,\theta_M^{(n)}]} = 0 \quad \text{for } k = 1,2,\ldots,M \tag{C.15}$$

좌표강하법은 6장과 10장에서 각각 다루는 LASSO 회귀 및 SVM 분류기의 학습에 효과적으로 적용되었는데 이들 문제에 어떻게 적용되는지에 대해서는 뒤로 미루기로 하고 여기서는 가장 단순한 2차 계획법 문제인 선형 회귀분석에 대한 최소 제곱법에 좌표 강하법이 어떻게 적용되는지 확인해보자.

2차 계획법 문제에 대한 좌표 강하법: 선형 회귀분석에 대한 비용함수는 4장의 식 (4.16)으로 주어지며 편의상 θ_o가 없는 모형으로 다시 기술해 보면 다음과 같다.

$$J(\boldsymbol{\theta}; \boldsymbol{X}, \boldsymbol{y}) = \frac{1}{N}\|\boldsymbol{y} - \boldsymbol{X}^T\boldsymbol{\theta}\|^2 = \frac{1}{N}\sum_{i=1}^{N}\left(y_i - \sum_{j=1}^{M}\theta_j x_{ji}\right)^2 \tag{C.16}$$

$$\frac{\partial}{\partial\theta_k}J(\boldsymbol{\theta}; \boldsymbol{X}, \boldsymbol{y}) = -\frac{2}{N}\sum_{i=1}^{N}\left(y_i - \sum_{j=1}^{M}\theta_j x_{ji}\right)x_{ki} = 0 \quad \text{for } k = 1,2,\dots,M \tag{C.17}$$

θ_o가 파라미터에 포함되지 않으므로 식 (C.16)에서 $\boldsymbol{\theta} = [\theta_1, \dots, \theta_M]^T$이며 첨가행렬 $\widetilde{\boldsymbol{X}}$대신 원 데이터 행렬 $\boldsymbol{X}$를 사용하였다. 식 (C.17)에도 θ_o항이 없음에 주목하라. 식 (C.17)은 k번째 좌표에 대한 방정식인데 식 중간의 합의 순서를 바꿔 다음을 얻는다.

$$\frac{2}{N}\left(\sum_{j=1}^{M}\theta_j\sum_{i=1}^{N}x_{ji}x_{ki} - \sum_{i=1}^{N}y_i x_{ki}\right) = 0 \quad \text{for } k = 1,2,\dots,M$$

이제 표현을 간단히 하기 위해 데이터의 자기상관 및 상호상관의 정의를 사용하자. 즉,

$$r_{XX,jk} = \frac{1}{N}\sum_{i=1}^{N}x_{ji}x_{ki}$$
$$r_{Xy,k} = \frac{1}{N}\sum_{i=1}^{N}x_{ki}y_i$$

그러면 다음을 얻는다.

$$\sum_{j=1}^{M}\theta_j r_{XX,jk} - r_{Xy,k} = 0 \quad \text{for } k = 1,2,\dots,M$$

위의 식을 θ_k에 대해 정리하면 다음과 같다.

$$\theta_k r_{XX,kk} = r_{Xy,k} - \sum_{j\neq k}\theta_j r_{XX,jk} \quad \text{for } k = 1,2,\dots,M$$

마지막으로 우변의 θ_j들을 이전 반복에서 얻은 값 $\theta_j^{(n)}$으로 치환하고 좌변의 θ_k는 현재 반복에서의 갱신 값 $\theta_k^{(n+1)}$로 치환하여 다음과 같이 선형회귀에 대한 좌표 강하법의 갱신식을 얻는다.

$$\theta_k^{(n+1)} = \frac{1}{r_{XX,kk}}\left(r_{Xy,k} - \sum_{j\neq k}\theta_j^{(n)} r_{XX,jk}\right) \quad \text{for } k = 1,2,\dots,M \tag{C.18}$$

참고링크

[1] 기울기 강하법: https://en.wikipedia.org/wiki/Gradient_descent

[2] Rosenbrock 함수: https://en.wikipedia.org/wiki/Gradient_descent

[3] 결레 기울기법: https://en.wikipedia.org/wiki/Conjugate_gradient_method

[4] 통계적 기울기 강하법: https://en.wikipedia.org/wiki/Stochastic_gradient_descent

[5] 뉴턴의 방법: https://en.wikipedia.org/wiki/Newton_method_in_optimization,

[6] 헤시안 행렬: https://en.wikipedia.org/wiki/Hessian_matrix

[7] 좌표 강하법: https://en.wikipedia.org/wiki/Coordinate_descent

APPENDIX D

최적화3: 구속조건을 갖는 최적화 문제

최적화 문제는 **구속조건이 없는 최적화(unconstrained optimization)**와 **구속조건을 갖는 최적화 문제(constrained optimization)**[1]로 구분하는데 부록 B에서 다루었던 최적화는 구속조건이 없는 기본적인 최적화였다. 구속조건은 다시 등식의 구속조건과 부등식의 구속 조건으로 나누는데 우선 등식의 구속조건만을 갖는 경우 **라그랑주 승수(Lagrange multiplier)**를 적용하여 문제를 좀 더 다루기 쉬운 형태로 변형하는 방법을 다루고 부등식 구속조건을 갖는 최적화 문제의 접근 방법으로 쌍대성과 Karush-Kuhn-Tucker 조건에 대해 살펴본다. 본 부록의 내용에서 주안점을 두어야 할 학습 포인트는 다음과 같다.

❶ 라그랑주 승수를 이용한 등식 구속조건을 갖는 2차계획 문제의 해법을 이해하고 이에 근거한 Rayleigh quotient의 최적화 과정을 이해한다.

❷ 부등식 구속조건을 갖는 최적화 문제의 다양한 접근방법들을 이해한다.

D.1 구속조건을 갖는 최적화 문제

등식 구속조건과 부등식 구속조건을 모두 갖는 최적화 문제는 다음과 같아 정의된다.

$$\min_{\boldsymbol{\theta}} J(\boldsymbol{\theta}) \tag{D.1}$$

subject to

$$h_i(\boldsymbol{\theta}) = 0 \quad \text{for } i = 1,2,\dots,n \text{ (등식 구속조건)} \tag{D.2}$$

$$g_i(\boldsymbol{\theta}) \le 0 \quad \text{for } i = 1,2,\dots,m \text{ (부등식 구속조건)} \tag{D.3}$$

부록 B.1에서도 소개했던 2차계획 문제에 대한 구속조건은 $\boldsymbol{\theta}$의 1차항에 대한 등식 혹은 부등식으로 주어지며 구속조건을 갖는 2차계획 문제는 다음과 같이 정의한다.

$$\min_{\boldsymbol{\theta}} J(\boldsymbol{\theta}) = \frac{1}{2}\boldsymbol{\theta}^T \boldsymbol{Q}\boldsymbol{\theta} + \boldsymbol{p}^T\boldsymbol{\theta} \tag{D.4}$$

subject to

$$\boldsymbol{A\theta} - \boldsymbol{b} = \boldsymbol{0} \text{ (등식 구속조건)} \tag{D.5}$$

$$\boldsymbol{C\theta} - \boldsymbol{d} \preccurlyeq \boldsymbol{0} \text{ (부등식 구속조건)} \tag{D.6}$$

여기서, $\boldsymbol{Q}$는 임의의 $M \times M$ 정방 행렬이며 $\boldsymbol{p}$는 $M \times 1$벡터, $\boldsymbol{A}$와 $\boldsymbol{C}$는 각각 $n \times M$ 및 $m \times M$ 행렬, $\boldsymbol{b}$와 $\boldsymbol{d}$는 각각 $n \times 1$ 및 $m \times 1$ 벡터로 등식 구속조건의 수는 n, 부등식 구속조건의 수는 m이다. 또한, 벡터에 대한 부등식 기호 $\preccurlyeq$는 양변의 벡터 각 원소에 대한 부등호를 집합적으로 나타낸 것이다.

구속조건이 있는 최적화 문제에 대한 기본적인 접근방법은 구속조건을 목적함수에 추가하여 비용함수와 구속조건이 연결된 최적화문제로 변형하는 것인데 구속조건을 목적함수에 추가할 때 최적화해야 하는 파라미터가 추가되므로 최적화 문제의 차원은 구속조건의 수만큼 늘어난다.

D.2 등식 구속조건만 갖는 최적화 문제와 라그랑주 승수

라그랑주 승수(Lagrange multiplier)[2]는 등식 구속조건만을 갖는 최적화 문제에서 구속조건을 목적함수에 추가하여 구속조건이 없는 최적화 문제로 변형하는 방법을 제공한다. 식 (D.2)의 등식 구속조건만을 갖는 식 (D.1)의 최적화 문제를 고려해 보자. 식 (D.2)의 구속조건으로부터 $h_i(\boldsymbol{\theta})$는 모두 0이어야 하므로 이들을 $J(\boldsymbol{\theta})$에 더하여도 최적 파라미터 값은 동일하다. 우선, $h_i(\boldsymbol{\theta})$에 소위 **라그랑주 승수(Lagrange multiplier)**라고 하는 상수 λ_i를 곱한 후 $J(\boldsymbol{\theta})$에 더하여 얻은 Lagrangian $\mathcal{L}(\boldsymbol{\theta}, \boldsymbol{\lambda})$를 다음과 같이 정의하자.

$$\mathcal{L}(\boldsymbol{\theta}, \boldsymbol{\lambda}) = J(\boldsymbol{\theta}) + \sum_{k=1}^{n} \lambda_i h_i(\boldsymbol{\theta}) \tag{D.7}$$

여기서, 새로운 목적함수 $\mathcal{L}(\boldsymbol{\theta}, \boldsymbol{\lambda})$는 추가적인 파라미터 $\boldsymbol{\lambda} = [\lambda_1, \lambda_2, \dots, \lambda_n]^T$를 가지며 이를 이용하면 식 (D.1)과 (D.2)로 정의되는 최적화 문제는 다음과 같이 하나의 식으로 (구속조건을 따로 쓰지 않고) 표현할 수 있다.

$$\min_{\boldsymbol{\theta},\boldsymbol{\lambda}} \mathcal{L}(\boldsymbol{\theta},\boldsymbol{\lambda}) \tag{D.8}$$

$\boldsymbol{\theta}$와 $\boldsymbol{\lambda}$에 대해 기울기 연산 ∇_{θ}, ∇_{λ}를 정의하면 다음의 연립방정식을 얻는다.

$$\nabla_{\boldsymbol{\theta}}\mathcal{L}(\boldsymbol{\theta},\boldsymbol{\lambda}) = \nabla_{\boldsymbol{\theta}}J(\boldsymbol{\theta}) + \textstyle\sum_{k=1}^{n}\lambda_i \nabla_{\boldsymbol{\theta}} h_i(\boldsymbol{\theta}) = \mathbf{0} \tag{D.9}$$

$$\nabla_{\boldsymbol{\lambda}}\mathcal{L}(\boldsymbol{\theta},\boldsymbol{\lambda}) = \mathbf{0} \ \rightarrow \ h_i(\boldsymbol{\theta}) = 0 \quad \text{for } i = 1,2,\dots,n \tag{D.10}$$

식 (D.9)와 (D.10)의 연립방정식을 보면 식 (D.10)에 $\boldsymbol{\theta}$가 만족해야 하는 구속조건이 그대로 포함되어 있으며 식 (D.9)는 원래의 목적함수와 구속조건을 연결시키는 역할을 한다. 한가지 주목할 것은 라그랑주 승수법은 등식 구속조건만을 갖는 최적화 문제에 아무런 조건 없이 적용 가능하지만 부등식 구속조건에 그대로 적용할 수는 없다.

문제 D.1

두 개의 파라미터 θ_1과 θ_2를 갖는 목적함수 $J(\theta_1, \theta_2) = \theta_1^2 + 4\theta_1\theta_2 + 4\theta_2^2 + 8\theta_1 + 8\theta_2$를 고려하자.

(a) 구속조건 $\theta_1 = \theta_2$을 만족하면서 $J(\theta_1, \theta_2)$가 최소가 되는 점 (θ_1^*, θ_2^*)를 구하라.

(b) 이 문제는 등식 구속조건을 갖는 2차계획법 문제이다. 이를 식 (D.4)와 (D.5)의 형태로 표현해 보아라. (즉, 행렬 $\boldsymbol{Q}$, $\boldsymbol{A}$와 벡터 $\boldsymbol{p}$, $\boldsymbol{b}$를 구하라.)

(c) 위의 최적화 문제를 (b)의 결과와 라그랑주 승수를 이용하여 구속조건이 없는 2차계획법 문제로 변형해 보아라. 즉, $\theta' = [\theta_1, \theta_2, \lambda]$로 정의하고 다음과 같이 구속조건이 없는 2차계획법 문제로 변형했을 때, $\boldsymbol{Q}'$과 $\boldsymbol{p}'$을 구하라.

$$J'(\boldsymbol{\theta}') = \frac{1}{2}\boldsymbol{\theta}'^T\boldsymbol{Q}'\boldsymbol{\theta}' + \boldsymbol{p}'^T\boldsymbol{\theta}'$$

■

D.3 Rayleigh quotient의 최적화

신호처리 등과 같은 몇몇 응용 분야에서 나오는 대표적인 최적화 문제로 구속조건이 없는 다음과 같은 문제가 있다.

$$\max_{\boldsymbol{\theta}\in\mathbb{R}^M} \frac{\boldsymbol{\theta}^T\boldsymbol{Q}\boldsymbol{\theta}}{\boldsymbol{\theta}^T\boldsymbol{\theta}} \tag{D.11}$$

여기서 $\boldsymbol{Q}$는 (준정부호) 대칭행렬이다. 위와 같은 목적함수의 형태를 Rayleigh quotient[3]라고 하는데 이는 2차 형식을 분모로 갖고 있으나 사실상 2차계획 문제는 아니다. 그러나 목적함수를 다음과 같이 써보자.

$$\frac{\boldsymbol{\theta}^T\boldsymbol{Q}\boldsymbol{\theta}}{\boldsymbol{\theta}^T\boldsymbol{\theta}} = \frac{\boldsymbol{\theta}^T}{\|\boldsymbol{\theta}\|}\boldsymbol{Q}\frac{\boldsymbol{\theta}}{\|\boldsymbol{\theta}\|}$$

여기서 $\boldsymbol{\theta}/\|\boldsymbol{\theta}\|$의 norm은 1이므로 식 (D.11)의 문제를 다음과 같이 등식 구속조건을 갖는 2차 계획 문제로 바꿀 수 있다.

$$\max_{\boldsymbol{\theta}\in\mathbb{R}^M} \boldsymbol{\theta}^T\boldsymbol{Q}\boldsymbol{\theta} \quad \text{subject to} \quad \|\boldsymbol{\theta}\|^2 = \boldsymbol{\theta}^T\boldsymbol{\theta} = 1 \tag{D.12}$$

따라서 Lagrange 승수 λ를 도입하여 식 (D.7)의 Lagrangian을 정의하면 다음을 얻는다.

$$\mathcal{L}(\boldsymbol{\theta},\boldsymbol{\lambda}) = \boldsymbol{\theta}^T\boldsymbol{Q}\boldsymbol{\theta} - \lambda(\boldsymbol{\theta}^T\boldsymbol{\theta} - 1) \tag{D.13}$$

여기서 구속조건을 더하는 대신 뺐는데 어차피 $\boldsymbol{\theta}^T\boldsymbol{\theta} - 1 = 0$이므로 결과는 동일하다. 또한, $\boldsymbol{\theta}$에 대한 기울기 연산자 $\nabla_{\boldsymbol{\theta}}$를 양변에 적용하여 이를 0으로 놓고 연립방정식을 만들면 다음과 같다.

$$\boldsymbol{Q}\boldsymbol{\theta} = \lambda\boldsymbol{\theta} \tag{D.14}$$

위 식은 단순한 고유값 문제로 이를 만족하는 λ는 행렬 $\boldsymbol{Q}$의 고유값 중 하나이어야 하며 $\boldsymbol{\theta}$는 그에 상응한 고유벡터이다. (한편, $\boldsymbol{Q}$는 대칭행렬이므로 고유값은 모두 실수이며 고유벡터는 직교정규계를 형성한다.) 따라서, $\boldsymbol{\theta}^T\boldsymbol{Q}\boldsymbol{\theta}/\boldsymbol{\theta}^T\boldsymbol{\theta}$를 최대화하는 λ는 $\lambda_{\max}$(가장 큰 고유값)이며 $\boldsymbol{\theta}^*$는 $\lambda_{\max}$에 상응한 고유벡터가 된다:

$$\boldsymbol{\theta}^* = \arg\max_{\boldsymbol{\theta}\in\mathbb{R}^M} \frac{\boldsymbol{\theta}^T\boldsymbol{Q}\boldsymbol{\theta}}{\boldsymbol{\theta}^T\boldsymbol{\theta}} = \begin{pmatrix}\text{The eigenvector of } \boldsymbol{Q} \text{ corresponding} \\ \text{to its largest eigenvalue, } \lambda_{max}\end{pmatrix} \tag{D.15}$$

이상의 결과로부터 다음과 같은 일반화가 가능하다.

$$\arg\min_{\boldsymbol{\theta}\in\mathbb{R}^M} \frac{\boldsymbol{\theta}^T\boldsymbol{Q}\boldsymbol{\theta}}{\boldsymbol{\theta}^T\boldsymbol{\theta}} = \begin{pmatrix}\text{The eigenvector of } \boldsymbol{Q} \text{ corresponding} \\ \text{to its SMALLEST eigenvalue, } \lambda_{min}\end{pmatrix} \tag{D.16}$$

또한 임의의 정호부 대칭 행렬 $\boldsymbol{R}$과 준정보호 대칭행렬 $\boldsymbol{Q}$에 대해

$$\arg\max_{\boldsymbol{\theta}\in\mathbb{R}^M} \frac{\boldsymbol{\theta}^T\boldsymbol{Q}\boldsymbol{\theta}}{\boldsymbol{\theta}^T\boldsymbol{R}\boldsymbol{\theta}} = \begin{pmatrix}\text{The eigenvector of } \boldsymbol{R}^{-1}\boldsymbol{Q} \text{ corresponding} \\ \text{to its largest eigenvalue, } \lambda_{max}\end{pmatrix} \tag{D.17}$$

문제 D.2

식 (D.17)의 목적함수와 같은 형태를 generalized Rayleigh quotient라 한다. 식 (D.17) 우변의 해가 왜 그렇게 나오는지 수식을 이용하여 설명해 보아라.

D.4 부등식 구속조건을 갖는 최적화 문제의 쌍대성과 dual 문제

최적화 문제의 **쌍대성(duality)은 primal 문제**라고 하는 원래의 최적화 문제를 이의 **dual** 문제로 변형하여 하나의 최적화 문제를 또 다른 각도에서 접근할 수 있는 기반을 제공해 준다[4]. 여기서 dual 문제의 해는 primal 문제의 하한(lower bound)인데 이에 따라 primal 문제와 dual 문제의 해가 일반적으로 같을 필요는 없으며 이 두 문제를 풀어서 얻은 두 최저점 간의 차이를 duality gap이라고 한다. 한편, 볼록 최적화 문제의 경우 다음 절에서 언급할 regularity 조건을 만족할 경우 duality gap은 0가 된다는 것이 알려져 있다. 몇 가지 dual 문제의 정의 방법이 있으나 본 서에서는 소위 Lagrange의 dual 문제라고 하는 방법에 대해 소개한다.

식 (D.1)~(D.3)으로 주어지는, 등식 구속조건과 부등식 구속조건을 모두 갖는 비선형 최적화 문제를 고려해 보자. 이에 대한 Lagrangian은 다음과 같이 정의된다.

$$\mathcal{L}(\boldsymbol{\theta}, \boldsymbol{\lambda}, \boldsymbol{\mu}) = J(\boldsymbol{\theta}) + \sum_{k=1}^{n} \lambda_i h_i(\boldsymbol{\theta}) + \sum_{i=1}^{m} \mu_i g_i(\boldsymbol{\theta}) \tag{D.18}$$

여기서, 벡터 $\boldsymbol{\lambda} = [\lambda_1, \lambda_2, \ldots, \lambda_n]^T$와 $\boldsymbol{\mu} = [\mu_1, \mu_2, \ldots, \mu_m]^T$는 Lagrange의 승수 혹은 dual 변수라 한다. 또한, **Lagrangian dual 함수**는 다음과 같이 정의된다.

$$g(\boldsymbol{\lambda}, \boldsymbol{\mu}) = \inf_{\boldsymbol{\theta}} \mathcal{L}(\boldsymbol{\theta}, \boldsymbol{\lambda}, \boldsymbol{\mu}) = \inf_{\boldsymbol{\theta}} \left(J(\boldsymbol{\theta}) + \sum_{k=1}^{n} \lambda_i h_i(\boldsymbol{\theta}) + \sum_{i=1}^{m} \mu_i g_i(\boldsymbol{\theta})\right) \tag{D.19}$$

여기서, primal 문제가 볼록 최적화 문제이고 $J(\theta)$, $h_i(\theta)$, $g_i(\theta)$가 모두 미분 가능하면 infimum은 다음과 같이 쓸 수 있다.

$$g(\boldsymbol{\lambda}, \boldsymbol{\mu}) = \min_{\boldsymbol{\theta}} \mathcal{L}(\boldsymbol{\theta}, \boldsymbol{\lambda}, \boldsymbol{\mu}) = \min_{\boldsymbol{\theta}} \left(J(\boldsymbol{\theta}) + \sum_{k=1}^{n} \lambda_i h_i(\boldsymbol{\theta}) + \sum_{i=1}^{m} \mu_i g_i(\boldsymbol{\theta})\right) \tag{D.20}$$

한편, primal 문제의 최소값을 $p^* = \min_{\boldsymbol{\theta}} J(\boldsymbol{\theta})$라 하면 임의의 λ와 $\mu \geq 0$에 대해 $g(\lambda, \mu) < p^*$이므로 $g(\lambda, \mu)$는 p^*에 대한 하한(lower bound)를 제공한다. 여기서, $g(\lambda, \mu)$의 최대 값을 찾는 문제를

Lagrangian dual 문제라 하며 다음과 같이 정의된다.

Lagrangian dual problem:

$$\max_{\boldsymbol{\lambda},\boldsymbol{\mu}} g(\boldsymbol{\lambda},\boldsymbol{\mu}) \quad \text{subject to } \mu_i \geq 0 \ \forall i \tag{D.21}$$

앞서 언급했듯이 다음 절에서 언급할 regularity 조건을 만족하고 원 최적화 문제가 볼록 최적화 문제인 경우 duality gap은 0가 된다 (strong duality). 즉,

$$d^* = \max_{\boldsymbol{\lambda},\boldsymbol{\mu}\geq 0} g(\boldsymbol{\lambda},\boldsymbol{\mu}) = \inf_{\boldsymbol{\theta}} J(\boldsymbol{\theta}) = p^* \tag{D.22}$$

D.5 Karush–Kuhn–Tucker (KKT) 조건

Karush–Kuhn–Tucker 조건(혹은 Kuhn–Tucker 조건)[5]은 비선형 최적화 문제의 해가 최적임을 보장하는 필요조건을 제시하며 라그랑주 승수법을 부등식 구속조건을 갖는 최적화 문제에 일반화하여 적용할 수 있도록 해준다.[9] 식 (D.1)에서 (D.3)으로 주어지는 비선형 최적화 문제에 대한 KKT 조건은 다음과 같다.

Karush–Kuhn–Tucker 조건

식 (D.1)의 비용 함수와 식 (D.2) 및 (D.3)의 구속조건 함수 $g_i(\boldsymbol{\theta})$ 및 $h_i(\boldsymbol{\theta})$이 연속적으로 미분 가능하다고 하자. $\boldsymbol{\theta}^*$가 하나의 지역 최저점(local minimum)이고 최적화 문제의 구속조건 함수 $h_i(\boldsymbol{\theta})$와 $g_i(\boldsymbol{\theta})$가 적당한 "regularity 조건"을 만족하면 다음의 조건을 만족하는 상수 μ_i와 λ_i가 존재한다. ($h_i(\boldsymbol{\theta})$와 $g_i(\boldsymbol{\theta})$에 대한Regularity 조건은 [5] 참조.)

Stationarity:
$$\nabla_{\boldsymbol{\theta}}\mathcal{L}(\boldsymbol{\theta}^*,\boldsymbol{\lambda},\boldsymbol{\mu}) = 0 \tag{D.23}$$

Primal feasibility:
$$h_i(\boldsymbol{\theta}^*) = 0 \quad \text{for } i = 1,2,\ldots,n \tag{D.24}$$

$$g_i(\boldsymbol{\theta}^*) \leq 0 \quad \text{for } i = 1,2,\ldots,m \tag{D.25}$$

Dual feasibility:
$$\mu_i \geq 0 \quad \text{for } i = 1,2,\ldots,m \tag{D.26}$$

Complementary slackness:
$$\mu_i g_i(\boldsymbol{\theta}^*) = 0 \quad \text{for } i = 1,2,\ldots,m \tag{D.27}$$

[9] 비선형 문제의 경우 최소점은 여러 개가 존재할 수 있으며 여기서 최적의 정의는 굳이 전역 최소점을 의미하지는 않는다.

위의 KKT조건은 최저점 $\boldsymbol{\theta}^*$에서 $\mathcal{L}(\boldsymbol{\theta}, \boldsymbol{\lambda}, \boldsymbol{\mu})$이 미분 가능하다는 가정을 하고 있으나 만약 최저점 $\boldsymbol{\theta}^*$에서 미분이 불가능할 경우 "subderivative"를 이용하면 stationarity 조건을 다음과 같이 쓸 수 있다.

$$\partial\mathcal{L}(\boldsymbol{\theta}, \boldsymbol{\lambda}, \boldsymbol{\mu}) \ni \mathbf{0} \tag{D.28}$$

여기서 $\partial\mathcal{L}(\boldsymbol{\theta}, \boldsymbol{\lambda}, \boldsymbol{\mu})$는 점 $\boldsymbol{\theta}^*$에서의 subderivative(가능한 기울기들의 집합)를 나타내며 식 (D.28)은 $\mathcal{L}(\boldsymbol{\theta}, \boldsymbol{\lambda}, \boldsymbol{\mu})$의 subderivative가 0을 포함해야 함을 의미한다.

D.6 물–채우기 알고리즘

물–채우기 (water pouring 또는 water filling) 알고리즘[6]은 이전에서 언급한 KKT 조건을 활용한 최적화 문제의 한 예로 KKT조건의 활용에 대한 이해를 돕는 차원에서 간략히 소개한다. 문제는 제한된 자원 $P > 0$를 M개의 아이템에 나누어 할당하되 이로부터 얻어지는 보상이 최대가 되도록 하는 것이다. p_i를 i번째 아이템에 할당한 자원이라 하고 $\sum_{i=1}^{M} p_i = P$라 하자. 여기서, $p_i \geq 0$이다. 각각의 아이템은 주어진 파라미터 $n_i > 0$를 가지며 i번째 아이템에 자원 p_i를 할당하여 얻는 보상은 $r_i = \log\left(1 + \frac{p_i}{n_i}\right)$이다. 따라서 최적화 문제는 다음과 같다. 주어진 $\boldsymbol{n} = [n_1, n_2, \ldots, n_M]$에 대해

비용함수: $$J(\boldsymbol{p}; \boldsymbol{n}) = -\sum_{i=1}^{M} \log\left(1 + \frac{p_i}{n_i}\right) \tag{D.29}$$

subject to

등식 구속조건: $$\sum_{i=1}^{M} p_i = P \tag{D.30}$$

부등식 구속조건: $$p_i \geq 0 \ \forall i \tag{D.31}$$

식 (D.30)과 (D.31)을 식 (D.2) 및 (D.3)의 형태로 변환하고 식 (D.18)의 Lagrangian을 정의하면 다음과 같다.

$$\mathcal{L}(\boldsymbol{p}, \lambda, \boldsymbol{\mu}) = -\sum_{i=1}^{M} \log\left(1 + \frac{p_i}{n_i}\right) + \lambda\left(\sum_{i=1}^{M} p_i - P\right) - \sum_{i=1}^{M} \mu_i p_i \tag{D.32}$$

여기서 $\mu_i \geq 0 \, \forall i$. 이를 이용하여 KKT 조건을 정리하면 다음과 같다.

Stationarity: $$\frac{\partial}{\partial p_i}\mathcal{L}(\boldsymbol{p}^*, \boldsymbol{\lambda}, \boldsymbol{\mu}) = -\left(\frac{n_i}{p_i^*+n_i}\right)\frac{1}{n_i} + \lambda - \mu_i = 0 \quad \text{(D.33)}$$

Primal feasibility: $$\textstyle\sum_{i=1}^{M} p_i^* = P \quad \text{(D.34)}$$

$$p_i^* \geq 0\ \forall i \quad \text{(D.35)}$$

Dual feasibility: $$\mu_i \geq 0 \quad \text{for } i = 1,2,\dots,m \quad \text{(D.36)}$$

Complementary slackness: $$\mu_i p_i^* = 0 \quad \text{for } i = 1,2,\dots,m \quad \text{(D.37)}$$

이로부터 다음을 얻는다.

식 (D.33)을 정리하면: $\mu_i = \lambda - \frac{1}{p_i^*+n_i}$

이를 (D.37)에 대입하면 $p_i^*\left(\lambda - \frac{1}{p_i^*+n_i}\right) = 0 \rightarrow p_i^* = \frac{1}{\lambda} - n_i$

한편 $p_i^* \geq 0$이어야 하므로

$$p_i^* = \begin{Bmatrix} \frac{1}{\lambda} - n_i & \text{if } n_i \leq \frac{1}{\lambda} \\ 0 & \text{otherwise} \end{Bmatrix} = \left(\frac{1}{\lambda} - n_i\right)^+ \quad \text{(D.38)}$$

여기서, 함수 $(x)^+$는 $(x)^+ = \begin{cases} x & \text{if } x > 0 \\ 0 & \text{if } x \leq 0 \end{cases}$이다.

마지막으로 λ를 얻기 위해 식 (D.34)를 이용: $\sum_{i=1}^{M}\left(\frac{1}{\lambda} - n_i\right)^+ = P$ (D.39)

식 (D.38)과 (D.39)로 주어지는 해 p^*는 소위 **물-채우기**로 알려진 수치 해석적 반복법을 사용하여 얻을 수 있는데 그림 D.1은 물-채우기 알고리즘의 개념도를 보여준다.

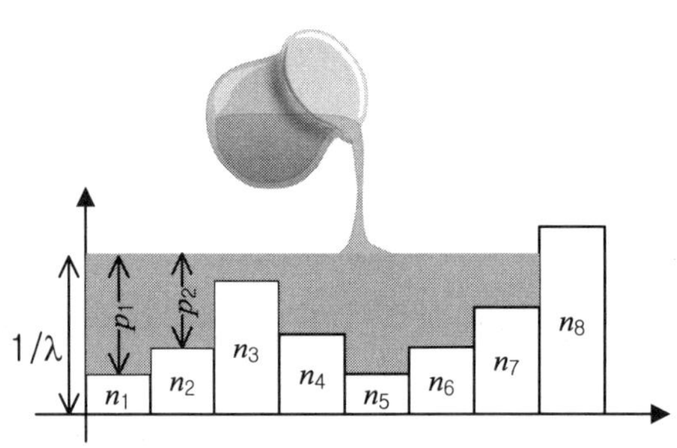

▲ **그림 D.1** 물-채우기 알고리즘의 개념도

문제 D.2

주어진 $\boldsymbol{n} = [n_1, n_2, ..., n_M]$와 P에 대해 식 (D.38)과 (D.39)의 해 $\boldsymbol{p}_i^*, i = 1, 2, ... M$와 λ를 구하기 위한 pseudo code를 작성해 보아라.

■

참고링크

[1] 구속조건을 갖는 최적화: https://en.wikipedia.org/wiki/Constrained_optimization

[2] 라그랑주 승수: https://en.wikipedia.org/wiki/Lagrange_multiplier

[3] Rayleigh quotient: https://en.wikipedia.org/wiki/Rayleigh_quotient

[4] 최적화 문제의 쌍대성: https://en.wikipedia.org/wiki/Duality_(optimization)

[5] 카루쉬-쿤-터커 조건: https://en.wikipedia.org/wiki/Karush-Kuhn-Tucker_conditions

[6] 물-채우기 알고리즘: https://en.wikipedia.org/wiki/Water_filling_algorithm

APPENDIX

E 엔트로피

본 부록에서는 기계학습에서 종종 만나게 되는 **교차 엔트로피(cross entropy)**와 **상대 엔트로피(relative entropy)**와 관련된 주제를 다루고자 한다. 물론 이를 위하여 기본적인 확률질량함수에 대한 엔트로피의 정의로부터 시작할 것이다. 참고로 우리가 다룰 엔트로피[1]은 열역학에서의 엔트로피[2]와는 차이가 있으며 정보이론[3]에서 나오는 개념임을 알아 두면 좋을 것이다. 정보이론에서의 엔트로피는 확률함수(확률질량함수 혹은 확률밀도함수)로부터 얻어지는 값으로 확률함수의 정의와 마찬가지로 이산 랜덤 변수와 연속 랜덤 변수에 대해 약간 다르게 정의된다. 본 부록에서는 이 두가지 경우를 모두 다루지는 않을 것이며 여기서 설명할 엔트로피의 개념은 주로 분류 문제에 적용되므로 여기서는 이산 랜덤 변수에 대한 엔트로피만을 다루기로 한다. 본 부록의 내용에서 주안점을 두어야 할 학습 포인트는 다음과 같다.

❶ 엔트로피의 정의와 특성, 그리고 그 의미를 이해한다.
❷ 상대 엔트로피의 정의와 관련된 특성들을 이해한다.
❸ 교차 엔트로피의 정의와 우도 함수와의 관계를 이해한다.

E.1 엔트로피

엔트로피: 엔트로피는 어떤 주어진 확률질량함수에 대해 정해지는 값으로 다음과 같이 정의한다.

$$\text{엔트로피:}\quad H(X) \equiv \sum_{x \in S_X} p_X(x) \cdot \log\left(\frac{1}{p_X(x)}\right) = \mathbb{E}\left[\log\left(\frac{1}{p_X(X)}\right)\right] \tag{E.1}$$

여기서 $\log\left(\dfrac{1}{p_X(x)}\right) \equiv I(x)$는 x의 정보량으로 해석되며 밑수 2인 로그를 사용할 경우 단위는 비트(bit)이며 자연 로그를 사용할 경우 내트(nat)이다. 참고로 확률밀도함수에 대해서는 식(E.1)에서 합을 적분으로 바꾸어 정의되는 미분 엔트로피(differential entropy)[4]가 사용된다.

엔트로피는 열역학에서 빌어온 용어로 열역학적 의미는 무질서도[2]이나 정보이론에서는 불확실성으로 (예를 들면 해당 랜덤변수가 어떤 값을 가질지 예측한다고 할 때의 예측 불확실성 정도로) 해석할 수 있으며 정보의 전송 관점에서는 "평균적인 정보량"으로 해석되기도 한다. 즉, 랜덤 변수의 관측 값으로 표현되는 한 단위의 정보를 전송하는데 필요한 정보량(혹은 비트수)를 나타내기도 한다.

문제 E.1

동전던지기 실험을 고려하자. 동전 던지기 실험의 결과를 랜덤 변수 X로 나타내면 $S_X = \{앞, 뒤\}$이다. 일반적으로는 $p_X(앞) = p_X(뒤) = \frac{1}{2}$이지만 $p_X(앞) = p$라 하자. 여기서 $0 < p < 1$이다. $H(X)$를 p의 함수 $h(p)$로 나타내고 개략적으로 도시해 보아라. $h(p)$가 최대가 되는 혹은 최소가 되는 p는 몇인가? ■

예제 D.1로부터 유추해 보면 M가지의 값을 가질 수 있는 랜덤 변수 X에 대해 다음과 같은 특성을 확인해 볼 수 있다.

A. $0 \le H(X) \le \log_2(M)$ (E.2)

이의 증명은 뒤에서 다시 다룰 것이다.

결합 엔트로피와 조건부 엔트로피[1,3]: 결합 엔트로피와 조건부 엔트로피는 각각 결합 확률과 조건부 확률로부터 단일 랜덤변수에 대한 엔트로피 (E.1)과 유사하게 두 개의 랜덤 변수 쌍 X, Y에 대해 다음과 같이 정의된다.

결합 엔트로피: $H(X,Y) \equiv -\sum_{(x,y)\in S_{X,Y}} p(x,y)\log p\,(x,y) = -\mathbb{E}[\log p\,(x,y)]$ (E.3)

조건부 엔트로피: $H(Y|X) \equiv -\mathbb{E}[\log p\,(y|x)] = -\sum_{(x,y)\in S_{X,Y}} p(x,y)\log p\,(y|x)$ (E.4.a)

$$= -\sum_{x\in X} p(x)\sum_{y\in Y} p(y|x)\log p(y|x)$$
$$= -\sum_{x\in X} p(x)\cdot H(Y|X=x) \quad \text{(E.4.b)}$$

이러한 정의에 따라 다음의 관계식(연쇄 규칙)을 얻는다. (부록A에 제시된 결합확률 $p(x,y)$과 조건부확률 $p(y|x)$의 특성으로부터 어렵지 않게 유도할 수 있다)

B. $H(X,Y) = H(X) + H(Y|X) = H(Y) + H(X|Y)$ (E.5)

만약 X와 Y가 통계적으로 독립이라면 (E.4.b)에서 $p(y|x) = p(y)$가 되어 $H(Y|X) = H(Y)$가 되고 이 경우 식 (E.5)는 $H(X, Y) = H(X) + H(Y)$이 된다. 물론, 식 (E.1)의 엔트로피와 마찬가지로 결합 엔트로피와 조건부 엔트로피 역시 모두 0보다 크거나 같다. 즉, ($p(x, y), p(y|x), p(x|y)$)는 모두 0보다 크고 1보다 작으므로) 다음이 만족 된다.

C. $H(X,Y) \geq 0$ (E.6)

D. $H(X|Y), H(Y|X) \geq 0$ (E.7)

조건부 엔트로피 $H(Y|X)$는 랜덤변수 X가 주어졌을 때(X의 값을 알고 있을 때) Y에 대한 불확실성으로 이해하면 된다. 예를 들어 학생들의 영어점수와 수학점수가 뭔가 통계적인 상관성을 갖는다면 어떤 학생의 수학점수를 알고 있을 때 그 학생이 영어점수를 얼마나 받을 수 있을지에 대한 불확실성은 줄어들 것이다.

E.2 상대 엔트로피(Kullback-Leibler divergence)와 상호 정보량[5]

상대 엔트로피(relative entropy)**와 상호 정보량**(mutual information): 상대 엔트로피는 유효한 두 확률함수 $p(x)$와 $q(x)$의 비에 대한 엔트로피로 정의되며 소위 Kullback-Leibler divergence(KLD)라고도 하는데 정의는 다음과 같다.

상대 엔트로피: $D_{KL}(p||q) = \sum_x p(x) \log \frac{p(x)}{q(x)}$ (E.8)

이는 정의에 따라 다음과 같이 비대칭성을 가짐을 알 수 있다.

E. 일반적으로 $D_{KL}(p||q) \neq D_{KL}(q||p)$ (E.9)

이러한 상대 엔트로피를 이용하여 두 랜덤 변수간 상호 정보량은 다음과 같이 정의된다.[5]

상호 정보량: $I(X;Y) = D_{KL}(p(x,y)||p(x)p(y)) = \sum_{x,y \in S_{X,Y}} p(x,y) \log \frac{p(x,y)}{p(x)p(y)}$ (E.10)

이러한 정의로부터 다음의 관계를 알 수 있다.

$$\text{F. } I(X;Y) = H(X) - H(X|Y) \tag{E.11}$$
$$= H(Y) - H(Y|X)$$
$$= H(X) + H(Y) - H(X,Y)$$

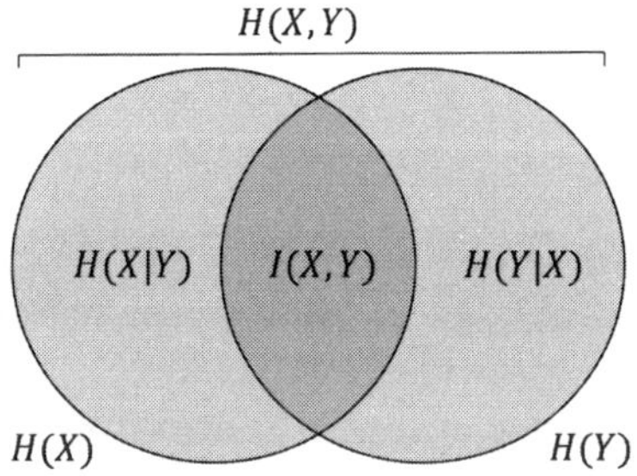

▲**그림 E.1** $H(X, Y)$, $H(X)$, $H(Y)$, $H(X|Y)$및 $I(X;Y)$및 의 정량적 관계

(출처: Thomas M. Cover & Joy A. Thomas, Elements of Information theory, WILEY Interscience)

그림 E.1에 $H(X, Y)$, $H(X)$, $H(Y)$, $H(X|Y)$및 $I(X;Y)$의 정량적 관계를 나타내었는데 뒤에서 참고적으로 다룰 **Jensen의 부등식**[6]으로부터 증명 가능한 몇 가지 추가적인 특징들을 요약해 보면 다음과 같다.

$$\text{G. } D_{KL}(p||q) \geq 0 \tag{E.12}$$

여기서 등식은 $p(x) = q(x)$일 때 만족된다. 또한, 임의의 두 랜덤 변수 X와 Y에 대해 다음이 만족된다.

$$\text{H. } I(X;Y) \geq 0 \tag{E.13}$$

$$\text{I. } H(X|Y) \leq H(X) \tag{E.14.a}$$

$$\text{J. } H(Y|X) \leq H(Y) \tag{E.14.b}$$

$$\text{K. } H(X,Y) \leq H(X) + H(Y) \tag{E.15}$$

$$\text{L. } H(X) \leq \log|S_X| \tag{E.16}$$

H에서, $p(x, y) = p(x)p(y)$이면 (즉, X와 Y가 통계적으로 독립이면) $I(X;Y) = 0$이 되며 I, J, K는 H로부터 쉽게 얻어지는 특성들인데 여기서도 X와 Y가 통계적으로 독립이면 등식이 성립한다. L

은 이산 랜덤 변수가 갖는 최대의 엔트로피를 나타내는데 (엔트로피의 정의 (E.1)로부터) 이는 X가 균일 분포를 가질 때, 즉, $p(x)=\frac{1}{|s_X|}\,\forall x$ 일 때 얻어 짐을 알 수 있다. 또 한가지 주목할 것은, I와 J는 "**조건화는 엔트로피를 줄인다**(conditioning reduces entropy)"는 의미를 갖는데 이는 두 랜덤 변수 X와 Y가 통계적으로 독립이 아니고 뭔가의 상관관계를 갖는다면, X(혹은 Y)를 관측했을 때(알고 있을 때) Y(혹은 X의 엔트로피(불확실성)은 줄어듦을 의미한다.

E.3 교차 엔트로피 (cross entropy)와 우도 함수

마지막으로 교차 엔트로피[7]에 대해 알아보자. 동일한 정의역 를 갖는 두 개의 확률 함수 $p(x)$와 $q(x)$에 대한 교차 엔트로피는 다음과 같이 정의한다.

$$\text{교차 엔트로피: } H(p,q) \equiv \sum_{x\in S_X} p(x)\cdot\log\left(\frac{1}{q(x)}\right) \tag{E.17}$$

분류 문제에서 많이 사용되는 비용함수로 부록A에서 다루었던 우도 함수가 있었는데 로그 우도 함수는 다음과 같이 교차 엔트로피로 표현될 수 있다.

$$\log L(\theta|X) = -N\cdot H(p,q_\theta) \tag{E.18}$$

여기서 $p(x)$는 실제 데이터의 확률 분포이며 $q_\theta(x)$는 x의 실제 확률 분포 $p(x)$를 근사화 한 (추정한) 파라미터 θ를 갖는 확률 모형이라고 해보자. 주어진 관측 값(즉, θ의 최적화를 위한 학습데이터)를 $\{x_i\}_{i=1}^N$라 할 때 우도 함수는 다음과 같다.

$$L(\theta|X) = \prod_{i=1}^N q_\theta(x_i) \tag{E.19}$$

표본의 개수 N이 충분히 크다면 데이터 $\{x_i\}_{i=1}^N$에서 특정 표본 x_i가 $x_j\in S_X$인 표본의 수는 $N\cdot p(x_j)$이므로 (E.19)는 다음과 같이 표현될 수 있다.

$$L(\theta|X) = \prod_{x_j\in S_X} q_\theta(x_j)^{N\cdot p(x_j)} \tag{E.20}$$

따라서 양변에 log를 취하면

$$\log L(\theta|X) = N\sum_{x_j\in S_X} p(x_j)\cdot\log q_\theta(x_j) = -N\cdot H(p,q_\theta)$$

을 얻을 수 있으며 이에 따라 (E.18)의 식이 얻어진다. 이러한 근거로 **음의 로그 우도 함수**로 정의되는 비용을 **교차 엔트로피 비용**이라고도 한다.

E.4 Jensen의 부등식

Jensen의 부등식은 랜덤 변수 와 임의의 볼록 함수(convex function) f에 대해 다음과 같이 표현된다.

$$\mathbb{E}[f(X)] \geq f(\mathbb{E}[X]) \tag{E.21}$$

이의 증명을 위해 먼저 볼록 함수를 정의해 보자.

볼록 함수의 정의: 임의의 구간 (a, b)에서 임의의 실수 $\lambda : 0 \leq \lambda \leq 1$에 대해 다음의 조건을 만족하는 함수 f는 구간 (a, b)에서 볼록하다고 한다[8]. [10]

$$f(\lambda a + (1-\lambda)b) \leq \lambda f(a) + (1-\lambda) f(b) \tag{E.22}$$

이러한 특성을 갖는 볼록 함수는 구간 (a, b)에서 f의 2계 도함수가 (만약 존재한다면) 음이 아닌(non-negative) 값을 가짐을 쉽게 알 수 있다. 한편, (E.22)의 특징을 이용하면 2진 랜덤 변수 $X \sim p_i = p_X(x_i), i = 1, 2$에 대한 Jensen의 부등식은 다음과 같이 얻어진다.

$$f(\mathbb{E}[X]) = f(p_1 x_1 + p_2 x_2) \leq p_1 f(x_1) + p_2 f(x_2) = \mathbb{E}[f(X)] \tag{E.23}$$

여기서 $p_1 + p_2 = 1 \rightarrow p_2 = 1 - p_1$. 이를 다진 랜덤 변수 $X \sim p_X(x_i) = p_i$, $S_X = \{x_i\}_1^M$로 확장해 보면 다음을 얻을 수 있다.

10) 볼록 함수의 예로 x^2와 e^x를 생각해 볼 수 있으며 이 둘은 모두 '아래로 볼록'한 함수들도 특별한 말이 없는 한 아래로 볼록한 함수를 볼록 함수로 정의한다. 한편, $\log(x)$나 $\sqrt{x}$의 경우 식 (E.22)의 부등호가 반대로 되며 이렇게 $-f(x)$가 볼록 함수가 되면 f는 오목함수라 하는데 앞에서도 다룬 볼록 최적화는 볼록 함수나 오목함수 모두에 적용되며 일반적으로 볼록 함수에 대해서는 최소화를, 오목함수에 대해서는 최대화 문제가 정의된다.

$$
\begin{aligned}
f(\mathbb{E}[X]) &= f\left(\sum_{i=1}^{m} p_i x_i\right) \\
&= f\left(p_m x_m + \sum_{i=1}^{m-1} p_i x_i\right) \\
&= f\left(p_m x_m + (1-p_m)\sum_{i=1}^{m-1} p_i' x_i\right) \quad \text{with} \ \ p_i' = \frac{p_i}{1-p_m} \\
&\le p_m f(x_m) + (1-p_m) f\left(\sum_{i=1}^{m-1} p_i' x_i\right) \\
&\vdots \\
&\le \sum_{i=1}^{m} p_i f(x_i) = \mathbb{E}[f(X)]
\end{aligned}
$$

Jensen의 부등식 (E.21)을 이용한 G(E.12)와 K(E.16)의 증명은 $P_X(x_i) > 0$임을 가정하면 다음과 같다.

$$
\begin{aligned}
-D(p||q) &= \sum_{x \in S_X} p(x) \log \frac{q(x)}{p(x)} \\
&\le \log \sum_{x \in S_X} p(x) \frac{q(x)}{p(x)} \quad \text{(from Jensen's inequality)} \\
&= \log \sum_{x \in S_X} q(x) = \log 1 = 0
\end{aligned}
$$

E.5 미분 엔트로피 (differential entrophy)와 정규분포의 미분 엔트로피

식 (E.1)의 엔트로피가 이산 랜덤변수의 확률질량함수에 대해 정의된다면 미분 엔트로피는 연속 랜덤변수에 대한 확률밀도함수 에 대해 다음과 같이 정의된다.

미분 엔트로피: $h(X) \equiv \mathbb{E}\left[\log\left(\frac{1}{f_X(X)}\right)\right] = \int_{S_X} f_X(x) \cdot \log\left(\frac{1}{f_X(x)}\right) dx$ (E.24)

미분 엔트로피는 연속 랜덤변수에 대한 기대값의 정의식 (A.29)로부터 이산 랜덤변수에 대한 엔트로피의 정의에서의 합을 연속함수에 대한 적분으로 대체하여 정의된다. 그리고 이를 확장해 보면 연속 랜덤변수에 대한 결합 엔트로피, 조건부 엔트로피, 상대 엔트로피, 및 상호 정보량을 유사한 형태로 정의할 수 있으며 이산 랜덤변수에 대한 특성 B와 E~K를 만족함을 확인해 볼 수 있다. 그러나 이산 랜덤변수에 대한 엔트로피와는 달리 미분 엔트로피는 0보다 크거나 같은 값을 가지는 조건은 보장되지 않는다.

물론 미분 엔트로피가 0보다 작은 값을 가질 경우 "불확실성" 혹은 "정보량"으로서의 해석은 모호해지나 연속 랜덤변수 X를 양자화하여 이산 랜덤변수로 바꾸고 이의 엔트로피를 구해보면 "미분 엔트로피"의 의미가 좀 더 명확해진다 [9]. 연속 랜덤변수 X를 양자화 스텝 Δ로 양자화하여 얻은 이산 랜덤변수를 X^{Δ}라 하면 다음을 얻는다 [9].

$$H(X^{\Delta}) + \log(\Delta) \xrightarrow{as\ \Delta \to 0} h(X) \tag{E.25}$$

이는 연속 랜덤변수 X를 n비트로 양자화하여(즉 $\Delta = 2^{-n}$로 하여) 얻은 이산 랜덤변수 X^{Δ}의 엔트로피가 $h(X)+n$이 됨을 나타낸다.

정규분포함수에 대한 미분 엔트로피: 연속 랜덤변수에 대한 최대 엔트로피는 확률밀도함수 $f_X(x)$가 정규분포일 때 얻어지는데[9] 3장 식 (3.1)로 정의되는 다변량 정규분포 함수를 이용하면 이의 엔트로피는 다음과 같다.

$$-\mathbb{E}[\log N(\boldsymbol{x};\boldsymbol{\mu},\boldsymbol{C})] = \frac{M}{2}\log(2\pi) + \frac{1}{2}\log|\boldsymbol{C}| + \frac{1}{2}\mathbb{E}[(\boldsymbol{x}-\boldsymbol{\mu})^{\boldsymbol{T}}\boldsymbol{C}^{-1}(\boldsymbol{x}-\boldsymbol{\mu})] \tag{E.26}$$

여기서 $\mathbb{E}[(\boldsymbol{x}-\boldsymbol{\mu})(\boldsymbol{x}-\boldsymbol{\mu})^{\boldsymbol{T}}] = \boldsymbol{C}$와 $\mathbb{E}[\boldsymbol{z}^{\boldsymbol{T}}\boldsymbol{z}] = \mathbb{E}[\mathrm{tr}(\boldsymbol{z}\boldsymbol{z}^{\boldsymbol{T}})] = \mathrm{tr}(\mathbb{E}[\boldsymbol{z}\boldsymbol{z}^{\boldsymbol{T}}])$임을 이용하면 우변의 마지막 항은 $\mathbb{E}[(\boldsymbol{x}-\boldsymbol{\mu})^{\boldsymbol{T}}\boldsymbol{C}^{-1}(\boldsymbol{x}-\boldsymbol{\mu})] = \mathrm{tr}(\boldsymbol{I}_{M\times M}) = M$이 되어 식 (E.26)은 다음과 같이 단순화된다.

$$-\mathbb{E}[\log N(\boldsymbol{x};\boldsymbol{\mu},\boldsymbol{C})] = \frac{M}{2}\log(2\pi) + \frac{1}{2}\log|\boldsymbol{C}| + \frac{M}{2} = \frac{1}{2}\log((2\pi e)^M|\boldsymbol{C}|) \tag{E.27}$$

마지막으로 C를 식 (3.9)와 같이 고유분해하면 $|\boldsymbol{C}| = \prod_{k=1}^{M}\lambda_k$가 됨을 알 수 있으며 이로부터 다음을 얻는다.

$$-\mathbb{E}[\log N(\boldsymbol{x};\boldsymbol{\mu},\boldsymbol{C})] = \frac{1}{2}\sum_{k=1}^{M}\log(2\pi e\cdot\lambda_k) \tag{E.28}$$

참고링크

[1] 정보이론에서의 엔트로피: https://en.wikipedia.org/wiki/Entropy_(information_theory)

[2] 열역학에서의 엔트로피: https://en.wikipedia.org/wiki/Entropy

[3] 정보이론: https://en.wikipedia.org/wiki/Information_theory

[4] 미분 엔트로피: https://en.wikipedia.org/wiki/Differential_entropy

[5] 상호정보량: https://en.wikipedia.org/wiki/Mutual_information

[6] Jensen의 부등식: https://en.wikipedia.org/wiki/Jensen%27s_inequality

[7] 교차 엔트로피: https://en.wikipedia.org/wiki/Cross-entropy

[8] 볼록 함수: https://en.wikipedia.org/wiki/Convex_function

[9] Thomas M. Cover, Joy A. Thomas, Elements of Information Theory, Wiley, 2005